鹿城故事 9

主编 韩承峰

执行主编 杨瑞庆

中国·苏州
古吴轩出版社

图书在版编目（CIP）数据

鹿城故事. 第9辑 / 韩承峰主编. —— 苏州：古吴轩出版社，2018.12
　ISBN 978-7-5546-1327-6

Ⅰ. ①鹿… Ⅱ. ①韩… Ⅲ. ①文化史—昆山—文集 Ⅳ. ①K295.34-53

中国版本图书馆CIP数据核字（2019）第001706号

封面题签：王　清

责任编辑：俞　都
见习编辑：吕丽静
责任校对：徐小良　王　芳
特约校对：白之黑
责任照排：刘　浩

摄影统筹：毛宇龙
封面摄影：徐耀民

书　　名：	鹿城故事. 第9辑
主　　编：	韩承峰
出版发行：	古吴轩出版社
	地址：苏州市十梓街458号　　邮编：215006
	Http://www.guwuxuancbs.com　　E-mail:gwxcbs@126.com
	电话：0512-65233679　　传真：0512-65220750
出 版 人：	钱经纬
印　　刷：	苏州市越洋印刷有限公司
开　　本：	890×1240　1/32
印　　张：	9
版　　次：	2018年12月第1版　第1次印刷
书　　号：	ISBN 978-7-5546-1327-6
定　　价：	25.00元

如有印装质量问题，请与印刷厂联系。　0512-68180628

编委会

主　　任：王　清　周　骁
副 主 任：叶　凤　韩承峰

主　　编：韩承峰
执行主编：杨瑞庆

编　　委：叶　凤　俞卫华　葛　欣　韩承峰
　　　　　瞿琪霞　朱家驹　高向东

编　　务：徐成海　张　磊　毛宇龙

目 录

漫谈昆山的多县合辖分治镇……………………马一平　1
沧浪亭五百名贤祠中的昆山人………………陈柏华　16
昆山古文明掠影………………………………王晓阳　31
苏州评弹在昆山………………………………吴鼎桐　45
素描昆山民国建筑……………………………杨瑞庆　57
陈定谟和鲁迅…………………………………陆宜泰　72
文坛隽才余天遂………………………………刘　军　83
漫话周市野马渡………………………………张银龙　99
高慰伯结缘昆曲………………………………郑涌泉　112
昆山四所老中学忆旧…………………………陈柏华　125
李根源寻访外葬苏地的昆山名人……………刘　军　139
昆山的东岳信仰和猛将信仰…………………郑涌泉　149
玉峰长伴黄子澄………………………………郭志昌　162
版画大师陆放的昆山情缘……………………王晓阳　174
昆山成双景致的前世今生……………………杨瑞庆　188
第一个提倡普通话的朱文熊…………………陆宜泰　205
昆山难得糊涂砚………………………………郭志昌　213
追溯信义古郡…………………………………周　刚　226
昆山人笔下的昆曲传奇………………………鲁德俊　244
捉拿土匪胡肇汉………………………………周　刚　259

附：《鹿城故事》总目录 …………………………………272

编后记………………………………………………………281

漫谈昆山的多县合辖分治镇

马一平

昆山在唐中叶以前地域很大，相当于今昆山、嘉定、宝山、川沙全境及太仓、青浦、松江、上海城区、原上海县、南汇等市（区）的大部与部分境域，辖境东至海边，南与海盐县交界（今上海市松江区境西北部），西与吴县（今苏州）交界，北至长江。

昆山历史上曾三次被划去辖地：第一次是唐天宝十载（751），析县南境与嘉兴县东境、海盐县北境置华亭县（即后大致松江府全境），隶吴郡；第二次是南宋嘉定十年十二月初九日（1218.1.7），析县东南境安亭、春申、平乐、醋塘、临江五乡置嘉定县（今上海市嘉定、宝山区全部，太仓市部分），隶平江府；第三次是明弘治十年（1497），析县东北境湖川、新安两乡及惠安乡之半与常熟县双凤乡和嘉定县乐智、循义两乡置太仓州（散州，今太仓市），隶苏州府。

清雍正二年（1724），清政府以苏州、松江、常州三府赋重事繁，将所属十二州、县各析为二，计：析太仓州置镇洋县，析嘉定县置宝山县，析长洲县置元和县，析昆山县置新阳县，析常熟县置昭文县，析吴江县置震泽县，析华亭县置奉贤县，析上海县置南汇县，析青浦县置福泉县〔清乾隆八年（1743）裁撤，仍并入青浦〕，析武进县置阳湖县，析无锡县置金匮县，析宜兴县置荆溪县。

昆山历史上有六个与邻县合辖分治的镇（主要为集镇，与现在镇的境域不同），还有原属邻县、1952年划归昆山的也两县合辖分治的周庄镇，这些镇历史沿革区划复杂，搞清楚它们的详情，对我们深入了解

1

昆山一些乡镇的历史文化帮助匪浅。下面,以地域东、南、西、北为序,逐个介绍。

一、蓬阆镇

蓬阆镇,位于昆山城东三十里,素称昆东重镇。宋蓬阆地属昆山县惠安乡。明洪武年间(1368—1398)形成集镇,相传有土神牌随瓦浦潮漂搁至今镇地,乡民遂呼之为"牌落镇"。弘治初年(约1490年前后),知县杨子器巡视到此,认为"牌落"谐音"败落",不吉利,乃改作"蓬阆",盖取"蓬莱阆苑"(仙境中神仙居住地)之意。弘治十年(1497),析昆山、常熟、嘉定三县五个半乡(其中惠安半个乡)置太仓州,蓬阆集镇始为两县合辖,以南北流向的瓦浦河为界,河东属太界,河西属昆界,地为惠安乡第十三保。据明代[弘治]《昆山县志》[弘治十七年(1504)抄本]载,蓬阆为当时昆山县仅有的五个镇之一。清雍正二年(1724),析昆山县东北部地置新阳县,太仓州(原府属州)升为江苏省直隶州,析州西部地置镇洋县,领镇洋、崇明、嘉定、宝山四县。蓬阆集镇为两府(州)三县合辖,以瓦浦河为界,河东属太仓州镇洋县,也称作蓬莱镇;河西以北街杨家弄(混堂桥北)为界,北属新阳县,南属昆山县。宣统二年(1910),始建乡制,昆山、新阳县蓬阆乡辖八区二十五图;镇洋县设蓬莱乡。民国元年(1912)新阳、镇洋两县分别并入昆山县、太仓县,

2013年蓬朗瓦浦河,原昆山、太仓交界处(马一平摄)

蓬阆镇分属两县。1949年7月,昆山县建立蓬阆区人民政府,下辖六乡。1952年9月,瓦浦河东的太仓县建设乡建中、建南、建立三村和部分建北村划归蓬阆区,从而结束了蓬阆四百五十五年的一镇数县分治历史。

1956年8月,撤区并乡,蓬阆乡下辖三十四个高级社。1958年10月,成立蓬阆人民公社,下辖十个大队(次年5月又划为三十三个生产大队、一个副业大队)。1962年3月,划出西部十三个生产大队组建晤晞人民公社。1966年4月4日,江苏省人民委员会批准,蓬阆更名蓬朗。1983年6月,政社分设,撤销人民公社,复为蓬朗乡。1988年6月12日,江苏省人民政府批准,撤销蓬朗乡,建立蓬朗镇。2003年12月16日,江苏省人民政府批准,将花桥镇、蓬朗镇合并为新的花桥镇。昆山市委、市政府决定,原蓬朗镇辖区委托昆山经济技术开发区管理,同时建立昆山市蓬朗街道办事处,为市人民政府派出机构,2004年3月10日正式成立。

著名教育家、诗人和书画家胡石予,著名诗人和教育家张景云,著名教育家、诗人和书画篆刻家余天遂,均为昆山县蓬阆镇人;著名学者、书法家方还,乃新阳县蓬阆镇人;清乾隆进士朱锦如、乾嘉年间文宿郁炯(号西台)则是太仓州镇洋县蓬莱镇人。

二、安亭镇

安亭镇,在昆山城东南四十五里,有着悠久的历史。此地早在六千多年前就形成陆地,考古发现,新石器时代就有先人在这块土地上从事渔猎和农耕。宋代时已有"安亭"之名称,秦汉时有"十里(此里非长度,指人口户数,一里为一百户,东汉以降,历朝里的户数有变动,总体减少)为一亭(此亭也非建筑物,亦指人口户数)"之制,以安名亭。北宋建隆元年(960),设安亭乡,属中吴军(今苏州)昆山县。南宋嘉定十年十二月初九日(1218.1.7),析昆山县东南境安亭、春申、临江、平乐、醋塘五乡,置嘉定县(以年号为名),同属平江府管辖。安亭乡改属新置的嘉定县后,称服礼乡。

明初形成安亭集镇,据明代〔弘治〕《昆山县志》〔弘治十七年(1504)抄本〕载,安亭为当时昆山县仅有的五个镇之一,并设有税课子局;而〔万历〕《嘉定县志》〔万历三十三年(1605)刻本〕载,嘉定县的市镇中也有安亭镇。集镇由昆山、嘉定两县合辖,大致以南北流向的漕塘河为界,东半部属嘉定,西半部属昆山。镇区南缘的南顾浦以南区域则属松江府青浦县。镇分南、北两市,北市为大安亭,南市为小安亭。市街南北长约二里,东西长约一里。明代,这一市街上有大小商店一百五十多家。严泗桥中市最热闹,每天集市一次,贸易物以棉花、土布、米、麦为大宗。横跨漕塘河的严泗桥,为单孔石拱桥,南侧有桥联:十字河分两县界,两廛市聚四方人。两县指昆山和嘉定,两廛市指严泗桥北的大安亭和严泗桥南的小安亭。清代镇上设有汛兵巡缉。

昆山沦陷时期,民国三十一年(1942)底,日伪政权一度将嘉定县安亭乡、望仙乡、钱门塘乡划归昆山县管辖,安亭乡称新亭乡。民国三十四年(1945)七月,新亭、望仙、钱门塘三乡复从昆山划归嘉定县,新亭乡复称安亭乡。安亭集镇仍然由昆山、嘉定两县合辖分治。

1952年,安亭镇区西部的昆山部分划归嘉定,原属昆山县菉葭区新安乡所辖严泗桥漕塘河地区的332户、1480人、2338.42亩土地划入安亭乡(1954年改乡为镇),9月10日正式交接,结束了安亭数百年一镇两县分治的状况。现安亭镇隶属上海市嘉定区。

明代昆山名儒归有光岳父母家安亭王氏的世美堂和为纪念归有光讲学业绩而建的震川书院均在昆山界的安亭镇。明代嘉靖进士、仕至福建按察副使的张情和山东按察副使张意两兄弟及张情孙明代著名书画收藏家、鉴定家张丑,均是昆山县安亭镇人;而以清乾嘉时著名文人钱元章、民国名士绅钱载之为代表的安亭宝纶堂家族,当代围棋大师陈祖德等是嘉定县安亭镇人。

三、井亭镇

井亭镇，又称井亭港镇，位于昆山东南部的淀山湖东岸，其实与青浦朱家角镇是一个镇，位于该集镇的东北部，距昆山城五十里。

该地约成陆于七千年前，淀山湖底发现有新石器时代至春秋战国时代的遗物。唐以前分别隶属于由拳县、娄县、嘉兴县、信义县、昆山县。唐天宝十载（751），华亭县建立，分属于华亭县、昆山县。宋元时期渐成小集镇，名朱家村。元至元二十九年（1292），上海县建立，分属于华亭县、上海县、昆山县。明嘉靖二十一年（1542），析华亭县西北部修竹、华亭二乡和上海县西部新江、北亭、海隅三乡，建青浦县（隶松江府），分属于青浦县、昆山县。明万历年间成为繁荣大镇，名为朱家角，一作珠街阁，又名珠溪，俗称角里。目前所见，明［万历］《青浦县志》［万历二十五年（1597）刻本］卷二《市镇》中，已有朱家角镇的记载。清初，青浦县将原设在安庄的淀山巡检司（明洪武年间建）移驻朱家角镇，在镇上东市前建有衙署。镇区以北漕港、放生桥为界，河桥以北称井亭港镇，属昆山县；河桥以南称朱家角镇，属青浦县。放生桥横跨于东西流向的漕港河上，由慈门寺僧性潮募建于明隆庆五年（1571），本为该寺放生之地，桥下方里许禁止罟网，渔船不得停泊。后历经修缮，桥为五孔石拱，全长70.8米，宽5.8米，高7.4米，是现上海地区最长、最宽、最高的五孔石拱桥，被称为"沪上第一桥"。桥壁柱石上刻有桥联：帆影逐归鸿锁住玉山云一片，潮声喧走马平溪珠浦浪千重。此联点明了一镇、一桥由两县共辖的情形。

朱家角镇（井亭港镇）商业起源较早，宋元期间集市形式的商品贸易已较发达。因地理位置优越、水运便利，商业日盛。至明万历年间，已成商贸巨镇，为周围四乡百里农副产品集散地。镇上商店，早期集中在西市梢和东市梢。自明隆庆年间放生桥建成后，商业中心逐渐移至镇北漕港一带,数百年来兴盛不衰,抗日战争前夕达到鼎盛。从榻桥至放生桥商业中心区,长约三里,沿街两侧,大小商号,鳞次栉比,全镇店铺有千户之多。河上船舶云集,穿梭如织;街上行人摩肩接踵,人头攒动。米市极盛,其时漕港两岸的米厂、米行、米店有百余家,每届新谷登场,河港几为米船所壅塞,盛况可见一斑。时有"三泾(朱泾、枫泾、泗泾)不如一角"之誉。

民国二十六年(1937)十一月中旬,日军占领昆山后,将杨湘泾区中的井亭镇、逸水乡划入青浦县。民国三十年(1941)一月,青浦县的井亭镇、逸水乡又划回昆山县。1949年5月,昆山县井亭镇划归青浦县朱家角镇,结束了数百年一镇两县分治的状况。现朱家角镇隶属上海市青浦区。

清代学者官员王昶、名御医陈莲舫、小说家陆士谔等,均是青浦县朱家角镇人;以清道光年间儒医马之伯为代表的井亭马氏家族,乃昆山县井亭镇人。

2015年朱家角镇漕港河放生桥,原昆山、青浦分界处(马一平摄)

四、陈墓镇

陈墓镇,位于昆山西南境,距城区四十五里,集镇面积一平方公里,是昆山除县城玉山镇外的第一大镇。境内湖河港汊纵横,有大小湖荡十六个,河道二百二十八条,石桥密布,绿水悠悠,风景秀丽,是典型的"夜睡闻水声,开门就见河"的江南水乡。

陈墓镇出土的新石器晚期文物说明,早在四五千年前,境内已有人类活动。秦置郡县后,其地分属吴县、娄县。汉至三国相沿不变。南朝梁大同二年(536)昆山县建立后,其地分属吴县、昆山县。唐武周万岁通天元年(696),析吴县东部地置长洲县,乃分属于长洲县、昆山县。历经宋、元、明和清初,因循不更。清雍正二年(1724),析长洲县东南部地置元和县,遂分属于元和县、昆山县。民国元年(1912)一月,复并长洲、元和两县入吴县,则分属吴县、昆山县。

陈墓古名锦溪,相传宋孝宗赵昚(1127—1194)携陈妃途经锦溪时,陈妃不幸病亡,遂于境内五保湖中筑水冢葬之,并在湖畔建莲池禅院,命僧守护,御命改锦溪为陈墓。此后,民众认为此地有龙脉,风水极佳,纷纷云集而居,人烟逐渐稠密,宋、元时期慢慢形成集镇。其位于苏松水道之咽喉,长洲、昆山、吴江、华亭(后为青浦)诸县交界处,加上湖港纵横密布,水运便利,舳舻千里,带来商业兴盛,遂成苏州葑门外一巨镇。据明初卢熊(昆山人)编纂的[洪武]《苏州府志》记载,明洪武十八年(1385),长洲县在陈墓镇设置了巡检司,管葑门外甪直、周庄、尹山诸镇,设弓兵四十名。后于万历三十五年(1607),移驻六直。[正德]《姑苏志》、[嘉靖]《南畿志》和[隆庆]《长洲县志》均载为镇,然而令人费解的是昆山历部明代县志均载作村,直至清初的[康熙]《昆山县志稿》方同时入"村"和"市镇"行列,说明陈墓村和陈墓镇是并存的。明、清时期陈墓镇的砖瓦、石灰窑业相继兴起,至民国更为兴盛,带动了市场繁荣,米行和茶馆、酒店众多,业务兴旺。民国时期镇上绸布、百货、南货、酒酱、烟茶、糖果、山地货等商铺就有二百多户,素有昆、青、吴三县交界一隅经济中心之称。

陈墓集镇从宋代起就两县合辖分治,以南北流向的界泾(市河)为界,河西称上塘,宋、元、明和清初均属长洲县[清雍正二年(1724)起改属元和县]吴宫乡宝座里上二十都,民国元年(1912)元和县并入吴县,吴县设陈墓乡,陈墓集镇隶属之。1949年5月,陈墓乡属吴县淞南区,1950年3月,改属吴县甪直区。河东称下塘,宋、元、明、清均属昆山县全吴乡第五保一都成区。清宣统二年(1910),昆、新两县推行地方自治,废旧乡、保、都,设新市、乡,设昆山县陈墓乡,陈墓集镇隶属之。1949年5月,陈墓、淀西二乡属昆山县张浦区;同年11月改属淀西区。1950年1月,陈墓镇为区属镇。1952年9月,吴县甪直区的陈墓镇和明镜、长白、狭港三乡(小乡)划归昆山县淀西区,从而结束了陈墓长达数百年的一镇两县分治体制。

1952年底,原昆山、吴县陈墓镇合并后,上升为昆山县直属镇。1958年10月,陈墓镇、陈墓乡合并成陈墓人民公社。1962年调整区划,分设陈墓、淀西两个人民公社,陈墓镇恢复为县属镇,集镇又成为一镇两社行政机关驻地。1966年4月,陈墓镇、陈墓公社更名为成茂镇、成茂公社(1981年12月恢复原名)。1983年6月,实行政社分设,改人民公社为乡镇建制,设陈墓乡、淀西乡,陈墓镇仍为县属镇。1985年2月,陈墓乡、

锦溪镇市河,原昆山、吴县交界处(马一平摄)

淀西乡并入陈墓镇,实行镇管村体制。1992年10月8日,经江苏省民政厅同意,陈墓镇更名为锦溪镇。

陈墓镇的六大望族中丁氏、王氏宅第在上塘,属吴县;陈氏、朱氏、陆氏、李氏宅第在下塘,属昆山。著名天文学家朱文鑫、烈士陈三才,为昆山县陈墓镇人;法学家朱文焯、"民国状元"朱雷章,则是吴县陈墓镇人。

五、周庄镇

周庄镇,位于昆山境内西南部,距城区三十三公里,是闻名世界的最佳魅力水乡古镇、中国首批历史文化名镇、国家ＡＡＡＡＡ级旅游景区。现镇区60%以上的民居仍为明清建筑,仅0.47平方公里的古镇拥有近百座古典宅院、六十多个砖雕门楼和十四座各具特色的古石桥。镇为泽国,四面环水,咫尺往来,皆须舟楫,依河成街,桥街相连,是典型的江南小桥流水人家。

周庄太史淀出土文物表明,远在五六千年以前,境内已经有人类活动的踪迹。周庄地域唐代以前属吴县。唐武周万岁通天元年(696)析吴县地置长洲县后,周庄地属苏州长洲县苏台都(后为乡)贞丰里。五代后梁开平三年(909),吴越王钱镠割吴县南境与嘉兴县北境置吴江县后,乃分隶长洲县和吴江县。北宋元祐元年(1086),周迪功郎(佚名)在此经农设庄,遂有周庄之名。靖康之变,宋高宗建炎元年(1127),金和(二十相公)随宋室南渡,定居于此,人烟逐渐稠密。元文宗至顺年间(1330—1332),吴兴富户沈祐及其子万三由湖州南浔镇沈家漾迁来定居东庄,躬耕起家,后从事贸易,遂成江南巨富,当地也繁荣兴盛起来,遂成市镇。但明[正德]《姑苏志》和[隆庆]《长洲县志》的乡都市镇村卷中均有"周庄村",而无"周庄镇";至[康熙]《长洲县志·市镇》中,方载有"周庄镇"。清初为拒太湖匪寇,总兵汤承祖率军曾驻扎于全福寺。康熙元年（1662），设城守营千总一员，率兵驻防周庄镇，辖长洲、昆山各汛。康熙十三年（1674），改设周庄汛，由把总一员驻防。清雍正二年（1724），析长洲县东南部地置元和县，周庄镇遂分属于元和县、吴江县，集镇以油车漾、坝基为分界，东五分之四属元和县苏台乡贞丰里，西五分之一属吴江县久咏乡，镇区东界大东坨港东岸则隶松江府青浦县。清至民国，镇区规模日盛，以富安桥为中心，有南北市街和中市街两条丁字形大街，形成闹市。商业繁盛，八条长街（中市街、西市街、东市街、后港街、南市街、北市街、南湖街及西湾街）商贾列肆，货物充盈，井字形的水道上，舟船衔接，来往穿梭，成为苏州葑门外一巨镇。乾隆二十六年（1761），江苏巡抚陈宏谋（谥文恭）将原驻吴县甪直镇的巡检司署移驻周庄镇，管辖澄湖、黄天荡、独墅湖、尹山湖和白蚬湖地区。宣统二年（1910），推行区域自治，吴江县设九镇，中有周庄镇。

民国元年（1912）元和县并入吴县，吴县划分为七市二十一乡，中有周庄乡；同年吴江县设十八市乡，中有周庄乡。1950年1月，吴江县芦墟区周庄乡分析为岘南等小乡，周庄乡原第一保划归吴县，即周庄镇西属吴江县的镇区境域划给周庄镇，从而结束了周庄数百年一镇两县分治状况。同年3月，周庄镇属吴县甪直区管辖。1952年9月10日，吴县甪直区周庄镇和太史乡、双湖乡、浜湖乡三小乡划归昆山县淀西区。1956年3月，太史乡并入浜湖、双湖两乡；8月，浜湖乡和双湖乡合并为周庄乡。1957年8月，周庄镇并入周庄乡。1958年9月，成立周庄人民公社，实行政社合一体制；10月，昆山县周庄公社张港、池浜、联合、三合四个生产大队划归吴江县屯村人民公社。1983年，政社分设，恢复周庄乡建置，改生产大队为行政村。1988年6月，周庄撤乡建镇，实行镇管村体制。

名儒陶煦家族以及著名民主革命先驱、南社诗人、作家、新闻报业界先驱和政治活动家叶楚伧，均是吴县周庄镇人；著名诗人、名医和书画家费公直,著名教育家与社会活动家沈体兰是吴江县周庄镇人。

六、甪直镇

甪直镇,在昆山城西南三十六里,是典型的江南水乡古镇,又是太湖风景名胜区十三个景区之一,还是江苏省全镇列为文物保护单位的古镇之一。建于南朝梁的保圣寺,为全国重点文物保护单位,以罗汉像和塑壁著称中外。镇内有唐代诗人陆龟蒙墓址,著名教育家、文学家叶圣陶纪念馆和叶圣陶陵墓。

据当地出土的史前文物考证,大约在六千年前此地就有先民聚居。秦置郡县后,其地域分属吴县、娄县。汉至三国相沿不变。南朝梁大同二年(536)昆山县建立后,其地分属吴县、昆山县。唐武周万岁通天元年(696),析吴县东部地置长洲县,乃分属于长洲县、昆山县。北宋元丰年间(1078—1085),境域分属长洲县依仁乡仁义里、吴宫乡宝座里和昆山县全吴乡第五保。历经南宋、元、明和清初,沿袭不变。清雍正二年(1724),析长洲县东南境置元和县,遂分属于元和县、昆山县。民国元年(1912)一月,复并长洲、元和两县入吴县,则分属吴县、昆山县。

甪直别称甫里,系镇西有甫里塘而得名。唐代著名诗人陆龟蒙隐居于此,人称"甫里先生"。又称六直,因镇东有直江,通向六处(吴淞江、清水江、东塘江、南塘江、界浦江、大直江),故名,后因几条主要市河流(金行浜、东市河、西市河、马公河、界浦江、眠牛泾、西汇河、中市河、南市河)形如"甪"字,并取谐音,改为甪直。约在元、明时形成集镇,分隶两县,以东美桥、界浦、北港为分界,以西的中市、西栅和南栅,属长洲县[清雍正二年(1724)起为元和县、民国元年(1912)起又为吴县],称甫里镇,占镇区十之七八;以东的东栅,属昆山县,称六直(甪直)镇,占镇区十之二三。明王鏊编纂的[正德]《姑苏志》[正德元年(1506)刻本]中,就载有"长洲县甫里镇",并曰"巨镇也";而[嘉靖]《昆山县志》[嘉靖十七年(1538)刻本]卷四《市镇》中也有"甪直镇,或名甫里市"的记载,为昆山县七个镇之一。可见明中叶已成大镇,故万历三十五年(1607),长洲县将设在陈墓镇的巡检司移驻甪直镇,并在富昌桥西南建巡检司署。清乾隆二十六年(1761)江苏巡抚陈宏谋将元和县丞移驻甪直镇,而将巡检司移驻周庄镇。次年县丞彭方周在甪直镇陈家浜建元和县丞分防厅署,除管辖元和县都图外,兼辖昆山、新阳县附近村庄,由此可见甪直镇地位之重要。道光二十八年(1848),因管理需要,复以新阳县丞移驻甪直镇,而将元和县丞移驻元和县章练塘镇。清中叶起两县镇名经常混乱使用,清末起则镇名不分,均称甪直镇。

清宣统二年(1910)推行地方自治,昆山县设甪直乡。民国元年(1912)十一月,吴县划分为七市二十一乡,设甪直乡。民国十八年(1929)八月,实施区、乡、镇制,吴县第十区为甪直区。民国二十三年(1934),昆山县甪直乡升为甪直镇。1949年5月4日,吴县成立淞南区人民政府,驻甫里镇,辖淞南、甫里等四乡;同日,昆山县成立甪直乡人民政府,隶属张浦区。1950年1月,昆山县甪直乡划分为南港、稍里、安头、唐村四个小乡,隶张浦区,甪直乡名从此成为历史。1950年3月,吴县淞南区改名为甪直区,下辖甪直、陈墓、周庄三镇及十一乡。1952年9月10日,昆山县张浦区南港乡所辖之甪直镇北港与交界弄以东的市镇部分,划归吴县甪直镇,从而结束了甪直长达数百

甪直镇东美桥,原昆山、吴县分界处(马一平摄)

年的一镇两县分治体制。1954年11月,甪直区下辖的甪直镇升为吴县直属镇。现甪直镇隶属苏州市吴中区。

吴县界甪直镇有著名的严氏、沈氏、殷氏、许氏等望族,名士绅沈柏寒,名医殷季达、金里千、戴百平,原中共江苏省委书记沈达人,等等,均是吴县人;昆界镇东甪直,则有戴氏望族,国际著名电磁理论和天线辐射专家戴振铎就是其家族的杰出代表。而王韬,已有学者考证,是镇东北隶属于新阳县的渡头一带乡村人,也可以说是昆山人,而不是元和(吴县)人。

七、石牌镇

石牌镇,位于昆山城北三十里。现附近乡镇出土的石铲、石犁、石刀、耘田石器等文物表明,新石器时代后期石牌境内已有人类的生产活动。秦统一全国后,推行郡县制,设置吴县、娄县,石牌地域分属吴县、娄县。西晋太康四年(283),析吴县虞乡建立海虞县,隶吴郡,石牌七浦塘(以下简称河)北地属海虞县境。晋成帝咸和六年(331),海虞县东置双凤乡,石牌河北、河东地属双凤乡境。南朝梁天监六年(507),析娄县地置信义县,石牌河南地属信义县境;梁大同二年(536),分信义县置昆山县,石牌河南地属昆山县境。隋海虞等六县并入常熟县,石牌河北、河东地属常熟县双凤乡境。南宋嘉定十年(1217)前,昆山已设有十四个乡五十二个都,石牌河南地大部分属积善乡,小部分属朱塘乡。南宋淳祐十一年(1251)昆山县设九乡、二十四个保,石牌河南地分属积善乡二保,朱塘乡三保;同期,常熟县设九乡,石牌河北、河东地属常熟县双凤乡境。元贞元年(1295),昆山、常熟县升为州,石牌地分属昆山、常熟州,乡都不变。明洪武二年(1369),昆山、常熟州复降为县,石牌地复归昆山、常熟县,乡都未变。[弘治]《昆山县志》[弘治十七年(1504)抄本]卷一《乡保》

"村"的记载中积善乡二保已有石牌村。清雍正二年（1724），析昆山县境设新阳县，石牌河南地属新阳县境，乡、保未变；析常熟境设昭文县，石牌河东地划归昭文县双凤乡境，河北地仍属常熟县境。宣统二年（1910），昆山、新阳县废乡、保、都，合划为一市十七乡，石牌河南地分属巴城乡（西部）、陆家桥乡（中部）和周墅乡（东部）；同期，常熟、昭文县合划为三十五个市乡，石牌河北、河东地属任阳乡境。

民国元年（1912），裁撤新阳县、昭文县，恢复原昆山县和常熟县，石牌河南地归属昆山县境，河北、河东地合归常熟县境，乡制不变。民国二十三年（1934）四月，常熟县界石牌独立建乡，隶属唐市区；同年六月，昆山县石牌镇属第八区管辖。民国三十一年（1942）二月，昆山县重划乡镇，设石牌乡。民国三十五年（1946）五月，常熟县石牌乡中分出巷埭，独立建乡。民国三十六年（1947）三月，调整乡、镇规模，昆山石牌河南地隶属三塘乡。民国三十七年（1948）五月，常熟县巷埭乡并入石牌。民国三十八年（1949）二月，常熟县建任阳镇，兼并石牌乡（河北）境域。1950年3月，常熟县人民政府调整区、乡设置，恢复石牌乡（河北）、巷埭乡，属唐市区管辖。1950年1月，昆山县改划小乡，三塘乡分划为清水、枫塘、雉城、武城（神）四乡，枫塘乡下辖枫塘、石牌河南、茆沙塘等。1951年6月，常熟县唐市区石牌、巷埭两乡划归昆山县巴城区，石牌乡除原区划外增加从枫塘乡划出的石牌河南地区。1956年8月，昆山县撤区并乡，9月建立石牌大乡。1958年8月29日，昆山县各乡实行政社合一，建立石牌人民公社。1983年9月，实施撤社建乡，复为石牌乡。1988年2月，经江苏省人民政府批准，石牌撤乡设镇。2003年12月16日，经江苏省人民政府批准，撤销巴城镇、石牌镇、正仪镇建制，原巴城、石牌两镇行政区域和原正仪镇娄江以北地区合并，设立新巴城镇，石牌、正仪设立街道办事处。

石牌集镇形成于清嘉庆年间，位于七浦塘与茆沙塘交汇点上。[道光]《昆山新阳两县志》[道光六年（1826）刻本]卷八《市镇》中，始有石牌镇的记载；[同治]《苏州府志》卷三十《乡都图圩村镇二》、卷三十一《乡都图圩村镇三》中，新阳县、常熟县均有石牌镇。当时集镇隶属三县，同辖分治，以河为界，河北街属常熟县，河南街属新阳县，河东街属昭文县。民国时期，也以河为界，河南属昆山县，河北、河东属常熟县。一座大石桥横跨七浦塘，联结河北、河南两街，河北街与西街、河东街与河南街则各由一座小石桥连通。1951年6月，常熟县境的石牌镇划归昆山县，结束了石牌一镇两县同辖分治的历史。

民国时期昆山银行经理朱孟豪（朱福元父亲），著名书画收藏家、昆仑堂堂主朱福元和上海古籍出版社编审杨友仁，均是昆山县石牌镇人。

沧浪亭五百名贤祠中的昆山人

陈柏华

苏州沧浪亭是世界文化遗产之一。此园不仅以独特的园林艺术闻名于世,而且园内众多的碑石更是研究苏州地区历史文化的珍贵文物。其中,五百名贤祠是一处极具人文研究价值的重要史迹。

昆山地处吴地,史迹灿烂辉煌,山川钟灵毓秀,志士贤达不胜枚举,八十余位先贤位列五百名贤祠中,供后人敬仰。本文试从五百名贤祠中昆山先贤的地域、朝代、世族、史迹等方面择要做一简单回顾,以便从中了解昆山地区灿烂的人文历史,揭示先贤风采,从而传承前人自强不息、奋发进取的精神。

沧浪亭与五百名贤祠

沧浪亭门口牌坊(陈柏华提供)

沧浪亭原为吴越王钱俶妻弟孙承祐别墅,百年后渐废。北宋诗人苏舜钦于庆历四年(1044)被奏劾。翌年,苏舜钦流寓吴中,以四万钱买入别墅弃地,筑园建亭,并取《楚辞》"沧浪之水清兮,可以濯吾缨；沧浪之水浊兮，可以濯吾足"之意，命之曰"沧浪亭"。

苏舜钦自此常驾舟闲游，自号沧浪翁，作《沧浪亭记》，并与欧阳修、梅尧臣等大家作诗唱酬往还。欧阳修应邀作《沧浪亭》诗，诗中叹"清风明月本无价，可惜只卖四万钱"打趣苏舜钦买地一事，自此沧浪亭名声大噪，一时成为文人雅士聚集之地。明大儒昆山人归有光也作《沧浪亭记》，与苏舜钦《沧浪亭记》各领风骚。

嗣后数百年，沧浪亭几经易主、重修，直到清朝，才迎来了恢复亭园时机。清道光七年（1827），江苏巡抚陶澍于长洲（今苏州）藏书大家顾沅的"辟疆小筑"偶见其所藏吴郡名贤画像三百余幅，兴趣顿生，遂与顾沅及地方人士广为收集，又得二百余幅，合计大约五百七十幅。陶澍命孔继尧——临绘，并配以传、赞，然后由沈石钰勾摹刻石。时江苏布政使梁章钜主持重建沧浪亭，集苏舜钦、欧阳修诗句而成楹联：清风明月本无价，近水远山皆有情。梁章钜又作《沧浪亭图咏跋》论述。陶澍亲书藏典叙事联，意表择先贤标准是严格的，非以貌取人，名贤皆具才德，画像篆刻传神精工，表示对名贤敬仰之情，洋溢怀古之幽思。沧浪亭竣工时，陶澍又购得亭旁一块闲置空地，于道光八年（1828）在此建五百名贤祠，或称吴郡名贤总祠，将这五百七十幅石刻画像嵌于祠壁，供人瞻仰、祭祀。

咸丰十年（1860）至同治二年（1863），沧浪亭遭受太平军兵焚，祠堂荡然无存，所幸石刻画像大多幸存。同治十一年（1872），江苏巡抚张树声、布政使应宝时再度重建，复修沧浪亭于原地，并在亭南增筑明道堂，折西为五百名贤祠，应宝时为祠题名，园之格局基本保持至今。画像所缺部分均按拓本加以重刻，同时又增刻林文忠公则徐、吴学士信中等，今名贤总数增加到五百九十余人。自周末吴季札为首至清洪亮吉为止，达二千五百年之久。

如今，所见五百余位历史名贤平雕石刻像分嵌于祠中三面粉墙上，因此俗称"五百名贤祠"，只是取其整数而言。厅堂正中悬挂"作之师"

三字匾额。石刻之首,有道光七年(1827)秋满人松筠所书"景行维贤"四字,其末有道光中汤金钊及同治中恩锡之题跋。每块石刻像五幅画,上刻人像,靠右一行题有朝代、姓名、职衔,并十六字赞,总计刻石像一百一十九方,加上起首的署头石和题识石,共有碑石一百二十五方。

名贤祠中昆山名贤的类型

五百名贤祠所镌刻的名贤汇聚苏州地区(包括苏州府的吴县、长洲、昆山、元和、常熟、太仓)富有政绩、并得百姓称颂的人士,也包括其他省县(如松江、常州、杭州以及绍兴、宁波等)于苏州地区历史发展有一定贡献的名贤,涉及政治、官宦、文学、经学、隐士、医学等诸多方面,其人数之众、范围之广、时间之久,在全国同类碑刻中实属罕见。昆山作为人杰地灵的大县,贤达接踵,在五百名贤中占据一席之地。

五百名贤中昆山名贤人数统计

据苏州市学者王晓洋在《沧浪亭名贤祠》(载《传统文化研究》第十辑)中统计:以名贤籍贯划分,五百名贤(实为五百九十六人)中苏州府人士共四百三十五人,占总数73.0%,而昆山县达八十人,占总数的13.4%,超过常熟、吴江、元和,次于吴县和长洲。这还不包括非昆山籍、但曾在昆山留下史迹的人士。笔者统计为八十五至八十八人,接近江、浙总和的九十人,超过全国其他省总和的七十人。由此可见,昆山是名副其实的"先贤"大县。

五百名贤中昆山名贤朝代分布

五百名贤所处时代上至周末春秋,下至清道光年间,几乎跨越整个中华民族历朝历代。昆山名贤自三国贤相顾雍始,到清康雍年间蔡方炳止,按昆山名贤所处朝代来分,计:三国一人,西晋二人,宋六人,元一人,明六十八人,清七人。以昆山名贤八十五人记录,明占总数的80.0%,清占总数的8.2%。明朝时期昆山名贤占了绝大多数,远高于明朝苏州地区名贤总数64%。可见明朝时期昆山地区社会繁荣、科举兴盛、文化发达、人才辈出。

五百名贤中昆山名贤事迹分类

五百名贤祠的建造,是顾沅、陶澍、梁章钜等在对吴地历史、文化理解基础上,出于对吴地人文的认同和景仰,在当时为这些先贤树功留名、立碑作传、彰显政绩。目的是劝导后人以这些先贤为榜样,将封建社会推崇的儒学正统观念代代相承。在人选上坚持以儒家道德标准选贤,重视民心认可,不以地区为界、门第为选,大到名臣将相,小至寻常百姓,无论是青史留名的,还是市井小民,只要他的业绩被乡人敬仰,都可以入选五百名贤。这种选择标准,在当时是难能可贵的。今天在五百名贤祠前立有石刻前言一幅,把所列名贤分为政治类名贤(名臣、名将、忠节之臣等)三百四十余名,占总数58%;文化类名贤(文学家、诗人、书法家、思想家等)一百三十余名,占总数22%;其他类名贤(贤士、隐士、义士等)一百一十余名,占总数20%。其中政治类名贤占绝大多数。

在这三大类中昆山名贤主要有:

政治类名贤:在封建社会,宰相(丞相)之位是仕途最高之位,人臣之极,而状元加宰相更是读书人梦寐以求、荣耀之至的向往。明弘治十八年(1505)乙丑科顾鼎臣高中状元,仕途顺达;嘉靖十七年(1538)以礼部尚书兼文渊阁大学士入参政务;翌年,加太子少保、太子太傅进武英殿大学士,成为明代苏州第一位状元宰辅;后卒于任上,赠太保衔,谥"文康"。《吴郡五百名贤传赞》誉其"泽被东南,功存桑梓,救时良相,名炳青史",民间流传着他"代朝三月"的传说。清世祖顺治十六年（1659）己亥科，年仅二十五岁的徐元文一举中魁后，官运亨通。康熙二十七年（1688）迁刑部尚书，调户部尚书，次年拜文华殿大学士，屡获康熙宠恩，人称"顺治佳状元，康熙贤宰相"，成为清代苏州第一位状元宰辅，《吴郡五百名贤传赞》誉其"清介刚直，一节始终，图书千卷，不改素风"。这两位状元宰相自然被列入名贤祠。

三国东吴名相、平尚书事顾雍；南宋参知政事、著名文学家范成大，淳熙十一年（1184）状元、参知政事卫泾；明崇祯元年（1628）进士、东阁大学士朱天麟；等等。他们因进入朝廷中枢，地位显赫，故祠内列名。此外，范仲淹后代、南宋乾道八年（1172）进士、官兼刑礼两部尚书、封为"昆山县开国子"的范之柔；明正统十年（1445）进士、吏部左侍郎叶盛，成化二十三年（1487）进士、云南布政使王秩，弘治六年（1493）状元、礼部尚书、赠太子少傅毛澄，弘治九年（1496）状元、南京吏部尚书朱希周，弘治十二年（1499）进士、南京刑部尚书、赠太子太保周伦，万历四十七年（1619）进士、南明礼部尚书顾锡畴；叶盛后代、清顺治十六年（1659）探花、礼部尚书叶方霭……这些官吏声名显赫，政绩卓著，也被列祠中。

文化类名贤：昆山文化类名贤遍读经史，学识渊博，文才卓著，能诗善文，或文章冠世，或修史编志，或开创一代文风，留下了许多经典之作，成为宝贵的文化遗产。昆山文化名贤首推明代散文大家、开唐宋新风的归有光和提出"天下兴亡，匹夫有责"的明末清初著名思想家顾炎武，以及以著《治家格言》流芳后世的教育家朱柏庐，此三人世称"昆山三贤"。西晋著名书法家陆机、陆云兄弟；晚唐著名文学家陆龟蒙；南宋诗人刘过；元处士顾德辉（仲瑛）；明太常寺少卿、画家夏昶，进士方鹏与方凤兄弟，鸿儒进士魏校；清徐氏一门"三鼎甲"三兄弟，均入祠。

其他类名贤（忠节之士）：昆山入祠名贤身处历史鼎革、社会动荡变迁之际，往往为显示儒教正统观念，不惜牺牲性命来维护封建正统体制，因此在明清交际时出现了许多忠节之士。如，万历武进士、副总兵王佐才和贤士陶琰、朱集璜等率众抗清，有的壮烈献身，有的终身不仕，充分彰显了士大夫的民族气节；顾鼎臣曾孙顾咸正、顾咸建、顾咸受均宁死不屈，赴于国难；随州知州王焘和万历进士、山西巡抚蔡懋德，效忠于明，不惜全家赴难，同进双忠祠；广清同知、南昌通判胡甲桂，总兵杜松，江西按察使夏万亨均效忠大明而殉职，被列名贤祠。

此外，明长寿之星高士周寿谊、处士毛弼、贤士归昌世……都品行高尚，有口皆碑，故被列于祠中，供后人敬仰。

五百名贤中昆山名贤家族分类

苏州地区英才辈出，是经济繁荣、群体文化发达的必然结果。名贤联袂而出，众多科甲世家涌现，则涉及家庭、家族，反映出这一群体的血缘关系，体现了他们的家世背景。唐宋以后，随着经济文化中心的南移及科举的确立，昆山地区涌现出众多科举世家、文化世家，至明清达到巅峰，许多名贤都出自这些望族世家。

昆山顾氏家族：明状元宰相顾鼎臣，及其曾孙顾咸建、顾咸正、顾咸受，一族四人均被列名贤祠。

昆山归氏家族：归有光祖籍长洲（今苏州）归家，唐时归氏三代五状元、十进士，是中国科举史上绝无仅有的。归氏后裔归有光亦得益于书香门第、家学传承，其子归子慕，孙归昌世，曾孙归庄，族人归有桢均入选名贤祠。归氏家族成为昆山地区入祠最多的家族。

明琅琊安阳王氏世族：王氏世族自元末因避战乱迁至昆山后，励精图治，家族传承，终成昆山一支有影响的望族。始明进士、云南布政使王秩后，明进士、应天府尹王执礼，明随州知州、忠烈之士王焘均入名贤祠。王焘与明万历进士、山西巡抚蔡懋德经明清两朝，多次受褒奖，清政府专为其设置双忠祠供后人凭吊。蔡之子清征士蔡方炳也入名贤祠，被誉为"父死于忠，兄固于穷，公学独丰，著述甚工"，成为昆山籍入祠的最后一位名贤。明万历进士、杭州知府王临亨"志在活人，惠心有孚，积善余庆，一凤三雏"，与其子明进士、贵州提学佥事王志坚，及王志长、王志庆，父子四人入名贤祠。

明末清初伟大思想家、爱国学者顾炎武，苏州地区清代首位状元宰相、顾炎武外甥徐元文，探花及第、官至刑部尚书、徐元文兄徐乾学，一甲第三名探花及第、官至内阁学士兼礼部侍郎、老二徐秉义，舅甥四人同列名贤祠，高门鼎贵，荣耀无比。

西晋著名文学家、书法家陆机、陆云兄弟；明正统进士、福建按察副使沈讷与明正统进士、四川布政使沈祥兄弟；明成化进士、南京刑部主事吴愈及其父明礼部主事吴凯；明弘治状元、赠太子少傅毛澄与其祖父明处士毛弼，祖系孙贵，朝廷设"人瑞坊"，百岁而逝；明正德进士、南京太常寺少卿、文学家方鹏与其弟明正德进士、御史方凤；明嘉靖进士、南京兵部主事张情与其弟明嘉靖进士、山东按察副使张意；明万历进士、礼部尚书顾锡畴与其父顾天叙；明末清初爱国志士朱集璜与其子著名教育学家朱柏庐；明正统进士、吏部左侍郎叶盛及其后代清顺治进士、礼部尚书叶方蔼等父子、兄弟、祖孙双双入祠。这一批先贤家风纯正、砥砺名节、政绩卓著，泽被乡梓，获乡邑敬仰，成为社会楷模，才有幸入选。

除上述入选昆山名贤外，有一些大众熟知的昆山籍状元却未入选，这在历代史书中也不少见。《明史》中有传的状元共三十七人，仅占明代状元总数八十九人的41.57%，而苏州状元有传者仅占状元总数的16.22%，昆山毛澄、朱希周、顾鼎臣三人有传。五百名贤祠中未选武状元，所以刘必成未入列。沈坤，昆山人，嘉靖二十年（1541）因以山阳县（今江苏淮安县）籍中魁，故也未入列。大数学家祖冲之非昆山籍，在昆时间不长，圆周率的伟大作用在清代中期也未足够彰显，故未入列。清康熙五十四年（1715）乙未科状元徐陶璋，其归属是长洲还是昆山有争论，此公淡泊名利，对仕途不甚在意，政绩平平，也未入列。顾鼎臣从子顾潜为弘治九年（1496）进士（比顾鼎臣早九年入科），颇有顾氏"小房出长辈"之意，官至直隶提学御史，声名显赫，但以伉直忤当道被斥，与其叔鼎臣一再受皇上褒誉全然不同，未入列。顾鼎臣从孙嘉靖进士梦圭，官至江西右布政使，但平时厌恶官场腐败，年四十余弃仕回乡，主修《雍里顾氏族谱》，史书赞其"为人敦重，好读书，自奉如寒素之"，政绩平平，也未入列。王鸣盛，清乾隆进士，清史学家、经学家，官至内阁学士、礼部侍郎，因在福建任上被弹劾，母死服丧后未任职，未入列。清嘉庆进士、内阁中书石文煃，清道光进士、刑部侍郎李清凤，清道光进士李德仪，几人在外地任职，在苏州地区影响不大，均未入祠，甚为憾事。

五百名贤祠的文化价值及其不足

苏州沧浪亭五百名贤祠始建于清道光年间，其后虽历经战火，但在咸丰、同治、光绪年间又几经修葺。那么，清历任统治者为何注重建造名贤祠？

传统的儒家道德标准是选贤的准则

五百名贤祠是一项浩大且细致的工程，如果没有当时统治者许可以及当局的资助，仅凭个人的精力和财力是不可能完成的。工程的建造者不受名贤身份、地位、出身的限制，只要是在苏州地区颇有政绩，得到百姓认可的，只要是在个人道德品质上公廉俭勤的，只要是在治政、文学、艺术、教育、经济等方面泽被桑梓、功垂后代的，即使是平民百姓也可入选，这在封建社会时期是难能可贵的。

西晋著名文学家、书法家陆机兄弟，时人以"玉山昆冈"比之，从此昆山文运昌盛，人才辈出，故县名取"昆山"，今立"玉出昆冈"坊供人敬仰；状元宰相顾鼎臣，面对倭寇屡犯东南，奏请朝廷准予将昆山土城改换砖石重建,保一方平安,使百姓免受生灵涂炭,至今马鞍山前仍立有"顾文康公崇功专祠"碑记其事,使与青山共存;刑部尚书周伦为官清廉,任上赈灾售粮,救济灾民,行事端正,造福子民;明进士许承志为民兴水利,开河道,治水害,造福百姓,百姓以"许公塘"永志缅怀;明大儒归有光开一代文风,延及后世;朱柏庐《治家格言》成为百年治家、育人经典;顾炎武"天下兴亡,匹夫有责"成为激励中华民族志士仁人追求民族振兴的警示名言;就连平民寿星周寿谊,隐士、文苑贤士周室琳,名士归昌世、归有祯、王志长、王志庆等均入选名贤祠。

不分地域籍贯是选贤的保证

明清时代苏州地区的文化发展水平在全国居于领先地位,究其原因,除苏州地区社会太平、经济繁荣外,还与苏州人对外来文化及优秀人才采取海纳百川的包容态度有极大关系。在名贤祠近六百人当中,苏州籍人士占了绝大多数,但仰慕吴文化的"外地人"也为数不少。

走进五百名贤祠,首先映入眼帘的优秀人士有"苏州三刺史"韦应物、白居易、刘禹锡,文学大家欧阳修、苏轼、李白、苏舜钦、梅尧臣,忠节之士文天祥、韩世忠、林则徐等,这为彰显五百名贤祠的历史地位、文化价值增添了灿烂的一页。

昆山名贤中也不乏"外来人":三国时期的吴(今苏州)人顾雍,任娄县县令;南宋诗人范成大原籍苏州,后随父迁居昆山遂成昆山人,于荐严寺苦读,后成南宋四大家之一;南宋爱国词人刘过为江西庐陵(今吉安)人,开禧年间娶妾寓居昆山,死后葬马鞍山东麓;南宋状元卫泾,其"先世自唐末自齐地避乱南迁,寄居嘉兴府华亭县,后徙平江之昆山",成为昆山史上首位状元;明状元毛澄先世由河南迁徙到太仓,后世居昆山陆家镇;明状元朱希周先世祖籍河南睢阳(今商丘),先世祖朱琼曾为长洲教谕,祖父朱夏迁居昆山玉山镇,入昆山籍;唐代吴郡长洲的归氏家族是吴地名门望族,曾出现"祖孙、父子、兄弟六状元","五子登科"盛事，十六世孙归道隆移居昆山项脊泾，孕育出一代大儒归有光；元末河南安阳琅琊王安贞因避战乱南迁，后任昆山县令，富有政绩，长居昆山，子孙后代出王秩、王执礼、王焘，均入五百名贤祠，数百年来成昆山一名门望族；声名显赫的"三鼎甲"清状元徐元文家族，祖籍常熟，其九世祖徐良迁至昆山，其子孙成就昆山科举史上又一鼎盛之举……

这些"新昆山人"常常随着家族迁移而流动，不管这些人原来是达官显贵，还是平民百姓，都为昆山地区做出过贡献，多则五六代，少则一二代，他们推动了当地经济和文化的发展。

坚持忠烈守节是选贤的依据

明清时期，苏州儒名辈出，卓然成家、冠绝一时者数不胜数。整个社会恬静婉约，尚礼重文蔚然成风，苏州人温和而谦恭的外表之下，也蕴含着刚毅不屈的个性。他们拥有聪明的才智，但在政治上富有反抗精神，尤其是在社会动荡、民族灾难降临时，儒家正统忠节的激情便充分显示出来，"士可杀不可辱"，在与强敌斗争中，忠烈守节之士挺身而出，成为社会中耀眼的亮点。名贤祠中的韩世忠、文天祥、林则徐、周顺昌等均是忠烈守节之士中杰出的代表。

明嘉靖年间，朝政腐败，武备松弛，东南沿海屡受倭寇侵扰，百姓生灵涂炭，民不聊生。为保家乡平安，顾鼎臣一再奏请朝廷在沿海城市筑城以御，并协同苏州地方巡抚和昆山知州征发民工筑城。当然，抗倭胜利与顾鼎臣倡议筑城之举不可分。明归有光在《备倭事略》《论御倭书》中，立陈抗击倭寇之良方，嘉靖三十三年（1554），倭寇侵犯昆山，归有光自始至终与昆山人民一起奋起抗倭，亲历抗倭全过程，并书写《昆山县倭寇始末书》等，留下了昆山人民珍贵的抗倭史料。

陈淮，明义士。嘉靖三十三年（1554）倭寇犯境，陈淮请授甲士于东城，贼加云梯攻城，弩发连毙四人，敌转攻南门，复毙两人，城中人

陈淮画像（陈柏华提供）

人自奋，号为"陈先锋"。次年贼酋率众转攻灵岩山，枭悍莫御，淮率家丁至督府请自救，督府允之，并亲加勉励，授蓝号信帜。淮督令家丁兵马为奇兵冲突，兵刚集中还未站稳阵营，即与贼交战，淮挥刀驰之，接战甚力，苦于敌众淮寡，未有接应者，遇害，家丁均战死。越二日，倭得淮尸，色如生。邑生私谥"忠烈先生"，葬县东南蔡巷村。后三十年，遗生子应期举于乡，泣血上诉，诏旌其门，立忠烈祠于春和坊。《吴郡五百名贤传赞》誉其"蓝帜赴义，金仆招魂，血书诣阙，开诏旌门"。

明朝末年，官场腐败，民不聊生，内外忧患，农民起义席卷全国，明王朝处于风雨飘摇之中，以儒家正统理念，维护明王朝统治的一批官吏、文人为明王朝苟延做了最后的殊死努力。

王焘，明万历举人，河南安阳琅琊十一世孙，由教谕任随州知州。明崇祯十年（1637）张献忠率部数十万进攻随州，焘率部且战且守，毙斩三百余人，相持二十余日。此时天气极寒，风雨交加，士兵乡勇大多散去活命，城遂陷落。焘身负重伤，率家人巷战，寡不敌众，遂退入衙中，整理官带，焚其官署，自刎尽节。张献忠部入城见署毁，火独不及焘死所，尸直立不仆，大骇而走。嗣后，张献忠部在焘所立尺土下觅得州印。闻其事，明朝廷赠太常少卿，谥"烈愍"，明福王赐诏于昆山学宫东建双忠祠。

蔡懋德，明万历进士，擢右佥都御史，巡抚山西。崇祯十六年（1643）冬李自成破潼关，据西安，懋德率兵征讨，扼守河津，援兵未至，坚守平阳，李自成部陷平阳，城破时懋德北向朝拜，出遗表付友人贾士章，与副总兵应时盛至三立祠自缢未绝，盛为其释甲加肩，乃绝，盛也取公弦自绝。明福王赐"忠襄"，清乾隆赐"忠恪"，与邑人王焘同祀双忠祠。《明史》有传。

陈用极，昆山人。少以气节自矜，中年折节读书，授工部司务加职方主事。从侍郎左懋第，奉使与清议事，遣归，被清囚于沧州，从人大多离去，用极呼曰："见危难避，非夫也。"清摄政王多尔衮亲自劝降，许以高官利禄，用极至死不允。次日，用极与左公懋第、游击、守备、都司等被押赴刑场，懋第问极："得无悔乎？"用极曰："求仁得仁，又何怨？"端坐受刑，行刑者也为之挥泪。门人及同邑潜收其尸，焚之负骨归。清乾隆四十一年（1776）赐"忠节"。

张振德，昆山人，万历四十四年（1616）由贡生授四川兴文知县。天启元年（1621）被檄入闱。永宁宣抚使奢崇明有异志，遣部将樊龙陷重庆，杀抚臣、藩臬，据重兵反叛。时振德方兼署长宁，樊龙部猝至，振德率兵与战，适遭大风雨，樊龙部毁入土城，振德度力不支，遂率家人面北朝拜曰："臣奉职无状，不能杀贼，惟一死明志。"为守节，妻及子女皆伏剑死，乃命家

张振德画像（陈柏华提供）

人举火炽署，自刎一门家人、仆人共九人。樊龙部至火所见，振德面如生，左手系印，右手持刀，忿怒如赴敌状，皆骇，愣罗拜去。居民灭火见振德直立独袍焦灼而已。闻其事，明朝廷赐"烈愍"，葬西塘乡张泾，敕建祠于丽泽门外。《明史》有传。

朱天麟，吴江人，徙居昆山，崇祯元年（1628）进士，为官清廉，贫不能行贿。崇祯帝临轩亲试，奏对称旨，授翰林院编修。崇祯十七年（1644），奉令祭淮王，抵山东，闻京师陷，恸哭几绝，抚病归里。弘光元年（1645）南都破，走福州，唐王擢少詹事，署国子监事。清顺治五年（1648）永明王擢其为礼部尚书，拜东阁大学士，在南明朝残喘之际，始终对大明忠贞不渝，南宁陷，扶病勤王出走，病剧，卒，明王悲极，失股肱大臣，赐祭十一坛，赠太子太保，谥"文靖"。《明史》有传。

清兵于1644年入关，攻陷北京，顺治登基，挥师南下，所到之处腥

风血雨,屠戮惨案,骇人听闻,激起江南民绅全面反抗,昆山忠节之士也投入了轰轰烈烈的反清复明斗争。

杜松,左都督桐之弟,因屡立战功而威名远扬。万历四十五年(1617)蓟辽边关多事,被任命为蓟辽总兵。在萨尔浒战役中,抗击数倍清兵,兵尽力竭,落马而死。天启初,明朝廷赠太子少保、左都督,立祠赐祭,谥"武壮",清乾隆追谥为"忠烈"。杜松为昆山抗清殉节第一人。

夏万亨,昆山人,万历举人。福王立,擢江西按察佥事,分巡南昌、瑞州,迁按察使,署布政司事。清兵至,闻南昌失守,乃入建昌,奉益王监国。建昌破,被清兵捕获押至武昌处死,妻、妇、孙十余人均投井而亡,清乾隆后谥"烈愍"。《明史》有传。

清顺治二年(1645),清兵南下,昆山县丞阎茂才遣使迎降,被清用为知县,县人大哗,奋起诛杀阎,迎旧令杨永言主县事,贡生陈大任议迎王佐才为帅,率兵抗击清军。王佐才,昆山玉山人,少习兵法,饶臂力,擅韬略,万历二十一年(1593)武进士,因战功累迁狼山副总兵。乡邑诸生朱集璜、陶琰共举兵佑之。七月初四,清兵东下,黄昏时刻,风雨大作,佐才冒大风雨伫立城墙死守,督同部下发矢,毙清将一人,骑兵二十余人。翌日,清兵连发巨炮,城破。佐才率残部巷战,兵尽力竭,自认百姓已离去,而整齐冠带,端坐帅府,被杀,清乾隆后谥"烈愍"。

朱集璜,明贡士,1645年南京既亡,集璜率乡众举兵助王佐才守城。城溃,集璜书绝命词于衣带,"可质祖宗,可对天地,生无自欺,死复何愧",遂投东禅寺后河殉节,门人孙道民、张谦同日殉节,其余同死者五十余人。学者私谥"节孝先生",后入祠。《吴郡五百名贤传赞》誉曰:"才优经济,世务洞明,书成命绝,洁比流清。"《明史》有传。

陶琰,明学士,昆山人,鸡鸣讲学,乡里所钦,师事蔡懋德,与朱集璜友善,相砥以实学。清兵临城,率乡勇三百赴援,未至,闻城已破,乃叹曰:"以发其尸矣",慷慨赴义,夜缢居间,书"生为大明人,死为大明鬼"。不数日,集璜灵柩至,因兵梗不得葬,亦瘗于公之右。时人为之曰："生同学,死同穴。"后入忠义祠。

顾公鼎臣,明时名相,造福乡里,筑城守土,受后人尊崇。其子孙秉承祖风,诗书传家,在明清鼎革期,忠贞明王朝,丹衷贯日,以身殉节,上演壮怀激烈、气贯山河的悲壮一幕。

顾咸建,顾鼎臣曾孙,崇祯十六年(1643)进士,钱塘县令。苏州义士周顺昌被害,以女妻昌子茂蕚。清兵南下,逼近钱塘,郡县长吏均逃匿,公散遣妻子,独守不去。清军兵临杭州,明潞王朱常淓率众开城投降,咸建被俘押至杭州,潞王力劝咸建归顺清朝,咸建宁死不降,临刑前,作书与家人诀别曰:"国家之事已不可言,儿女之情焉能恋……今事已稍定,吾事已毕,所以死。"后被潞王杀之,年五十二。清兵悬其首级于城楼示众,杭州百姓哀之,手持楮钱一束,在鼓楼下焚之,烟焰腾空,昼夜不息,感动天地,盛夏竟无一蝇集首级。后人赞曰:"钱塘贤宰,忠贞殉节,悬首城楼,一蝇不集。"

顾咸正,咸建兄,明末官吏,举人,会试副榜,任陕西延安府推官。顺治四年(1647)文士吴志葵抗清事败,录其党姓名,首及咸正,被清兵囚于江宁。明降臣、督署洪承畴亲审之:"汝知史可法在乎、不在乎?"咸正答曰:"汝知洪承畴死乎、不死乎?"洪羞不已,无言以答,咸正与同僚五十余人,同赴国难。清乾隆赐"节愍"。

顾咸受,咸建弟,明末贤士,举人。顺治二年(1645)清兵南下,拒城死守,宁死不降。昆山城破,与从孙晋璞等俱死于兵。清奉旨入忠义祠。

以上众人均入苏州沧浪亭五百名贤祠。

清朝伊始,对江南士民实行严厉的打击镇压政策,造成满汉严重对立,其惨烈程度远超明初期;但随着康熙亲政,清朝统治日益巩固,官方对江南士绅实施笼络、怀柔政策,康熙多次南巡,拜谒明孝陵、观风俗、察吏治,尤其到乾隆朝,满汉更是取得前所未有的和睦,社会稳定,经济繁荣,国库充盈,中国封建史上出现康乾盛世,极大地推动了社会发展。乾隆四十一年(1776)更诏谕天下,对前朝忠节之臣,不论其是复明还是反当朝者均给予褒奖，追谥封号，入名臣祠、忠节祠，此举在民族和解、巩固统治方面取得了较好社会效果。

苏州五百名贤祠的建造者顺应时代潮流，汇聚社会共识，在选"贤"入祠的标准上，不仅有历代政绩斐然、造福一方的循吏，有才高八斗、学富五车的文人贤才，有德行高操、品行端庄的隐士乡贤，更有忠于朝廷、忠贞殉节、富有民族正义感的忠节之士，不论其是复明的，还是反清的，只要这些人在百姓中有崇高威望，有利于族群和谐，能消弭社会不安定因素，均选入祠内供人瞻仰。名贤祠下顺民心，上获官方首肯，这种不以辈分、贵贱、政治趋向为选择，将近六百位"名贤"入祠列传的情况在封建时代是难能可贵的，在全国范围内也是极为罕见的。

五百名贤祠的建造者，在当时也许有彰显政绩、笼络百姓、争取民心之目的，但毕竟此举教化了民心，树立了典范，以此昭示后人，对儒家精神世代相传起到了重大的启迪作用。但也不可否认，建造者以所处年代，从维护当朝统治出发，始终以儒家标准来选贤，这在人物选择的取舍上，功过政绩评价上有其局限性。尽管选了许多公认的历史名贤，但还较集中于望门贵族，并受封建社会男尊女卑的传统礼教影响，所列者无一女性（实际上苏州地区才女也大有人在）。再者，封建社会重仕轻工商，祠中无一从事工商的乡贤。但瑕不掩瑜，名贤祠宣扬传承的清明善政、道德品行，可说是苏州地区（昆山）一部立体的、直观的、丰富的乡土教材。

今天，在建设新时代中国特色社会主义、实现中华民族伟大复兴的征程上，我们要立足中华民族的优秀传统文化，"使中华民族最基本的文化基因与当代文化相适应、与现代社会相协调"，利用名贤祠宣扬激发出新的生机和新的活力，为培育和弘扬新时期道德规范发挥应有的作用。

昆山古文明掠影

王晓阳

唐代张若虚的名作《春江花月夜》被称为唐诗第一。唐诗是中国文学的一座高峰，这首诗则被评为"以孤篇压倒全唐"。它里面有几句千古名句："江畔何人初见月？江月何年初照人？人生代代无穷已，江月年年只相似。不知江月待何人，但见长江送流水。"这几句诗之所以流传千古，是因为它具有独特的哲学意义，是因为它探讨了人类和大自然的一种关系。

从时间上看，江畔的月亮，还有滚滚长江，都是自然界的永恒，而江畔生活的人类却是非常短暂的。从空间上看，整个宇宙都是浩瀚无垠的，而人类却是渺小的。

这种大自然和人的关系问题，是千古之谜。到宋代，苏轼在他的千古名作《赤壁赋》里，再一次提出了这个问题："寄蜉蝣于天地，渺沧海之一粟。哀吾生之须臾，羡长江之无穷。"

我们的生命像短暂的蜉蝣一样，朝生暮死，像沧海里面的一粟一样，微小得几乎看不到；在时间和空间上，我们都只是一个须臾，片刻就消失了！可是长江却滚滚而来，滚滚而去，达到了永恒。

这种思想，从古到今，一直困扰着人类。人类生存最大的悲剧是什么？是人类自身的局限性问题。在时间和空间上的局限性，造成了人类最大的痛苦。我们人类到底是怎么回事？我们从哪里来？我们为什么存在？这么短暂的生命，存在的意义是什么？这就归结到哲学上面的三个"终极问题"——你是谁？你从哪里来？你到哪里去？

对于一个城市的发展来说，同样也存在这样的问题。昆山这座城市，它是什么性质的一座城市？它从哪里来？它又要到哪里去？

这些问题的解答，依赖于昆山的古文明。我们通过考古发掘，发现了存活于五千年之前的文物和遗迹，这些文物和遗迹记录了这个城市历史发展的脉络，记录了昆山先民生活和文化的印记。这些古文明历经五千年，留存在城市里，用独特的视觉和人文的情怀，温暖着我们这座美丽的城市。

古文明解答昆山的终极问题

昆山是一座什么样的城市？即使是土生土长的昆山人也很难回答。但是通过昆山的古代文明物证材料可以判断出昆山最核心的DNA是什么，也就回答了昆山的三个终极问题：

第一，昆山，你是谁？

昆山是一座古老的城市，一座拥有五六千年历史的、土著性质的、具有江南水文特征的城市。

从昆山绰墩山出土的五千年之前的独木舟来看，昆山在五千年之前，应该是一个河湖众多的江南水乡。彼时，独木舟已经成为这里的主要交通工具。昆山不是一个移民城市，而是很早就有原始人类在这里繁衍生息。

如果要归纳这个城市的个性特征，其不同于其他城市的核心DNA可用"清俊温润"四个字来概括。

昆山诞生了伟大的昆曲，明代一位文学家总结的昆曲特征就是娴雅整肃，清俊温润；昆山有以亭林园为代表的很多园林，风格特色也是精致玲珑，清俊温润；昆山以周庄为代表的水乡古镇，都是小桥流水、粉墙黛瓦的风貌，也是清俊温润；昆山的三宝——昆石、琼花、并蒂莲,颜色皎洁,花色温润,也具有清俊温润的特征;还有昆山传统文化熏染出来的昆山人,性格气质和文化特征也是清俊温润的。

清俊温润是昆山独有的风格,昆山处处显示出这样的风貌。

第二,昆山,你从哪里来?

通过古文明的物证材料,我们可以知道:最早的昆山城市发源于五千年前的绰墩山,昆山是中国最古老的城市之一。

中国古代典籍记载,"城"是外面的城墙,用来保护里面的民众;"市"指城里民众进行商品交换的生活状态。

中国城市的建造历史久远。《汉书·食货志》记载:"神农之教曰:有石城十仞,汤池百步……"《汉书·郊祀志》记载:"黄帝时为五城十二楼,以候神人于执期。"《史记·轩辕本纪》记载:"黄帝筑城造五邑。"三皇五帝的时候,建筑城池的历史记录就很多。"禹都阳城"就是证明大禹王在阳城建都的史料。

在五千年前的绰墩山,也出现了城市雏形。按照城市的要素,我们首先判断一下有没有城墙这样的建筑。在绰墩山的古城中,惊喜地发现了昆山最古老的城墙。《绰墩山考古发现报告》中记录:有一条东北向西南走向的河道,由通道和内湾两部分组成。古代的城墙一般建在河道内侧。这个河道,就是护城河。然后,在护城河内侧,在已发现的长达四十五米的南堤岸边有夯筑结实的红烧土块,在北堤岸上发现了密密麻麻的木桩。这种周边修成陡坡,并有红烧土夯筑,中间再加上栽满荆棘的设施,据考古人员推测,可能是古人用于护卫的防御墙。

迄今为止保留最完整的新石器时代的古城,是史前时期龙山文化(连云港)的藤花落古城,距今五千年到四千年,比昆山绰墩山古城遗址还要晚一些。对照一下藤花落古城城墙,我们可以看到:同样是史前文明,时间都在四五千年之前,绰墩山发现的古城在修筑城墙的材料和方法上,和藤花落古城是一样的——用红烧土和木桩,加上荆棘等设施构成。

这个城墙已经具备了防卫的功能。外面有河道作为屏障。城墙里面生活着昆山先民,他们已经拥有了灿烂文化,开始从事酿酒、纺织、制玉等各种生产经营,并进行频繁的商品交易,也就是城市里面的另一个因素——"市"已经具备。

首先看酿酒业。我们知道酿酒业是伴随着粮食的出现产生的。在绰墩山发掘的文物中,有五六千年之前的崧泽文化层。在这个文化层里出土了大量的陶盉。这些陶盉不仅造型优美,而且形式多样。陶盉是温酒用的,说明了早在五千多年前这里已经非常繁荣,粮食比较充裕,酿酒已经相当普遍。

再看纺织业。在另一个土层里发现了一件磨制光洁的蛇纹石纺轮,这个纺轮比城池形成的时间还要早,距今七千多年。这就说明早在七千多年之前,原始先民已经开始使用纺轮进行手工纺织了。这个时候的纺织业已经开始形成,并且纺织品还广泛被用于商品交易。

这一时期的玉器行业也很发达。从绰墩山出土的大量玉璜、玉镯、玉串、玉梳、玉佩饰等玉器来看,其制作工艺精美异常,制作器物相当丰富,表现出古代城市居民时尚的审美观念。那个时代还没有铁器,这些坚硬的玉器到底是使用什么工具雕琢出来的?直到现在都没有发现他们的制作工具。他们高超的手工制作技艺令人惊叹。这是绰墩山发现的古老城市中最神奇的手工制作工艺品。

那么,绰墩山遗址除拥有城墙、发达的文化、繁密的商品交易等要素外,还有什么呢?这样的城市,是否具有完整的社会制度,是否拥有上层建筑和系统的管理体制呢?

绰墩山发现的古代文明器物,再一次证明了昆山先民已经具备了非常先进的文明。

绰墩山发掘出很多古代上层建筑的器物,第一个是玉琮。玉琮的形状内圆外方,这本身已表示先民对天地的认识,按照"天圆地方"的概念,来塑造权威。玉琮象征贵族拥有的王权,相当于后世的玉玺。用白玉制作,端庄大气,上面刻有精美的花纹。这种象征贵族王权的玉琮,在昆山多处遗址发现了数枚,形状都一样,说明这种贵族王权是统一的。

还有象征军事权力的玉钺和石钺。在很多贵族的墓葬里,墓主人的右手侧都有这样一个武器。在"视死如生"的观念影响下,贵族运用石钺和玉钺这样的器物,表示对永生的追求和权力的拥有。

除产生象征王权和君权的器物外,宗教祭祀活动也在那个时代开始。首先,绰墩山和赵陵山都发现了当时祭祀上天的祭台和祭品。祭品用玉器或者陶器制作,这说明当时的祭祀活动很隆重。同样属于上层建筑的,还有意识形态里面的鸟崇拜。

绰墩山发现了一件通体刻有鸟纹的阔把黑皮陶壶,其精湛的制作工艺宛如鬼斧神工,代表了良渚文化制陶工艺的最高水平,令人惊叹不已。还有一件带有鸟

绰墩遗址出土的玉琮(王晓阳提供)

绰墩遗址出土的玉璜(王晓阳提供)

绰墩遗址出土的黑皮陶杯(王晓阳提供)

纹的器皿,发掘于周庄太史淀同时期文化层,展示了昆山先民普遍对鸟类的崇拜和敬仰。

更令人惊愕的是,那个时代的器物上还出现了一种类似文字的刻纹,出现在周庄太史淀出土的一件文物上。看上去是一个普普通通的陶罐,没有什么特别的价值,但仔细看看,陶罐的正上方竟然清清楚楚地出现了一个甲骨文——吴。

昆山古方言里,鱼和吴是一个音。江南这片土地上的人,过的是"饭稻羹鱼"的生活。稻米和鱼是江南水文特征的两大要素。那么,在五六千年前的绰墩山城市里,人们就已经过着"饭稻羹鱼"的生活。这个原始文字的发现,和"鱼"有关。昆山后来演变为吴国的一部分,有了吴文化、吴方言,以至于成为江南地区的鱼米文化区之一。不能不认为昆山是吴文化区的核心地区之一。

良渚时代出现的类似文字的刻符很多。中国文字学家李学勤教授经过研究,认为:"良渚文化的陶器和玉器上,业已发现了好多刻画符号。有象形的,有抽象的,还有几例是若干符号连成一串的……不承认其为文字是很困难的。"著名学者夏鼐先生认为:"一个文明的重要标志之一,便是有了文字制度。"文字的起源、产生,在社会发展、文明进程研究中的地位非常重要。周庄太史淀出土的这一个神奇"吴"字,堪称江南第一"吴"字。这个文字里面包含着江南的地域文化和特性,反映了古代先民改造大自然、寻求生存之路的特征,具有非比寻常的意义。早在五六千年之前,昆山原始先民已经有了初步文字,反映了昆山地区当时令人震惊的文明程度。这个周庄太史淀良渚文化土层中的神奇"吴"字,不仅是江、浙一带吴文化区域内出现的第一个"吴"字,也是整个中国文化里出现的第一个"吴"字。

在绰墩山这样一个城市里有了王权,有了城墙和护城河,有了商品交易,有了祭祀,有了手工业,还有了文字和鸟崇拜。这个城市,不就是一个完整的城市吗?很显然,这个原始群体已经具备了城市的所有要素。也就是说,在五六千年之前,昆山的绰墩山一带,已形成了城市的最初形态。昆山城市从哪里来?从绰墩山来。

第三,昆山,你往哪里去?

未来昆山,就是按照美丽城市的模式打造,越来越生态,越来越突出自然,越来越美。中国有句古话,"三岁看老"。从一个人的童年,就能看到这个人长大以后的样貌和特征。昆山城市的童年已经看到了,那么只要把握这个城市的DNA,这个城市怎么发展就一定能够判断出来。昆山城市的DNA是什么? 就是前文概括的四个字——清俊温润。

这个城市不管怎么发展,本质特性是不会改变的。DNA是稳定的。一个具有南方水文特征的古老城市,它的清俊温润本质不会变。不管这个城市经济怎么发展,未来都要返璞归真——回到清俊温润的本质上来。昆曲,周庄,园林,小桥流水,还有昆山人,都是这样。一个生态的昆山,一个美好的清俊温润的昆山,这就是昆山城市发展的方向。

昆山古文明对这个城市给予了关怀。对于一个城市来说,我们需要古文明的关照。我们需要通过这些古代的文明和物证,来贮藏昆山城市的记忆,保留昆山的古代文明发展印记。

古文明告诉我们昆山市民的生活方式

我们生活在这座城市里,逐渐形成了我们独特的生活方式。那么问题又来了——昆山民众的性格特征是什么? 我们的衣食住行从哪里来? 我们的衣食住行往哪里去?

昆山人性格和北方人不一样。北方人彪悍,南方人温润儒雅。昆山人的性格和临近的苏州人、上海人又不一样。在昆山人的观念里,昆山人是有气魄的,有胸怀的,有文化的。这种性格的形成不是自天而降的,而是在古代生活的影响下逐渐形成的。昆山人的性格就是大气、宽容、不排外，生活细节精致，讲求高品质。为什么昆山人形成了这样独特的性格特点？从古代文明的精美遗物中可以寻到答案。

在赵陵山的一个五千年前的贵族墓穴里，发现了一个玉质的人鸟兽造型玉饰。这个玉饰放在墓主的右手边。它是一件透雕的玉饰品，现藏南京博物院，为南京博物院的镇院之宝之一。

这个玉饰的主体是一个侧身人像，戴着冠，说明此人是一个贵族。手臂上有一只走兽，上面有一只浮雕的小鸟，所以称为"人鸟兽"。鸟是金乌，象征天神；兽，不是一只普通的走兽，象征地祇。"人鸟兽"就是天地人三者的合一。贵族和天神、地祇合而为一，上达天意，下和后土，与神灵沟通，为人们消灾祈福。

这个玉雕的造型独特而神奇，代表着古代人的哲学和思想，还有巧夺天工的技巧和创意！从"人鸟兽"的造型和存在意义来看，我们可以认为这是一个祭祀苍天的高级祭品。这说明昆山在很早以前就已经形成了独立的祭祀文化。看看这个"人鸟兽"的稀世珍宝：昆山人的智慧，昆山人的灵秀，昆山人的才情，昆山人的文化，昆山人的工艺，已经初步形成了昆山人的性格。

昆山人为什么这么大气，这么聪明，这么灵秀，这么精致？从这个远古时代的玉器就能够看到渊源。这个城市是怎样的？只要看看博物馆中的城市文化，了解这个城市的古文明，就可以判断出来。

昆山人的生活习惯、生活方式、衣食住行，都能够从五六千年前的各个文化里找到发源的印记。

2002年秋至2003年春，考古队对绰墩山进行了第五次考古发掘，这次

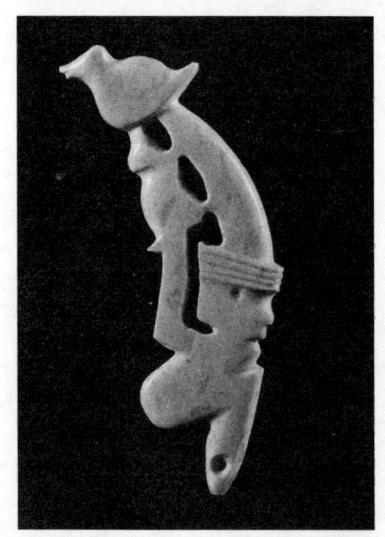

"人鸟兽"玉饰（王晓阳提供）

发掘最重要的发现是马家浜文化时期（前4750—前3700）的二十五块水稻田。这些水田是利用自然形成的低洼地开垦而成，旁边还有用于灌溉的排水沟和蓄水坑。在田块土样中淘洗出大量的炭化米粒，有长粒形、椭圆形等多种形态，经江苏农科院检测表明，这些田块均有大量水稻生长过的痕迹。江苏农科院通过分析，证明了炭化的米粒是粳稻，从而确定六千多年前，昆山地区已有人工栽培的水稻田了。

在绰墩遗址的第二次考古发掘中还发现了两座昆山最早的房子，专家经考证是良渚时期的，大约有五千年的历史了。一座为长方形，开阔11米，进深6.5米。其建筑结构除已具备房基、梁架、屋顶外，墙体运用芦苇、竹、木材等作为墙骨来增加牢度。另一座为圆形，东侧是门道，中间是灶坑，旁边是窖穴。这座圆形房子是专门用来炊煮的厨房。圆形房子外西北部有两个灰坑，说明那时人类已有一定的环保意识，不仅炊煮分设，而且已有专用的垃圾坑。

在河道内湾出口处发现了一块木块。周边还有木枝、木桩、木楔。木块的两侧较平整，底部光滑微凹，上部居中处有一锭象形的鼻孔钮。木块的一端有砍伐时留下的断面，另一端表面从上至下呈45度的斜面，形似船头。经鉴定，木块的材质为二针松，干重94.4公斤，可排水177公斤，载重极限达82.7公斤。因此，专家断定这木块是原始先民的渡河工具。这是我们祖先交通工具的来源。

此次发掘还发现了那个时期的一只彩绘木漆碗。这个碗出土时色彩鲜艳，式样精美。还有煮饭用的甑，即今天蒸笼的前

绰墩遗址出土的陶纺轮（王晓阳提供）

身。看到这些古文明的遗物,好像看到了自己生活的来源。

昆山有璀璨的新石器文化。这种文化不仅仅出现在绰墩山,也出现在周庄太史淀、张浦赵陵山、千灯少卿山。这个时期的昆山文化基本上是连续的,统一的,丰富的。这一时代昆山人的衣食住行,已为后人奠定了基础。

对于城市,我们需要古代文明的物证来存放城市的历史记忆。对于居住在城市里的我们,同样也需要古代文明的光华来关照我们、温暖我们。

古文明给予昆山市民的关怀和温暖

精神虽然看不见摸不着,但可以给予关怀和温暖。我们的关怀和温暖来自哪里呢?我们的先祖,我们的古文化。昆山的古文明就能给予昆山人民关怀和温暖。

第一,古代文明告诉我们根在哪里?

物证资料和考古遗址,可以回答我们这个问题:城市的根在哪里?

每个人都想知道自己的根在哪里。不知道自己根源的人,精神上会面临很大的痛苦。如果没有这些古代文明的物证,一个城市就变成了没有来处、没有根源的城市!有了古代文明,我们才会豁然开朗。我们可以看到城市的起源,城市的发展,城市的历史,先民的智慧。在那一瞬间,我们才会感到满足。

第二,古代文明能够传播各种知识。

民众通过对古代文明的认识,获得先民的智慧、观念和思想。一个先民的画作,能够启迪后代绘画者很多思维,能够让后代的绘画者了解那个时代的审美,获取那个先民画作的经验和方法;同样,书法历代相传,后世的书法爱好者都能够通过对古代书法作品的学习、临摹,从而获得古代书法技法的学问。我们就是这样在不知不觉中,从古代文明里得到了审美,得到了提升。从这个角度,古代文明给予现代人以生活的经验和艺术的启迪。

第三,古代文明能够赋予精神气质。

一个城市的古代文明,还能够赋予这个城市市民以独特的精神气质,让市民变得更高雅。

众所周知,台北故宫博物院里面的一件文物——白玉苦瓜,就是这样一个启迪人智慧的宝物。台湾著名诗人余光中,也就是《乡愁》的作者,他的散文和诗歌影响的不仅仅是整个中国,还影响了整个华语界。余光中在台北故宫博物院参观时,走到这个白玉苦瓜面前,脚步就停下来了。他深情地看着这个白玉苦瓜,再也走不动了。余光中在这里写了一首诗,名字就叫《白玉苦瓜》:"似醒似睡,缓缓的柔光里,似悠悠自千年的大寐……"余光中说,这个白玉苦瓜,好像是从一千年前的大梦里,睡醒了一样。这个白玉苦瓜怎么这么饱满呢?怎么长得这么好看呢?哦,是喝了"古中国喂了又喂的乳浆",是喝着中国的奶水长大的。这个白玉苦瓜,是一只仙果啊!可是它不产在仙山,而是产在人间。是哪一只巧夺天工的手腕啊,"千睇万睐将你引渡"?

这个苦瓜的肉身早已经腐朽,可是这个苦瓜的灵魂,却通过那个工匠的手,在这个白玉做成的苦瓜里得到永恒。这个苦瓜的味道是苦涩的,可是它的结果,是多么甘甜啊!余光中对这个白玉苦瓜十分钟情!这个白玉苦瓜多像人类啊!人生也是苦的,短暂的;人生也想要一个永恒。这不正是张若虚慨叹的"人生代代无穷已"吗?这个苦瓜短暂的肉身早已经腐朽,可是它的灵魂,通过一双灵巧的手,在这个白玉做的苦瓜里得到永恒。余光中从这个白玉苦瓜里,看到了"灵魂引渡"的方法。

张若虚不是通过《春江花月夜》这个千古名作,实现了自己灵魂的永恒吗？苏轼不是通过《赤壁赋》这个千古名作，实现了自己灵魂的永恒吗？他们的肉身早已经腐朽，可是他们的灵魂，却通过这样的作品，实现了和今人的对话。

那一刻，余光中老泪纵横。他浮想联翩，感慨不已，写成了这首绝美的、富有人生哲学的诗作《白玉苦瓜》。

《白玉苦瓜》是余光中的代表作，被选入了很多版高中语文教材。他的一部诗集，就以"白玉苦瓜"为题。可以说，如果没有这个白玉苦瓜，余光中还是一位伟大的诗人，但他一定写不出这首不朽的诗作。也许，余光中的诗情和才华，余光中的灵魂，能够通过这首美好的诗作而历经千年。是台北故宫博物院这个宝物，赋予了诗人这样的才情？不，是古代文明的关照，给了诗人不朽的诗篇。

古代文明寄存了先民的灵魂，他们的肉身早已经杳无踪迹，可是他们的思想，他们的才情，他们高超的工艺，他们璀璨的文化，就贮藏在那里。隔着时空，跨越千年，和我们的灵魂相遇。

我们不止一次阅读古代的典籍，不止一次欣赏名家的画作，不止一次观赏古人的技艺。在这种学习和观摩中，我们获得了很多力量。如果我们什么都没有见过，我们的灵魂不是很单薄，很冰冷？有了这些东西，我们感觉自己不寂寞。祖先创造的文化让我们感觉温暖、感觉舒服，让我们有了方向感。那一刻，我们感觉很富有。是古代文明的光辉，给了我们这种美好和温暖。

一个城市的古代文明能够赋予市民精神气质。如果一个地方美术馆馆藏的书画作品特别多，这个地方的书画水平一定高，学习书画的氛围一定很浓。这就是古代文明对今人产生的无形的影响。

第四，古代文明能够凝聚一地民心。

犹太人的博物馆前有一句名言："全世界犹太人彼此之间都负有道义上的责任。"犹太民族是一个多灾多难的民族，经历了严酷的杀戮。

他们的博物馆,陈列的是犹太民族发展的历史和物证材料。就是这些真实存在的物证,起到了凝聚民族、团结民众的责任。

古代文明本身不会说话,但是会凝聚民心!

亭林公园的"人鸟兽"雕塑,是昆山文物的代表。昆山人从那里经过,都看到了这个雕塑,都知道这是昆山文物的物证代表。这是昆山古文明烙在昆山人心里的烙印,是自己家乡的印记,是一个城市先祖的印记!昆山人都会记得:曾经有那么一个英勇的贵族首领,带着民众,低下自己高贵的头颅,祭祀天地,祈祷上苍保佑这块土地上的人们,风调雨顺,幸福安康!

赵陵山遗址出土的玉串饰(王晓阳提供)

赵陵山遗址出土的玉串饰(王晓阳提供)

到城市旅行,就应去那个城市的博物馆看看。因为博物馆不仅是一个文化场馆,更是记录古文明历史的场所。人们通过与文物对话,穿过时空的阻隔,俯瞰历史的风风雨雨。古代文明就像一道知识之光,照耀着我们的精神和灵魂;古代文明就像一个永恒的智者,通过神奇的符号和花纹,实现和现代人的对话,陪伴着我们,温暖着我们。

为什么张若虚在感慨"江畔何人初见月"的时候,我们会有心灵的共鸣?苏轼在感叹人生只是一个须臾的时候,我们也感觉叹惋?因为古代文明里面藏着古人的思想,它在照耀着我们;古代文明里面藏着古人的智慧,它在关怀着我们。古代文明里面贮藏的是我们祖先的智慧和观念,是我们祖先跨越千年给我们的礼物,能够给这个城市的民众赋予精神上的温暖。

苏州评弹在昆山

吴鼎桐

苏州评弹是一种高雅的曲艺,深受广大群众的喜爱。昆山人,尤其是上了年纪的老昆山人,爱听评弹的很多,他们将听书作为主要的消遣娱乐活动,听书成了昆山的民风。因此,评弹在昆山拥有雄厚的群众基础。

遍布城乡的昆山书场

昆山的书场历史悠久,最早可追溯到清代同治年间。由于城乡居民喜爱评弹,因此,书场似雨后春笋般在全县发展起来。根据城区(今玉山镇老城区)、陈墓(现锦溪)、千灯、周庄、张浦、巴城、蓬朗、正仪、石牌等地的统计,当时书场多达六十余家,还不包括乡村集镇上茶馆兼书场的所谓"小书场"。

中华人民共和国成立前后,昆山城中心有三家书场,其中老同春、畅乐园两家书场皆创办于同治初年,另一家西园书场创办于民国三十三年(1944)。老同春、西园在西街东头,畅乐园起先开设在育婴堂弄童家的房屋内,后来场东钱老三将书场迁至中大街俞姓房屋内,面积较大,闹中取静。老同春书台上方悬挂的那块"松柏长青"匾额,显示出它的资历,场东张阿荣乃继承父业。昆山沦陷后,张阿荣夫妻俩带着儿子张玮荪、儿媳马观贞一起经营,维持生计。这家书场以正宗老牌著称,只聘苏州光裕社男档名家,如周玉泉、姚荫梅、曹汉昌、潘伯英、顾宏伯、曹啸君、凌文君、魏含英、华士亭、华佩亭等，都曾先后被聘或数度来此登台演出。但是，随着时代的发展和变化，为满足听众的兴趣，书场最后还是让女演员登台，首档是苏州普裕社的徐雪月、程红叶、陈红霞三个档，说《三笑》。从此，昆山老同春书场向女档、男女双档开放。

畅乐园地处大街闹市区，占了地理优势，名家响档应聘来此演出者颇多。如张鉴庭早在抗战前就与其弟张鉴国合作弹唱《顾鼎臣》《十美图》两书，受到昆山听众的欣赏和赞誉。还有严雪亭曾数度到此，演出《杨乃武》，总是听客满座，轰动全城。其他评弹前辈沈俭安、薛筱卿、朱耀祥、赵稼秋、徐云志、黄异庵、杨仁麟、蒋云仙、朱雪琴、朱雪吟、吴剑秋、朱慧珍等，无不都是场场客满，为畅乐园大大生色。

西园书场开张不久，就聘请评话名家杨莲青来昆，开讲《狸猫换太子》《狄青》两书，生意甚盛。谁知杨先生突患重病，不能登台，场东郭方清不计一切费用，为之求医诊治，赎方煎药，尽心替他医治调理，服侍周到，书场业务因此停顿一二个月之久。杨先生对此极为感动，故为西园书场大力宣传，从此，西园的业务更佳，竟能与两家老书场鼎足而立。

除老同春、畅乐园、西园外，九步三弯有息园书场，宣化坊有春园书场。春园书场场东为张冠生、葛茂方，也是一家比较正规的书场。昆山沦陷初，葛茂方在水弄内开设了同乐书场，曾聘请马调传人、擅唱《珍珠塔》的魏钰卿和擅说《三国》《岳传》的名家周亦亮等来此演出，但因国难当头，为时不久就停业。

在城外，东门有王兴园、东园、一啸楼，大西门有德仙园，这些书场规模较小，有的还是茶馆兼书场，因此，评弹名家也很少进入。

书场里也有不少规矩，如台前有两个座位，称为"状元座"，只有老听客才有资格坐，一般的听客不得占座。说书的演员在演出中途可以休息一会,叫作"小乐惠",此时,听众也可以放松一下。书场里的服务员(俗称堂倌),服务十分到位,每位听客都有一壶"原泡茶",红茶、绿茶随客挑选。中间还有一两次热毛巾递给听客揩面,部分老听客还供给一份小点心。说书先生更不用说了,这些待遇总不会少的。

书场里还有卖香烟、花生米、瓜子、黄连头、甘草黄熟梅子、良乡栗子等零食的小贩为听客服务,但他们并无喧闹之声,不影响听客听书。因此,书场内十分安静。

昆山由于书场多、群众喜爱听书,因而成为评弹界的一个"活码头"。

各领风骚的评弹票友

1946年春,昆山成立了第一个评弹票房——柳社弹词研究社。它的宗旨是"切磋书艺,合作交流,高尚娱乐,业余消遣"。柳社的董事长为吴味农;名誉社长为著名中医师邬俊才;社长是精通琵琶、三弦,擅唱沈(俭安)、薛(筱卿)调的吴问中。吴问中为人忠厚,柳社社址就设在他集街10号的住所。柳社成立后,爱好评弹的票友发展到二十余人。其中有擅长蒋(月泉)调、弹得一手好三弦的胡文奎;有爱唱周(玉泉)调、且有一口浓浓苏州口音的华泉;有擅唱龙(杨振雄)调的戴徵明。还有邬恤民、金肇政、邱世成、吕文梅、刘宗英、杨振麟、傅雪坤、张在斌、程启乾、曹剑萍、李家栋等,皆是社友的中坚。戴徵明由于酷爱评弹艺术,与评弹女演员汪菊韵志同道合,二人有着多年的感情,最终喜结良缘,在票友中传为佳话。

柳社在昆山广大听众中颇具影响,与苏、沪各兄弟社团的友好往来亦不少,经常交流艺技,关系十分融洽。柳社的票友与著名评弹演员的感情也甚为深厚,如严雪亭、徐云志、蒋月泉、沈俭安、薛筱卿、华士亭、华佩亭、杨振雄、杨振言、魏含英等,凡是他们来昆演出,柳社的票友们都会去登门拜访,向他们讨教学习,有时还与评弹艺术家们同台演出,客串几个节目,如唱几只开片,说一回折子书,真是其乐融融。徐云志先生还为柳社提供剧本,指导排演《三笑》片断,使票友们得益匪浅。后来,柳社的票友中有不少人成为专业评弹演员,如张在斌(艺名张雪麟)成为浙江德清评弹团的专业演员;刘宗英、杨振麟、傅雪坤、曹剑萍等先后进入昆山评弹团。刘、杨两位均担任过昆山评弹团团长。

中华人民共和国成立前夕,因吴问中身缠重病,柳社无奈解散。柳社自成立到解散虽只有短暂的两三个年头,然而对昆山业余评弹艺术的开拓和发展是功不可没的。

1950年春,张在斌(此时他还未去浙江德清评弹团)、刘宗英、华泉等发起组建枫社业余评弹研究社,章程中有"积极宣传党的政策,配合各项中心运动,活跃业余文娱生活"的内容,筹备主任为张在斌。不久,社员在成立大会上选举刘宗英、华泉分别担任正、副社长。社友有钱竞、钟明华、张文荫、马玉清、程依雯、俞庆中以及原来在柳社的部分票友。

枫社成立后,举行首场会书,于西园书场夜场演出,邀请了上海和平社著名票友杨涵若、陆鸣等参加演出。刘宗英、张在斌合作演唱了《珍珠塔》的《痛责》和《哭诉》两折;陆鸣演出《白蛇传》片断,他是个能说善唱的名票友。柳社虽然解散了,但有部分票友仍经常来到枫社访友,互学互教,感情依旧,亲密无间。刘宗英曾说:"我的琵琶、三弦就是受吴问中、胡文奎的指点,铭记不忘。"

昆山籍评弹名家

顾宏伯(1911—1990)

顾宏伯是昆山周市白塔头人。十五岁在苏州读中学时就迷上了评弹,没等毕业,就拜光裕书社的评话名家杨莲青为师,学习长篇评话《包公》。他原想学习说唱兼有的弹词,由于老师发现他的嗓音沙哑,且沙中带糯、哑中含光,认为他有一副说大书的绝好喉咙,如

顾宏伯留影(吴鼎桐提供)

果不说评话绝对可惜。顾宏伯听从老师的劝导,利用自己得天独厚的嗓音条件,走上了学习评话的道路。果然,杨先生有慧眼,顾宏伯的说表刚柔相济,表现力极其丰富。他不但能发出声如洪钟般的猛男音色,而且还能发出各种纤细的女腔音色。他在扮演宫廷的女角色时,可将太后或嫔妃的音色模仿得惟妙惟肖,听众简直不敢相信这是沙哑喉咙发出的精细声响。那种曼妙的声调,每每令人叹为观止。

他向老师学说《包公》时,并不"依样画葫芦"地照搬,而是因己而异"再加工",从而"更上一层楼"。为了说好这部久负盛名的大书,他不但追求语言生动、音色浑厚,而且追求台风大度、手面丰富的演技。为此,他揣摩京剧各行当的表演程式,特别注意吸收京剧"麒派"的表演风格,进行"大书小说"的独特处理,即在粗犷洒脱的说表中,糅合硬中带柔的表演,把刚正不阿的包公刻画得貌似威严,实则多情,粗中带细,入木三分,给人留下了正气凛然的丰满印象。如,他在《探寒窑》一回中,表演包公撩袍进窑的动作,显得沉稳而凝重;在《金殿捉郭槐》一回中,表演包公愤怒拔剑的姿势,显得威武而潇洒。顾宏伯由于把包公演到了极致,名声威震书坛,人称"评话活包公",他也因此成为说书人的"标杆"。杨莲青去世后,顾宏伯成为开讲《包公》的唯一,不少演员虽想拜他为师,学说《包公》,但都认为顾大师才艺出众、

难以超越,最后都改学了其他书目。

中华人民共和国成立后,顾宏伯先生加入了上海长征评弹团。他不但注重挖掘传统书目,而且积极推广现代长篇新书,《强渡大渡河》《红日》等都是他的精品力作。在他的带头尝试下,现代书不断涌现,这是他对评弹发展的重大贡献,成为书坛佳话,传扬至今。

顾宏伯先生出于对评弹艺术的酷爱,在有限的艺术生命中充分发挥了他的艺术天赋。在顺境中悉心钻研,创立了独树一帜的流派;逆境中也不忘评弹艺术的传承,甘愿做一个默默无闻的"教书先生"。1962年苏州评弹学校成立时,顾宏伯先生被邀执教,培养出如吴君玉这样优秀的得意门生。

严雪亭(1913—1983)

二十世纪三十年代,上海滩上一些爱好电影的观众曾评誉胡蝶为"电影皇后",金焰为"电影皇帝"。二十世纪四十年代,书坛的老听众紧跟其后,称范雪君为"弹词皇后",而"弹词皇帝"的宝座则归之于众口交誉的严雪亭。那时对女艺人的要求是色艺双绝,范的艺术成就和姿色均堪当其誉。而一个男性弹词演员要获得相对称的声誉,更非易事,这不仅是因严雪亭仪表不凡、才艺出众,更因他对书艺、弹词兢兢业业,刻苦钻研,不断探索、改进、创新、提高之结果。他法前人、承先辈,集"说、噱、弹、唱、演"的高超

严雪亭留影(吴鼎桐提供)

技艺于一身,他的单档表演独树一帜,使人倾倒叫绝。其艺术成就之高,在二十世纪四十年代之后的书坛上,少有人能望其项背,他不愧为评弹界的第一流人物,书坛名家。

严雪亭原籍昆山,1913年11月13日出生于吴县(今苏州),三岁随父母回到故乡。他父亲在县城近郊包家桥乡小学执教。他幼年家境清寒,十四岁去苏州葑门外一家小银匠铺当学徒。那时的店规是每晚打烊后老板把门锁上,将学徒关在店里看守店铺。但自幼爱好评弹的严雪亭怎甘岑寂,他常赤脚从后门河里兜到街上,去附近书场听书。有一段时间,徐云志演唱《三笑》,他为徐的书艺吸引,每晚必到。突然书场停演数天,原来是徐的母亲亡故,他得悉后,就买了锡箔往徐家吊丧、帮忙,徐向亲友介绍说:"这是我的老听客。"当时严雪亭才十五岁。从此以后,双方感情日增,严父再挽人说合,终于让严雪亭以四十元大洋"压帖"拜徐云志为师。就这样,严成了徐的开山门大弟子。拜师后,严雪亭花三元钱买了一把算命先生弹的破三弦,学习弹唱。师在台上说书,他在下面听书,苦记勤学,不断揣摩,稍有余暇就帮师做点家务。一年后,严的技艺已属不凡,经徐师考核允准,出师放单档跑码头、闯江湖。这时他仅十六岁,还只是个大孩子,这对一般艺徒来讲是很不容易做到的。那时《三笑》全部书要连续演唱六七十回,在短短一年中学成演出,要下多大苦功,可想而知。这也反映了严的天赋才能和对评弹的特殊爱好及激情。他平时很少交际,一心钻研艺术,对书艺精益求精,终于闯出了属于自己的天下,二十世纪三十年代后期就已成为弹词界的响档。

二十世纪四十年代初,严雪亭在湖州演唱时遇到了擅说《杨乃武》的李仲康(现已故),李是《杨乃武》书的原作者海宁李文彬的次子,当时李因染嗜好,十分潦倒,严对他非常关心,出于真诚友谊,李将《杨乃武》"补"给严演唱。由于不断修改、加工、补充,《杨乃武》在剧本的情节、唱词和人物塑造、内心活动方面,得到了很大程度的提高,成为评弹界"书性"最好的本子之一,严雪亭本人也因此书而充分发挥了艺技才能,两者相得益彰,为人称道,声誉鹊起。

为了说好《杨乃武》一书,严雪亭特地在家中雇了一位绍兴籍的保姆,向她学习绍兴方言。因此,他起的"绍兴师爷"角色,连绍兴人听了都跷起大拇指说:"呱呱叫。"《密室相会》是《杨乃武》书中最精彩的片断,严雪亭将每个角色都演得惟妙惟肖,入木三分,人人爱听。

严雪亭谦虚好学,聪明过人,创造出节奏明快、旋律朴素、吐字清晰、阴阳并用而自成一派的"严调"。因此,他不久就跻身名家行列。1948年,上海《书坛周刊》举办评选"十大说书名家"的活动,经听众投票,严雪亭荣登榜首,连他的师父徐云志也只能屈居在后。他成了名正言顺的"书坛至尊",因此,留下了"弹词皇帝"的美名。

中华人民共和国成立后,严雪亭拥护党的领导,热爱社会主义,1952年加盟上海市人民评弹工作团。他勤奋工作,创作了多部现代书目,如《白毛女》《龙江颂》《罗汉钱》《芦苇青青》《战地之花》等,影响极大。他创作的开篇《一粒米》,流传至今,长盛不衰。他由于精湛的艺术造诣和对评弹事业的贡献,1956年被评为上海市文艺界先进工作者,继而又当选为嵩山区人民代表、卢湾区人民代表、上海市曲协第一届副主席、苏州评弹研究会第一届副会长、上海文联委员、中国曲协会员等。

"文化大革命"中,严雪亭被打成"牛鬼蛇神",关进"牛棚",当过门卫,受尽折磨。品行端正、性格耿直的一代响档如何受得了这样的屈辱和打击,从此郁郁寡欢,终日静坐长叹,不幸罹病瘫痪。粉碎"四人帮"后,他精神振奋,时刻关心评弹事业。二十世纪八十年代初,他病势日重,于1983年4月16日下午2时3分逝世,一代书坛名匠、弹词名家离开了人世,终年六十九岁。

上海曲协出的《十二位书坛名家传记》一书,严雪亭亦列其中,足见他在评弹事业中的贡献和成就。他也为故乡昆山增添了绚丽的光彩。

谢毓菁（1924—2011）

和顾宏伯、严雪亭差不多同代的评弹名家中，还有一位名叫谢毓菁的大家。谢虽然长期活跃在苏、沪书坛，但他的童年是在昆山度过的。他出身评弹世家，其外祖父名噪一时，但家庭动荡，他只得随母寄人篱下，初住百花街，继迁西寺弄，最后居东塘街。从近民小学（今昆山第一中心小学）毕业后，他先跟班学唱文明戏，既为继承家业，也很想通过拜师学艺以评弹立身。

在一次听书中，谢毓菁对名家徐云志表演的《落金扇》深深迷恋，很想拜他为师，因学费不菲，难以支付，而只得放弃。但他学艺初衷不改，在家人和亲戚的周旋下，沪上另一名家刘天韵把他收入门下，虽然学费便宜，但必须按传统无偿跟班四年。刘天韵自小学艺，先学《三笑》，后学《落金扇》，这些都是脍炙人口的优秀书目。那时他正缺下手配合，就决定尽快将具有艺术天赋和遗传因子的谢毓菁培养成才。在恩师的教诲下，谢毓菁的说、噱、弹、唱样样出秀，终于配成了名师高徒的双档，看家书目就是大家百听不厌的《三笑》和《落金扇》，一时间，刘、谢的风采在沪宁线上闻名遐迩，只要贴出广告就一票难求。

中华人民共和国成立后，提倡说新书、唱新曲，刘、谢创作演出的新书《小二黑结婚》一鸣惊人，曾荣获评弹会演一等奖。后来新书接踵，佳作迭出，1951年经深入治淮工地后，集体创演了中篇《一定要把淮河修好》，其中谢毓菁贡献较大。由于擅长编写唱词，他留下了多段著名唱段，如陈希安唱的《人民当家做主人》、朱慧珍唱的《新年锣鼓响连天》、蒋月泉唱的《指导员来传言》等，均出自谢毓菁之手，后来都被灌制成唱片，影响深远。

二十世纪五十年代开始，谢毓菁先生因家族、婚姻的变故，不得不与恩师刘天韵拆档，辗转上海、南京、苏州多个评弹团，与其他艺人配档，从下手转到了上手，还以《三笑》立身。先生由于积累了多年经验，技艺炉火纯青，所以知名度还是很高。

"文化大革命"开始后,苏州评弹团解散,谢毓菁转业进入苏州人民灯泡厂。他由于水平出众,粉碎"四人帮"后,很快被落实政策,回到苏州评弹团重操旧业,有了东山再起的机会。谢毓菁除恢复传统书外,还积极尝试现代新书的创作,那时红极一时的《红岩》《敌后武工队》,还有苏州特色书《满意不满意》,都有谢毓菁的付出。

谢毓菁由于体弱多病,1984年就办了退休手续。但他心怀评弹事业,不但坚持编写新书,而且热心培养后人。他有空时还经常到昆山走走,常与昆山好友刘宗英先生促膝谈艺,直至生命尽头。

昆山评弹团始末

昆山的评弹团体始于1957年。那时,按国家规定,个体艺人均应办理登记手续,是年10月17日,选拔演出在昆山举行,这是登记前的必然程序。该项工作由昆山县文教局干部李培然主持,参加选拔演出的有刘宗英、醉迎仙、蔡小娟、王仲君、王绿萍、曹振祥、李梅芳、傅雪霖、张玲仙、张文荫、杨振麟、翟素珍、马世安、李肖白等人。选拔结束后,就成立了昆山县曲协,曹振祥为负责人。

昆山县曲协成立后,就组织评弹演员去浏河水利工地上进行慰问演出。那时,正值寒冬,但演员们冒着寒风细雨,在土墩上为民工们演唱新编书目《人造卫星上天》。

1958年8月1日,在昆山县文教局副局长于江的主持下,组建昆山县玉峰评弹队,杨振麟任队长,马世安、曹振祥、刘宗英为队委。一年后的8月1日,仍在于江的主持下,撤队建团,宣告昆山评弹团成立,杨振麟任团长,王传桂、赵立言为驻团干部。

昆山评弹团成立后,吸收了钱一信、曹传宝、张金凤、刘诗丽四名学员。此时的昆山评弹团总人数已达二十一人。昆山评弹团的全盛时期,是在二十世纪六十年代初,曾组团进入上海市区书场演出。1962年

3月,刘宗英、蔡小娟组成双档,还有王仲君、王绿萍均登台演出,听众反映良好。接着,又蝉联一期,但只演日场,晚上去大华书场观摩姚荫梅、张鉴庭等著名演员的演出,作为学习和培养青年演员的举措。昆山评弹团在上海演出时,上海人民广播电台都来现场录音。5月26日晚上,刘宗英、蔡小娟、刘诗丽等在上海先锋评弹团团长王小燕的陪同下,去上海市中央机关招待所为时任党中央副主席的陈云同志及其夫人演出。不久,上海人民广播电台播放了现场录制的《拜月记》,这在当时县级评弹团中是仅有的。昆山广播站当即转录后在有线广播中播出。此后,刘宗英、蔡小娟、刘诗丽去常州、无锡、苏州三市演出,当地电台均来现场录音并播放,扩大了昆山评弹团的影响。

1963年秋,苏州地区文化局在昆山举办现代书会演,昆山评弹团的中篇《夺印》,短篇《雷锋出差》《任务》都获得了创作奖和演出奖。刘宗英、蔡小娟和王仲君、王绿萍两档被选入苏州地区文化局组织的获奖作品巡回演出队,还集中创作人员去苏州进行创作。1964年上半年,刘宗英创作的中篇《清水湾》在太仓城厢镇演出时,获得优秀剧目的荣誉。7月,在苏州地区血防会议汇报演出时,效果甚佳。不料,有人竟在会上发难,指斥《清水湾》是"大毒草",致使刘宗英蒙受不白之冤。"四清"运动和"文化大革命"中更是步步升级,从此,昆山评弹团被整体解散,艺人全部转业。

1972年恢复评弹演出,先成立评弹小组,后改评弹团,开始时仅有杨振麟、钱一信、翟素珍等六

钱一信和张鹰演出照(吴鼎桐提供)

人。1976年11月,昆山县文化戏曲学校成立,设锡剧、评弹两个专业,评弹班有学员八人,由张鹰负责,后改由张玲仙、傅雪霖负责。1979年10月学习期满,戏校撤销,评弹班的学员转入评弹团跟师演出。原来转业的艺人亦陆续回团。刘宗英于1979年4月12日平反归队,并于5月1日单档外出演唱《拜月记》。5月23日,昆山评弹团的钱一信、胡美珠、张少麟、杨振麟和刘宗英等去苏州地区参加"文化大革命"后的首次现代书会演,获得创作、演出双奖。昆山评弹团又恢复了往日的声望。

此后,由于多方面的原因,评弹团大部分人员流失,最后陷入低谷,难以为继,昆山评弹团彻底解散。

素描昆山民国建筑

杨瑞庆

昆山旧时民居都是粉墙黛瓦的砖木结构，保存至今的周庄、锦溪、千灯、巴城的古镇风貌可以略见一斑。昆山光复后，西风渐进，一些达官贵族的家居造型，特别是一些公共建筑的造型，都融合了外来元素，表现在从平房到楼房、从黑瓦到红瓦、从灰墙到白墙、从贝壳窗到玻璃窗、从山脊顶到大屋顶、从砖木结构到钢筋结构等方面的转换上。这种新式结构建筑在昆山城乡星罗棋布，成为一道独特的风景。这些建筑由于建于民国时期，所以常被称为民国建筑。

民国建筑是中外建筑艺术融合贯通的缩影，既吸收了西洋时尚元素，如屋外建有雕塑、喷泉等；也保留了中国传统元素，如屋内雕梁、画柱等，使民国建筑成为传统走向现代的过渡。由于民国政府建都于南京，当时的政府曾大兴土木，留下了许多独具一格的民国建筑，有宫殿式的、有别墅式的……昆山虽然是个小县城，但地处苏、沪之间，铁路穿过，交通便捷；同时昆山风光秀美、经济富庶、环境宜居。特别是昆山曾经吸引了一批民国要人前来讲学、视察、创业……所以留下了许多弥足珍贵的民国建筑，似闪光的珍珠，在昆山城里熠熠生辉。这些民国建筑历经风雨损毁、人为拆毁，留至今日的还有振东侨乡建筑群、察院前中山堂、徐公桥大年堂、琅环里图书馆及玉山镇的多处私家住宅。

东方村侨乡楼

在昆太公路北侧,昆山与太仓交界的地方,矗立着一群具有异国情调的小洋楼,它们散落在古娄江畔的绿野里,显得特别耀眼。在昆山这片古老的土地上,竟会出现这种与本土民风迥然不同的楼房,真可谓独领风骚。这就是名闻遐迩的振东侨乡。

振东侨乡坐落在现属周市镇的东方村(原属新镇辖区)。那里原来地势低洼,一遇水灾就颗粒无收,有的农民就干脆抛荒外出打工。留下来的大多居住在草屋泥墙内,过着半饥不饱的艰苦生活。想不到二十世纪初,有一批外乡人看中了这片无人耕种的土地,在这里建起了一座座连城里人都很羡慕的洋楼。日后,他们在那里开沟排水、科学种田,把低洼地变成了米粮仓,过着丰衣足食的生活。一时间,新型农场声名远扬,吸引了大批慕名者前来参观。

只要极目远眺,一幢幢红色洋楼犹如鹤立鸡群,凸起在广阔的原野上,与当地农村的简陋住宅形成了鲜明对比。走进村落,顺着一条条当

如今侨乡全景(杨瑞庆提供)

时农村中少见的水泥路,可以近距离地端详每一座小楼的风采——大屋顶、红砖墙、罗马柱、百叶窗,色彩鲜艳,姿态高雅。楼房不高,只有两层;楼面不宽,只有三间。每座洋楼都显得小巧玲珑,别有风味。

振东侨乡建于民国十二至十七年间(1923—1928),建房的牵线人来头不小。1923年,由曾任孙中山先生正、副卫队长的加拿大归侨黄湘、邓湘两人发起,再由美国归侨、南京侨务委员会的邝卓生负责经办,吸收一批盼望归国定居的侨胞入股,创办了这个占地一千零八亩的振东农垦公司,命名用意是振兴东方。来此经营和定居的归侨大多是来自美国和加拿大的广东台山人,另有少量墨西哥、新加坡、日本、缅甸等地的归侨。

通过五年时间的精心打造,振东公司已初具规模。最兴盛时,村内建有六十二幢西式别墅楼,共有二百九十七人入住。还建有一些学校、教堂、会所、码头、电厂等附属设施。他们垦荒种植、挖塘养鱼、互助经营、收入颇丰,此地成为当时远近闻名的富庶乡村。

正当他们准备继续大展宏图的时候,抗战爆发,日本侵略军将炸弹丢到了振东,好几幢洋楼化为灰烬,有的洋楼损毁严重。在后来的动荡年代里,这座美丽家园又被土匪垂涎,土匪们趁着混乱先后霸占。振东侨乡在受到多轮毁灭性的浩劫后危在旦夕。好多侨民纷纷逃亡海外避难。少量留守家园的侨民在水深火热中煎熬,在唉声叹气中等待,期盼能有东山再起的那一天。

最破败的时候,侨乡已名不副实——小洋楼所剩无几。一些对祖传家产情有独钟的老侨民,不忍心祖先创立的家业毁于一旦,就力所能及地自筹资金进行修缮。由于无人指导,随心所欲,有的贴上了"马赛克",有的涂上了"灰水泥",小洋楼被"改造"得有点面目全非,侨乡到了名存实亡的地步。

改革开放后,人们如梦初醒,许多有识之士看到了振东侨乡的开发价值,于是纷纷建言,要求政府帮助恢复振东原貌,重现苏南唯一侨乡的迷人风采。一旦修缮,定能吸引侨民回迁,成为昆山对外开放的重要窗口。由于侨乡具有得天独厚的海外关系,后来那里成为发展外向型经济的重要基地。

2005年,昆山市政府经多番论证后,投入大笔资金,对振东侨乡进行全面修复,并美化了周边环境,建成了美轮美奂的南洋风情公园。如今的洋楼已焕发青春,引人入胜。忽如一夜春风来,阅尽人间春色,风景这边独好。得知振东侨乡装修一新的消息后,一批批旅居海外的侨胞从世界各地回到了故乡,亲眼看见先祖的置业风采依旧,无不感慨不已。他们感谢振东侨民的世代坚守,感谢昆山政府的鼎力保护。

察院前中山堂

由于昆山对中国国民党创始人孙中山(1866—1925)先生特别敬重,所以昆山建有中山堂,这在全国县级城区中绝无仅有。

孙中山曾于清光绪年间到过昆山。据《昆山文史》披露,有位叫张咏之(张栋)的昆山人,年轻时曾赴日留学,跟随孙中山先生参与革命活动,并加入了由孙中山发起成立的同盟会。张咏之回国后,即在昆山秘密开展"反清"宣传。为了让民众能听到权威性的革命理论,张咏之特邀孙中山先生前来昆山讲学。地点据说设在今柴王弄的毕厅内。当时孙先生剪发蓄须,西装革履,目光炯炯,风度翩翩。会堂里座无虚席,大家满怀激情地聆听孙先生振奋人心的演讲。孙中山深入浅出地讲解革命道理,听得昆山人热血沸腾,随后,昆山的一些文坛硕儒纷纷投身于拥护变革的洪流中。所以昆山特别感恩孙中山先生的这次讲学活动。

据载,孙中山的夫人宋庆龄女士也曾在昆山留下足印。她因信奉基督教,十分牵挂昆山与她情同手足的一位女教徒,就在一次往返于沪、宁的中途,在昆山站下了车,先去前浜的浸会堂(现已拆除)洗礼,后去女教徒家中慰问，事后还在朝阳门附近的中央菜馆用餐，一时传为美谈。

这个浸会堂还与宋庆龄的父亲宋耀如有关。宋耀如年轻时就读于美国圣三一学院（后改名杜克大学）和万德毕尔特大学神学院，1885年学成回国后，就在苏州、上海等地传教。就在那时，宋耀如经常到昆山浸会堂内讲习，留下了他时而慷慨陈词，时而和颜悦色的珍贵记录。

如今中山堂门（徐耀民摄）

所以，昆山与孙、宋伉俪曾有"神交"。孙中山不幸病逝后，举国悲痛，外地为纪念这位中国民主革命先行者所创造的丰功伟绩，率先建起了中山堂，昆山民众也不甘落后，纷纷行动起来，捐款集资，准备在昆山也建造一座中山堂。

当时的昆山县长叫彭百川，是一位通晓文化的学者，他不但支持群众的这个设想，而且协助筹款。为了既快又好地完成建筑任务，昆山人特邀昆山籍建筑专家俞楚白先生来设计这座昆山城里的标志性建筑。

俞楚白毕业于土木系，属于科班出身，此时俞先生的设计水平已经达到炉火纯青的境界，他对昆山的文化底蕴了如指掌，经勘察，决定在曾是新阳县衙旧址旁的察院前建造，这是一块地势高爽，人气聚集的风水宝地。经精细设计、公开招标、紧张施工，这座宏大建筑终于在1936年的11月竣工。

中山堂为"宫殿式"造型，石阶基座，气势宏伟；雕梁画栋，民国风格。建筑主体坐落在高台上，居高临下；拾级而上，气势不凡。内有一千多平方米的大厅，还有讲台、舞台，成为当时昆山城里唯一的大会堂,那里不但经常举行各种重要会议,还经常举办各种文艺演出。

昆山解放初期,中山堂成为昆山县政府的会议中心,"文化大革命"前后,那里曾改建为电影院和展览馆,直至粉碎"四人帮"后,中山堂才真正发挥出应有的"统战"功能,才名正言顺地成为政协中各界人士的活动基地。

改革开放后,已经陈旧不堪的中山堂得到了彻底修缮——屋面翻新、墙面新刷;梁檐新画、柱椽新漆;新开了正门,新修了花园。中山堂前新建了美不胜收的草圃假山、楼台亭阁。政协委员经常在这里活动,中山堂成为民主协商国策的重要场所。

徐公桥大年堂

建筑中有一种令人肃然起敬的"堂",一般指名门望族家居正中最高大的那一间,常作为举行家庭迎客或祭祀仪式之用。还有一种"堂"是为纪念先贤而建。坐落在花桥镇之东的徐公桥大年堂,就是后者性质的建筑。

大年堂现坐落在徐公桥小学内,从奠基石上的刻文所知,大年堂建于民国三十八年(1949)二月,时值中华人民共和国成立前夕,所以也属民国建筑。大年堂为红砖红瓦,红门红窗,是一座名副其实的民国风格红楼。走进玻璃木门,左右两面分别是两层楼的办公用房,中间是一大间空旷的大厅,坐北朝南有一个不太高、

大年堂侧面照(徐耀民摄)

不太大的小舞台，供平常报告和演出用。对称布局的连缀玻璃长窗是大年堂的标志性设计，保证了堂内光线充足和窗明几净。大年堂堂名由吴地名画家吴湖帆先生题写，足以表明大年堂的不俗身价。奠基碑刻上还标有设计者和监造者的单位名称，说明大年堂建造规范，环节严谨，可以称得上是一座精工细作的建筑。

大年堂捐建者是乡人黄氏家族的四兄弟：黄肇忠、黄肇基、黄肇明、黄肇德，他们外出经商致富后，饮水思源，十分感恩父亲黄大年的养育之恩。而黄大年又得益于当年参加职业教育后的思想升华，教育子女必须刻苦学习、掌握就业本领、经商诚信。他的四个儿子后来果然学有所成、业有所成，个个有作为、有孝心。四兄弟发家致富后就想回报家乡，经商议，决定建造一座公用的纪念性建筑，并请人设计、建造，终于在故乡徐公桥矗立起了这座中西合璧的建筑。

大年堂是感恩情结的产物，黄家四兄弟除感谢父亲黄大年外，还感谢他们心目中最敬重的恩师，近现代著名民主革命家、政治活动家、职业教育家黄炎培（1878—1965）先生。黄炎培是毛主席的挚友，曾建议将《义勇军进行曲》作为国歌，曾建议将解放军出兵朝鲜的部队番号定为"中国人民志愿军"。

要说黄炎培先生和大年堂有缘，要从他1928年主持的"徐公桥乡村改进试验区"说起。这是中国最早的职业教育雏形。民国建立不久，上海诞生了中华职业教育社，宗旨是为大中专毕业生加强再教育，使他们能顺利走上工作岗位。大概在二十世纪二十年代末，一些有识之士认为要使中华民族强盛起来，最重要的任务是对暂时还愚昧、落后的广大农民进行教育。当时考虑徐公桥临近上海，交通方便，农村中存在的问题又较多，于是选作实验区，在那里全面开展乡村改进工作，形成经验后，再在全国范围内推广。还有一个重要原因是徐公桥曾是"昆山三贤"之一归有光设馆传教的地方，那里有着尊师重教的传统，是一块文化底蕴深厚的热土。

出于慕名大学者归有光，追随他教书育人的初心，1928年，民主革命家黄炎培先生就看准这块具有重教底蕴的厚土，在这里创办了乡村职业教育实验基地。这是当时以黄炎培为首的一批知识分子，对革新农村教育的大胆尝试。他们期盼广大农民通过学习科学知识、学习劳动本领，营造"野无旷土，村无游民"的社会新景象。乡村改进工作的内容有很多，包括开展扫盲活动、灌输科学知识、推广优良品种、提倡移风易俗等。通过开课讲授、制定村规、组织比赛等形式，丰富了业余生活，提高了农业产量，农民的精神面貌焕然一新，乡村教育收到了立竿见影的效果。那时，曾举办一年一度的耕牛比赛，用于传授饲养经验和调剂耕牛余缺，这个盛况空前的"牛市场"一直坚持到改革开放后，这说明乡村教育的后续效应十分明显。

乡村教育前后坚持了六年，由于措施得力，农村民风大改善，农民素质大提升，确实取得了预期的效果。只是后来战乱不断，经费拮据，黄炎培倡导的职教善事好景不长，但留下了那时曾经作为民众听课、接受培训的无逸堂。无逸堂意为讲堂一直座无虚席，没有空逸的时候。后来，这里成为徐公桥一带教育的圣地，曾办过震川学堂。昆山解放后改为徐公桥小学，延续至今。长期以来，无逸堂成为校园一景，见证着这里光荣的重教传统。那块由归有光率先开设学馆的热土，一直是引人瞩目的学界高地。该地从二十世纪二十年代开始，延续着或小学或中学的建制，由于师资实力雄厚，传统底蕴深厚，所以教育声誉名闻苏、沪，响彻江南。

1982年，由于无逸堂年久失修，破败不堪，当地政府要利用这块地基建造新的教育大楼，这座具有纪念价值的大楼最终被遗憾地拆除了。幸运的是留下了当时建造时镌刻的"任之（黄炎培）屋成合志"的碑石，让我们常能睹石生情，感恩黄炎培先生在国家动乱之际还竭尽全力兴办教育，做出了开创性的贡献。

大年堂现在修饰一新，成为见证中国早期职业教育的重要遗迹。

先有无逸堂里的传授,再有大年堂里的感恩。由于无逸堂已废弃,大年堂更要倍加呵护,这段乡村教育的历史不能被忘却,要永远扎根于民间。

琅环里图书馆

现侯北人美术馆旁边的一条小路就是琅环里的位置。路名起得富有诗意,据说是因为这个地方常能听到环形玉石敲出的响声。何以见得?要知道其地名的出典,就要追溯到遥远的晋代。

那时,琅环里的原址上有一座始建于晋代的景德教寺,是名闻昆山城的一块佛教圣地,寺庙附近还建有不少书馆,常聚集胸怀大志的莘莘学子,每天在师长的教诲下,书声琅琅,犹似轻击琅环的响声,周围人就亲切地把这个地方称为"琅环里"。后来寺庙遭毁,但那里还是文人聚首的地方,也是学子们寻师求教的繁华地。

历史的车轮滚到了二十世纪二十年代末,琅环里建起了一座具有标志性的红楼,这就是由民国昆山县政府拨款建造的公立图书馆,建馆发起人是当时的教育局长王颂文(1865—1942),他对昆山的文化教育事业做出了杰出贡献——曾发起建造了昆山第一所新式学堂樾阁学堂、西塘学校、昆山县中(今昆山市一中)、昆山马鞍山公园(今亭林园)。他由于办成了许多惠民实事,成为昆山屈指可数的文化精英和教育功臣。

昆山光复后,百废待兴。有识之士感觉到明清以来昆山文教事业不断下滑,已落后于周边地区,特别是传是楼、箓竹堂毁弃后,城里就没有一座像样的图书馆,对于这座文化底蕴深厚的古城来说,有点说不过去。王颂文作为一方文教长官,理应担负起创建一座公立图书馆的重任。经策划,他准备先因陋就简置馆,待条件成熟后再建造新馆。馆址就选定在原景德教寺旧基上的破旧房屋中,通过向社会征书,再集资购书后,终于觅得可观好书,然后对外开放。王颂文由于建馆有

如今侯北人美术馆侧影（无名氏提供）

功，而荣当了首任图书馆馆长。后来，由于藏书不断增多，特别搜集到许多珍贵的古籍，原来简陋的馆舍已经难以满足需求。民国十八年（1929），经王颂文先生一再呼吁，终于得到政府拨款，在原址上建起了两层西式楼房，上层供藏书，下层供阅览，一时成为城里设施最先进、外观最漂亮的建筑，由于外墙用本色红砖砌成，故人称"红楼"。

后在战争动荡中，图书馆中的图书不增反减，全是依靠一批文化热心人做"闭关守护"，才熬到了昆山解放，红楼才重新回到人民的怀抱。由于当时房源紧缺，红楼要移作他用，就将图书馆搬至南街口的平房内。

而红楼先是当作省昆中的校舍，学校搬迁到西圹街后，那里又成了昆山卫校的校舍。幸运的是这里又再现了琅琅读书声，又成了名副其实的琅环里。红楼又与昆山百姓亲近起来。

"文化大革命"前，红楼改作了中共昆山市委党校的办公楼，当时栽种下不少松柏用于美化环境，所以才有今日琅环公园中高高大大、郁郁葱葱的成排林荫。

改革开放后，在南街西园路口新建了图书馆大楼。为了创建文化先进市，2005年，坐落在前进中路的昆山市图书馆拔地而起，以丰富的藏书和时尚的设计，成为昆山的标志性建筑。

小西门面粉厂

今玉山镇小西门小虞河畔有一座四层楼高的民国建筑,那是五丰德记面粉股份有限公司旧址。

以前,昆山是一个农业县,主产稻、麦,一年两熟。面粉虽不是昆山百姓的主食,但也是昆山人制作面点的主要原料,所以需求量很大。早期都是通过手工磨坊来加工面粉,由于设备简陋,所以生产效率低,面粉质量差。

进入二十世纪后,中国引进了蒸汽机,使机械磨面有了可能。二十世纪四十年代初,具有商业头脑的昆山粮商张国梁通过集资,于民国三十一年(1942),在正阳桥南塊的小马路上初建集丰面粉厂。同年十月,改名为五丰面粉厂。为扩大业务,民国三十三年(1944),五丰面粉厂迁至小西门,新建了三层楼的厂房,后叠建一层,成为保存至今的建筑模样。

厂房平顶灰墙,红漆门窗,具有鲜明的民国风格。厂房内安置了引擎马达、发电设备,还有多部钢磨,兴旺时日产面粉五百包,不但满足本地需求,还销往外地。

但五丰面粉厂好景不长,经营三年后,由于管理不善而入不敷出,1947年转让给常州人王富亭经营,并改名为天丰面粉厂。中华人民共和国成立后继续开张。经过公私合营,国营接管,直至改革开放后解体,最后改建为国营昆山面粉厂。

现存的五丰德记面粉厂旧址,建筑面积五百五十二平方米,主体结构保存较好,成为旧昆山工业遗产中唯一的历史见证物。2009年被公布为昆山市文物保护单位。2010年经修复后,为江苏省重点文物保护单位。

玉山镇小洋房

俞楚白旧居　俞楚白(1889—1955),昆山人,民国三年(1914)毕业于南洋公学(今上海交通大学前身)的土木工程系,是一位科班出身的建筑专家。他毕业于名牌大学,又主修工程建筑,这决定了他日后四海为家的生活轨迹。他大学毕业后留在了上海,负责文卫体育方面的建筑设计。据《上海市志》记载,他先在沪宁铁路工程处工作,后在上海市公务局任工程师,曾主持了长海医院和江湾体育场的设计,使之成为二十世纪三十年代上海滩的标志性建筑。

中华人民共和国成立前夕,俞楚白决定在昆山建宅定居,安度晚年。他发挥自己设计的优势,建造了一座小洋房——红瓦大屋顶,白框玻璃门,显得特别新鲜。俞宅由于远离交通要道亭林路数十米,所以历经风雨,得以完整地保存下来。

洋楼造好后,俞楚白及其家人基本没有居住就又漂泊在外了。1950年初,经组织推荐,政府力邀俞老出山,去东北老工业基地从事技术工作。俞老急国家所急,带领全家立即启程,前往沈阳担任东北人民政府经济委员会的总工程师。东北解放时,工业基地毁坏严重,恢复建设设备是当务之急,俞老带病工

今日俞宅（徐耀民摄）

作,后因劳累过度,不幸病倒,只得回昆休养,不久,于1955年与世长辞,与先期在抗战时期"飞虎队"中为国捐躯的爱子俞时骧一起葬于洋楼东北侧的宅院内。

其时,俞楚白家境困难,其妻就将俞宅卖给了上海电影制片厂。1958年,上海电影制片厂将俞宅辟作职工疗养所,后捐给昆山县政府,作为昆山县的机关托儿所。二十世纪六十年代初改作干部宿舍,县委书记吕公枕、沈啸森都曾先后在此居住过。二十世纪七十年代初作为县体委的办公用房,后租给一家房产公司,现为昆山人大研究会的办公地点,并修缮一新,成为文物一景。

徐士浩旧居 今人民路边前进菜场之东原有一个浸会堂,其西有一座豪华的西式洋楼,坐落在花丛浓荫之中,显得海派且时尚。两层楼房建在台基上,踏级石阶循序而上,就到达了宽敞的阳台上,淡黄墙色与红瓦屋顶既有对比,又很协调。正门有三扇玻璃门,对着两根粗圆的罗马立柱,显得新潮而大气。靠西有一座转角平房,冬暖夏凉。靠

摄于近期的徐士浩旧居(徐耀民摄)

东有一小披间,供平常出入。上层还有小阳台,屋顶上还装有透风引阳的气窗,这是小洋房中的独特结构,整座大楼的玻璃窗通透明亮,对称统一,造型新颖别致。楼外一片绿茵,楼旁还有大树盖荫,环境非常幽雅。

这座洋楼的主人徐士浩原是上海滩大名人,他曾担当宋子文(民国政府财政部部长)的私人律师。他看中了昆山交通便利、闹中取静的地理位置,于是在二十世纪的二十年代来此买地建房。

中华人民共和国成立后这座大楼曾作为昆山市委的办公楼。现被作为机关幼儿园的校舍。

李春芳旧居　坐落在震川路旁的电信局大楼里有一座旧时留下的办公大楼,也属于民国期间建造的小洋房,原在震川墓的西侧。屋主是人称"上海鱼大王"的浦东人李春芳,他发财后,就选中了娄江一隅建造了这座豪华大楼。

这座大楼是本文介绍的四座大楼中最阔气的一座——体量最大,足有五开间门面;式样最新,左右分别建有圆棱角楼,与琅环里的县立图书馆的式样大致相仿;上下罗马立柱"顶天立地",蔚为壮观,楼下和楼上都有通间长走廊。玻璃门窗围墙而开,真有"八面来风"的优势。最

留至今日的电信局大楼(徐耀民摄)

吸引眼球的是整个平面屋顶都用花窗栏杆围砌，可以登楼乘凉、雅聚，甚至可以登高观景，远处的玉峰山景，近处的娄江水色一览无余。房前是一片平整的水泥地，种植了两棵对称的古槐，显得生气勃勃。

此楼建好后，不知什么原因，楼主及后人并没有在这里久留，此楼后来成为邑人瞻仰震川墓小聚的地方。抗战前夕，归墓凋零，墓边的这座洋楼也萧条，周围野草丛生，十分荒凉。城里人要求新上任的彭百川县长拨款修墓，同时也盼将周边的小洋楼修复起来。后震川墓移置于东大桥西北堍，这块地基建起了电信大楼。幸好没有"惊动"洋楼，洋楼得以原封不动地保存至今。

沈约翰旧居　今中山路状元泾之南，有一家专营奥灶面的"天香馆"，是民国时期基督教传教士沈约翰的旧居，建于二十世纪三十年代。

昆山于十九世纪末就有信徒信奉基督教了。城区的浸会堂原在今前进菜场南侧（原称前浜），后移建至红峰新村。沈约翰，美国人，从民国二十一年（1932）就开始在昆山传教。因有长期定居的打算，他在风车浜买得一块宅基地，由当地泥水木作著名匠人荣锦和承包建设。由于那块地基原是坟场，当深挖地基时，人们发现了棺木中保存完好的尸体和金银财宝，不但引发了全城争睹的事件，而且还发生了盗墓闹剧，最后惊动了公安部门出面干涉，才平息了风波。房屋落成后，沈约翰全家搬入居住。

沈约翰旧居为两层砖木结构，青砖清水墙，平瓦山脊顶，玻璃门窗，水泥地坪，还有一个供烧炭取暖用的大烟囱，具有鲜明的西洋风格。中华人民共和国成立后，县人民政府接管，"大跃进"年代中曾办过永宁制药厂。

沈约翰在昆期间，不但积极发展教徒，尽心做好教务，而且还创办了浸会小学、浸会医院，为民做了不少善事，所以留下了较好口碑。

陈定谟和鲁迅

陆宜泰

鲁迅先生是家喻户晓的大人物,陈定谟鲜为人知,但鲁迅在《鲁迅日记》中多次评价"陈定谟这个人是个好人"。鲁迅先生生前对陈定谟先生的学识和为人十分赏识,他们之间交谊深厚,两人1916年在北京大学一起从教时认识,1924年夏同赴西安讲学,后来又在厦门大学共事。鲁迅在他的生平著作和日记中数十次提到与陈定谟一起经历的往事。

夫唱妇随

陈定谟(1889.2.13—1961.1.29),字海安,江苏昆山陈墓镇(现称锦溪)人,出身当地长埭廊书香门第陈氏。曾祖父陈志坚为晚清举人,青浦县教谕。定谟幼时,父亲陈文洙(字杏珊)和母亲朱阿宝对其督教甚严,入私塾后,拜潘佐才、潘俊才为师,定谟名字也由他们所起,典出《诗经·大雅·抑》中"讦谟定命,远猷辰告"。陈定谟后赴上海虹口区南部的昆山路135号中西书院深造。1910年,陈定谟经中西书院西人斐恒君推荐到北京清华学校,以津贴生身份获款赴美国留学。为了他出洋留学,其母毅然出售陈墓

1922年陈定谟在复旦大学留影(陆宜泰提供)

镇老屋筹款。

陈定谟曾在哥伦比亚大学与林云陔同习宪法和国际法,在纽约大学与胡适同习哲学。留美六年后,他于芝加哥大学肄业,得社会学硕士及哲学硕士学位。留美期间,他课余常为正义事业服务,足迹遍布美国各城乡,实地调查彼邦最新改良社会之政策,著论演说涉及印度民族独立运动,路经檀香山时,还在亚洲联会中演说。他曾任留美东方学生会主席及泛亚洲会议第一任会长,为鼓吹亚洲民族独立运动而不遗余力。

陈定谟和夫人合影(陆宜泰提供)

1917年1月27日的《申报》刊载了《留学生之嫌疑》一文,写道:"青浦县属珠家角镇(昆属井亭港)陈协泰烛铺小主人陈定谟,号海安,现年二十七岁,于七年前由上海中西书院西人斐恒君,介绍至美国芝加哥大学校,留学六年近得博士学位归国,于旧历去年十二月二十八日乘轮抵申,即有捕房包探至码头袖出传票,谓陈与印度某事迹涉嫌疑,即同至总巡捕房,翌日有陈之友人通信昆山路中西书院斐恒君同至,查验行李再行订期会讯,并闻陈在美国留学时会着论说关涉印度之事,且路经檀香山曾在亚洲联会中演说一次,当陈未抵上海之前曾有自称青年会中人者,至珠家角陈之家内设计索观陈之照像,现陈虽经保出,案未了结,传讯时拟请律师出庭辩护云。"

公共租界捕房刑事科指控陈定谟,于公历1917年之捏造、做论说、鼓吹共和等情况,旧历除夕日由西探目卜罗司、祁文司二人,将陈传至公共租界会审公廨请究,先由两西探目上堂禀诉情形(未译)讯之,陈聘律师上堂代表要求准予交保,并由陈操西语向堂上声诉一切,经关讞员商之，英卓副领事判，陈交一千元大洋并保候讯。

此后陈定谟安然无恙。1917年7月25日（星期三）陈定谟应邀赴四川路中华青年会，晚八点半进行演说，题为《美国现行改良社会之新策》。陈在美洲芝加哥及哥伦比亚两大学研究社会学有年，且遍至各城乡实地调查彼邦最新改良社会之政策，与我国颇有切近关系。

此时，江亢虎返国即在沪发起"留美俭学会"，第一批自费学生于1917年7月30日随江君渡美者，共十三人，内有女生二人，其姓氏如下：林甄宇、徐仲干、陈光玉、胡茂钦、胡茂精、赵家遹、吴镜清、周文燮、龚式龙、陈荣祥、何葆仁、顾淑型女士、陈祖怡女士。江君委托留美毕业硕士陈定谟负责该会驻沪一切事务，其通讯处仍设在寰球中国学生会。

当年，7月31日的《申报》是这样报道此事的：留美俭学会学生放洋留美俭学会第二次出洋，计男女学生十三名，于昨日午刻在江海新关码头上船，一时负笈携箱极为热闹，而饯行者车马纷纭，途为之塞，但闻钟鸣十二汽笛一声，乃乘风破浪而去，各生如友莫不挥巾遥送欢呼，不已闻此次放洋由美国嘉省大学讲师江亢虎君亲自护送，至美俭学事务所仍设寰球中国学生会内，由陈定谟君主持一切。寰球中国学生会前晚，为留美俭学会出洋学生开话别大会，到会者如唐露园君、曹锡庚君、周越然君等百余人，主席余日章君致欢迎词，并述美洲学务情形，吴稚晖君演说"学问"二字之紧要，并谓课余之外更宜注重交际。江亢虎君讲俭学方法，朱少屏君以《游美须知》一书分赠，复继以演说略谓：吾人赴美求学衣食住三者固可从俭，而书籍费、通信费、交际费暨游历参观等费，决不可省。虽所备年费有限，然亦有法可以补充之：一、在美求得免费奖励金；二、应悬赏征文之请求；三、做讲演员（美国向有售票听讲之例）；四、售稿于新闻纸；五、为商业中人帮忙。凡此诸端均可为吾经济之一助，当试为之，不无小补。并谓诸君毕业后最好游历欧美数年，回国时再往内地考察，而后入社会执行事务。时学术与经验两在把握，无虑失败云。词毕参继以留美学生陈女士祖怡致辞，道谢。复款以茶点至七时而散。

　　陈定谟在上海时曾拜会并追随孙中山先生投身革命,缔交于邓家彦称莫逆,旋受命北上,经章太炎先生介绍,蔡元培校长之聘,任北京大学教授。授课之余,复与邓家彦组建"中美通讯社",分任社长及主笔之职,以为革命喉舌。翌年,与杨玉洁女士结婚。杨夫人原籍山东高密,在贝满女子中学毕业后,肄业于北京协和女子医学院,曾与中华人民共和国首任卫生部部长李德全(冯玉祥夫人)为同班同学,交谊较深。

　　北京大学自蔡元培担任校长后,经逐渐整顿气象颇为一新。唯据某京报所载近有诉讼事件发生,大学文科教授陈定谟,美国留学毕业生,担任社会学讲座,其人性颇好奇,常与印度人往来,在一月以前驻京某国公使照会外交部,以某种理由要求校方交出陈定谟,外交部欲不之允,而按核其情节又不能拒绝,遂与警察总监吴炳湘商量,由警厅逮捕以示由本国办理之意,现在陈已拘留一月,虽屡经大学请求释放,而尚未允准,盖事涉外交不可不慎重将事也,陈氏被嫌原因虽不尽详,唯近顷某方面发现,印度独立秘密团体其中学者甚多,据外国新闻所载印度大诗人泰戈尔亦有连累之关系,且有日本知名之士在内,陈定谟之被捕似与此不无关系。

　　1919年2月15日,北京报界联合会同人,在中央公园来今雨轩,欢迎寰球报界联合会会长、美国威廉博士和克劳兰西及那斯夫格林诸君。报界同人列席者:杜竹宣(益世报)、朱祖超(北京日报)、戴耀云(华文日报)、张泰初(中央时报)、曹雄基(中央日报)、郭东史(新兴中报)、王太素(民福报)、伍农(民福报)、吴定九(京报)、廖劭闲(民业报)、杨瑞云(商业日报)、滕祖周(北洋报)、包楚生(正义报)、陈定谟(中美通讯社)及港沪各报驻京通讯员共三十余人。杜竹宣君为临时主席,致欢迎词,略谓敝会同人得与威廉博士欢叙一堂,曷胜荣幸,敝国报界虽属幼稚,不足与欧美报界并驱齐驾,唯对于世界平和及威总统国际联盟之主张，望其得有成功之心不让欧美报界，今日幸得与威廉博士交换意见，深望以此旨介绍诸万国报界联合会。

1919年春，"二十一条"事件起，中美通讯社率先揭发内幕，鼓吹民众打倒北洋卖国军阀，点燃了反帝反封建烈火。随即，蔡元培在孙中山先生授意之下，联合北平十二所学府，掀起学潮；杨夫人亦与王裕美医生召集北京妇女大会，分任全国妇女协会正、副会长，互为呼应。

当时的报纸是这样记载的："就在这情势非常严峻，各界深虑学生爱国运动势将难以为继的时候，一支生力军——北京15所中等女校的学生，突然起而增援。4日，女高师及北京15所女校的女学生在北京女子救亡会会长杨玉洁、高小兰的组织下，决定到总统府请愿……在爱国精神的激励下，为了进一步壮大声势，北京女学界迅速联合起来，以北京女子高等师范学校学生自治会为主，等十几所女学校组成了北京女学界联合会。联合会的发起人杨玉洁女士慷慨陈词：'呜呼，我国灭亡之祸迫在眉睫，凡属血气之伦，莫不奔走呼号，筹谋解免，何奢二万万女同胞独退缩不前，志气如是之消沉也。……夫日人何厌之有，既垄断山东之权利，安不知蚕食鲸吞，以及各省卧榻之侧已睡他人，其灭亡我国斯起点耳。设不据理力争其乌乎，可玉洁等不揣愚昧，发起中国妇女救亡会，为刍荛之献，以尽国民之天职云云。'"第一次全国女学生代表大会就在陈杨玉洁女士家里召开。事隔二十三年之后，陈定谟先生偕同夫人仍然被邀请在中山大学文学院纪念五四运动大会上做演讲。

邓家彦作为五四运动发起人之一，被北洋政府通缉，陈定谟受孙中山先生命予以掩护，冒名顶替为"邓家彦"而被北洋政府拘捕。杨夫人急将有关文件付之一炬，并奋不顾身，四处奔走，设法营救，陈定谟终因证据不足获释，他深知此刻京都不可久留。

同执教鞭

1920年2月，陈定谟即南下上海，在南市外关桥万聚码头，参与创设西南第一中学，王钝银任校长，陈定谟任教务长。1920年2月26日至3月29日在《申报》上刊登招生启事，3月15日正式开课。同年陈定谟在复旦大学担任社会学、万国史、宪法学、教育学教授，并在南洋中学兼课。陈定谟在复旦开设"教育理论""公民学"等课程，讲授桑代克的理论。此时，陈定谟在留美期间就有联系的一个印度反英统治争取独立的青年组织，派人潜伏上海企图袭击英国领事馆，拟使用的炸弹密藏于陈的家中，事发后陈因受牵连而被英租界巡捕房拘捕关押数周，后经其夫人多方周旋营救，获释后再度北上。

1922年8月，应张伯苓校长之聘，陈定谟任南开大学教授。所撰《西洋伦理学史纲》即成于此时，考学西洋伦理学之源流，先生实为第一人。

1924年7月，诸多学者应陕西省省长刘镇华邀请至西北大学讲学。陈定谟、鲁迅等各学府著名学者同时赴西安，7月7日下午离开北京。这一天的《鲁迅日记》记载："赴西车站晚餐，餐毕登汽车向西安，同行十余人，王捷三招待。同行的十余人中，有北京方面的王桐龄、孙伏园、王小隐，天津方面的陈定谟、李济、蒋廷黻等。经过一周艰难险阻的旅途，于14日下午抵达西安。"

陈定谟先生主讲"知识论"和"行为论"，倾动一时，对当时西北文化思想的启发作用巨大。其时，适逢易俗社成立二十周年，他们还与同行的学者一起去易俗社听秦腔，鲁迅亲笔题写了"古调独弹"四字，并经孙伏园、陈定谟等十一人签名后，制成匾额，赠送易俗社表示祝贺。8月3日午后，受鲁迅托，陈定谟先生代邮寄许广平夫人五十元。陈定谟先生承西北大学邀请，继续短期留校任教，此时，发表《行为论》一文。

1925年春起,陈定谟应爱国侨领陈嘉庚先生之聘赴闽,任厦门大学教授。他先后教授伦理学、心理学、社会学、知识论、哲学方法论等课,并担任系主任、训导长等职。其间,他还兼任千年名刹南普陀寺董事,闽南佛学院讲席。先生精研佛学,是厦门著名的佛教居士。鲁迅于1926年9月4日抵达厦门大学,《鲁迅日记》记载9月8日陈定谟先生访鲁迅,9月9日鲁迅回访,二人同游南普陀。《鲁迅全集》第三卷中也提及:"与先生同游南普陀时,先生对寺后五老峰山上下的大小磐石很感兴趣,常指指点点加以形象化品评,这块像老虎,那块像癞蛤蟆,那一块又像什么……"陈定谟对"春秋早暮都不同"的山光海气深有体会。故这块风景优美的山地后被陈定谟买下,陈本意想自建房屋居住,因离开厦门而放弃,现厦门大学已在此建造宿舍。10月18日太虚法师至厦门,21日与厦门各界名人聚餐,有鲁迅、顾颉刚、陈定谟等人。12月5日晚陈定谟先生访鲁迅,12月17日午他与鲁迅、郝昺衡、罗心田招饮于南普陀。

　　在厦门大学国学院中,原本就跟鲁迅熟识并留下了较好印象的是

1925年,陈定谟和太虚法师等合影(陆宜泰提供)

1927年,鲁迅和陈定谟在厦门大学合影(陆宜泰提供)

陈定谟。1924年7月他在南开大学哲学系任教时,曾跟鲁迅同赴西安暑期学校讲学。他比鲁迅早一年来厦门大学,担任哲学、社会学教授,所以他主动拜访鲁迅,并与鲁迅同游南普陀寺。闽南佛学院公宴太虚和尚时,大家推定鲁迅与太虚并排上座,而鲁迅坚持让陈定谟上座。其时,陈定谟也兼任闽南佛学院讲师。1927年1月16日,鲁迅离开厦门大学。

机智掩护

1931年厦门发生的"三二五"事件中,陈定谟先生曾掩护中共地下党员肖炳实教授(肖项平)脱险。肖炳实当时是厦门大学历史系教授,同时,他还是一位地下工作者,当时的省委秘书长陶铸是他的单线直接联系人,肖炳实不参加党支部的活动,而是不露声色地在教师队伍中担负特殊使命。1931年,福建省委机关遭到国民党的严重破坏,这起事件波及肖炳实。国民党当局来到厦门大学,首先知会林文庆校长交出肖炳实,霎时间,校园里军警荷枪实弹,布岗设卡,警戒森严。此时,在场的陈定谟训导长沉着机智,一方面与来者周旋,另一方面密写字条,暗示身边亲信严纪堂火速通知肖炳实,立即转移到南普陀寺找太虚法师。后来才知道此乃蒋介石签发的第1154号指令,全国通缉肖炳实。当时,肖炳实处在非常危险的境地,后在太虚法师掩护下扮成和尚,迅速撤离厦门。

出使友邦

陈定谟先生精通西洋哲学、中国哲学之外,还研究佛学。1925年9月,会泉法师创建闽南佛学院并出任首任院长,陈定谟先生为南普陀董事,并任闽南佛学院讲席,听讲者多为知名方丈,先生与佛学家弘一、大醒、常惺、芝峰等法师结交为友。二十年后,陈定谟重游苏、浙、闽、台,当年弟子及再传弟子,为各寺方丈者数十人。佛学史料记载:"1927年,太虚将偕陈定谟出席加拿大之世界教育会议。进而游化欧美。由杨明尘兄弟及南普陀寺助以旅费。临行,以事未果。"

抗日战争时期,中国与国际通道唯一条滇缅公路,1939年,陈定谟随中国佛教协会会长太虚法师组成"中国佛教国际访问团",访问东南亚各佛教国家,陈定谟先生以其超然的学术地位,沟通海外文化,联络佛教徒感情,宣扬我国抗日政策,揭发敌伪阴谋,并促成缅甸访华团回访。陈定谟著《漫谈主义》及《缅甸风俗一瞥》,以记他信仰、思想及旅途见闻。

1941年,陈定谟任湖南(蓝田)国立师范学院训导主任。1944年底,日军大举进攻,湘桂告急,中山大学仓促疏散,粤汉铁路全线沦陷,先生偕夫人携三个幼子避走湘粤山间,葺茅而居,宰山羊而食,躲藏数月之久,生活极度困苦,旋偷渡日军封锁线后,抵达新编二十师防地,总算逃过一劫。

陈定谟先生居滇时，诸公子皆随侍，旋命年长者分赴各地，以备为国效忠。其三子华薰，十八岁投笔从戎，投考中央航空学校。1943年12月，自美国训练毕业回国，任空军中美混合联队（飞虎队）少尉，出征频繁，屡战奇功。1945年1月5日，在袭击武汉日寇战役中，八次俯冲，不幸中日军火网，壮烈成仁，时年二十三岁。可谓不负先生效忠之训矣。

博古通今

陈定谟先生于学无所不窥，于书无所不读，其著述除哲学为中心外，旁及心理学、伦理学、佛学、历史学、社会学、天文学，其论文发表于《东方》《心理》《天文杂志》后皆一时成为权威之作，尤以《东方》杂志每期发表，先后数年，影响很大。

哲学家皆言宇宙观，而先生于天文地理之学研究至精，尝为中国天文学会会员、厦门大学天文气象台主任，做流星雨观察报告，长期观测气象、采集岩石标本，教授天文学、地理学多年。哲学家皆言生命，而先生于灵魂学、生物学、古生物学、化石学所下功夫凡二十年。近代哲学家多精科学、数学，先生则早通周髀算经，又以为伦理学于希腊时即几何学，故自始即自几何学下手，对物理、数理不辍钻研。先生对我国古籍早已口诵心惟，其后对四书五经、老庄、佛经之英译本亦皆熟诵，又精通拉丁文，实为其研究生物、地理、数学、历史之一大助力。其研究美学则建筑雕刻始，并为此研习绘事。其习比较语言、比较宗教，莫不躬亲体验。其于工具资料，盖倾力为之，务尽务得。于方法则百端共举，不限一隅，故无泛泛之论，无一偏之见，学力浑厚融贯，严谨如拉斯基，汇蓄如罗素，朴质如康德，博采如顾炎武，寓喻若庄周，而涉猎之广，多彩多姿，有如惠施。

先生秉性刚毅，尝言"昆山精神为浑厚而不逞能，处事不图侥幸而重条理准备，不事矜夸而惟务实际。前贤顾炎武、归有光、朱柏庐皆

陈定谟在成都留影（陆宜泰提供）

如此"。寥寥数语，实乃先生一生做学问、处世之写照也。

先生于中西哲学，社会经济，博览融会，蔚成乙学，著述甚丰。先后发表有：《西洋伦理学史纲》《直觉与理智》《认识论之历史观》《朱芸圃先生之学术思想》《因果和推论》《知识的分析》《近代知识论的发展》《普通心理：释本能》《中国美术受世界美术影响的部分》《缅甸风俗一瞥》《怀疑和信仰》《求学之方法》《社会科学的行为中心说》《研究学问的方法》《语言与思想》等。

抗战胜利后，1947年先生奉审计部部长、审计长林云陔之聘任审计部审计，奉派巡视浙、闽两省审计业务，重游厦门，公毕复命。时审计部南迁至广州，中山大学哲学系再聘先生兼职教授，又遇国立南宁师范学院院长陈一百，力请赴邕相助，乃辞职应聘，任南宁师范学院教务主任一职。1950年南宁师范学院与广西大学合并，先生任西洋史地学教授兼图书馆馆长，1952年退休于广西大学。先生一生尽瘁教育，凡三十五年，而春风化雨，先后从游者数万人，可谓桃李满天下，其及门弟子复任教职教育人才者良多。杭立武、朱经农、余井塘等人曾任教育部次长，侯厚培、吴德培、朱谦之、陈一百等人曾分任各著名高等院校校长，新加坡总理李光耀乃是莘莘学子中的杰出人物。陈先生其思想言行或及数代，影响至巨。

陈定谟先生素患哮喘之疾，晚年因旧病复发，不幸于1961年1月29日（农历一九六〇年十二月十三日）酉时在成都与世长辞，享年七十有三。

文坛隽才余天遂

刘 军

余天遂，生于清光绪五年闰三月十二日（1879.5.2），原名寿颐，字祝荫，号荫阁（又作荫谷），一号疢侬，又号颠公，江苏昆山蓬朗人，教育家、书画篆刻家、诗人和名医。纵观余天遂的生平，他的身上有旧文人的底色，也奔突着新时代的精神，他分别在文学、书法、教育等方面取得了不俗的成绩。

文学活动与文学创作

南社社员身份是余天遂最醒目的标签。从参与南社活动和在南社刊物上发表文学作品这两方面来看，在南社诸多名家中，余天遂占有重要一席。先看余天遂在南社的活动情况：

他能加入南社，与柳亚子有关。1905年前后，柳亚子的妹妹柳侠侬在苏苏女校读书，肄业后，柳亚子问妹妹，苏苏女校中，哪一位先生最贤？柳侠侬说是昆山余天遂先生。1909年夏，余天遂驾舟前往吴江黎里禊湖寻访柳亚子，出示诗文，虽是初次见面，但两人如知己一般，聊得很融洽，余天遂在此流连十余天方离去。此后，柳、余二人频频书信往来。不久，柳亚子便介绍余天遂加入南社。

1909年11月至1922年6月间，南社共举行了十八次正式雅集和四次临时雅集。南社雅集已成为南社社友商议社中事宜、联络感情、诗文唱和的聚会。余天遂参与了其中六次雅集，每一次南社雅集之后，大凡会产生一项重要的文献成果，即编辑出版一集《南社丛刻》。它主要刊载南社成员的文、诗和词，前后共出版了二十四集。余天遂在《南社丛刻》中出现的频率比较高，以诗为主，兼及文、词。据统计，《南社丛刻》陆续发表了余天遂的诗四十七篇、文十篇、词十篇。1910年夏出版的《南社丛刻》第二集，首次出现余天遂的作品，即他的诗《寄南社诸子》，落款为"昆山余寿颐（疢侬）"。该诗显露出作者关心天下的英雄气概，字里行间洋溢着阳刚之气，如："已残国运新秋笛，未死人心午夜钟。""犹有山河好吟咏，招魂应许上穹窿。""王孙怨慕车尘倦，壮士悲秋匣剑鸣。"从这首诗的意蕴可看出，余天遂虽为一介书生，但他胸怀家国，志向高远。这也展示了余天遂诗文的一贯风格：雄壮激越，有英雄气；悲凉落寞，藏文士心。

除《南社丛刻》外，余天遂在《联益之友》《民国日报》《海军期刊》《国学丛选》《消闲月刊》《申报》《智识》《文化革新导言》《游戏新报》《广益杂志》《大分湖》《妇女杂志》《女伴》《兴华》《澄衷》等刊物上发表了大量的诗文，依据写作内容，大致可以归为以下几类：

（一）赠师友。这类多为酬唱之作，或为人写传、写诔文等应酬文字，在余天遂的文学创作中占有一定比例。在这些应酬文字中，尤其是与胡石予、柳亚子的唱和之作中，余天遂的性情随之展露出来了。

胡石予和余天遂是同乡，都是昆山蓬朗人。《南社丛刻》的编辑柳亚子在刊物作者排名上也别有深意，大凡有胡石予和余天遂同时出现在一期刊物上时，必定是胡石予的诗文在前，余天遂则紧随其后，可见师生感情之深，为文坛佳话。余天遂有诗句这样形容师生二人的感情："要从弦外觅知音，常抱高山流水心。"

柳亚子与余天遂也有很深的交情，这从柳亚子的《亡友余天遂哀辞》和《自题亡友余天遂哀辞后》可知。两人有着二十余年的友谊，柳亚子介绍余天遂入南社，在《南社丛刻》上推介他的诗文，以广告形式推广其书法，每次雅集或小聚，必促膝长谈，不忍离去。余天遂为柳亚子画《分湖旧隐图》，为柳亚子写《别后追赋赠亚子》《亚子索画赠子美即滕以诗》《渡薛殿湖寄亚子》《分湖》《小重山·题亚子分湖旧隐图》等诗词，还为柳亚子的父亲写有《柳钝斋先生诔词》。他有一首名为《望梨里》的诗，全诗如下：

  遥望梨花里，吾心独黯然。灯光来旷野，云影悼穹天。

  水阔疑无路，村稀识早眠。谁知有行客，到此欲流连。

诗中所谓"梨花里"，即柳亚子的故乡——黎里古镇。该诗全篇一字不提柳亚子，却处处是柳亚子。牵动余天遂情思，使其遥望回眸欲在此流连的，不是梨花里的天光云影、旷野穹天，而是他对柳亚子的仰慕之情，以及两人相契相知的友谊。

（二）谈性情与抱负。余天遂有高洁的情怀和不与世俗同流合污的志向，他常以梅自喻，或视梅为知己，有诗云："炎凉世态总随时，不见梅花独有思。笑我今朝偏逐热，此心还待冷香知。"

余天遂有很强的家庭观念。他对父母、对儿子，都尽职尽责，问心无愧。余天遂在《致恒庐书》中说："仆素性清介，难赴功名之会。林泉之乐，夙所梦寐，息肩有地，云何不乐？但以婚嫁未了，尚难淡泊自甘。"可见他在保持自己超俗的性情时，也不免被生活重担所压而勤苦奔走，从内心而言，他向往老年的闲适生活，但考虑到儿子余元艮尚未婚配，经济压力较大，就不得不继续在上海澄衷中学任教。他疼爱儿子，尽管多年来生活拮据，不断变卖家财，但他还是尽自己之力，延续儿子的爱好。他在信中说："然十余年来，尚售去希贵之古磁，金珠之饰物，铁路之股券，以偿所负，今后更无长物。书画碑帖，尚欲留以自怡，小儿亦酷好之，不欲再割其所爱。"

但余天遂期待在更大的平台上发展，实现抱负。在抱负与家庭之间，时有羁绊，他常有壮志未酬的寂寥感，以及不如归去的遁世想法。他在《小重山·题亚子分湖旧隐图》中写道："身世我飘蓬，敝庐都卖尽，叹飞鸿，得君闲地两三弓。菰芦里，便可息游踪。"

（三）关心家国，心怀天下。余天遂的大半生在苏、沪一带辗转飘零，但对家乡昆山的赤子之心，从不曾改。1921年7月，余天遂与吴季民、陶公亮、周序冬等四人，成为昆山县蓬朗乡的江苏省议会初选人。1922年春，余天遂与叶楚伧、王大觉、陶惟坻、陈去病、柳亚子等人在上海发起苏民自治会，这是一个追求民主和平等的民间组织，他们提倡："苏绅治苏，断不是自治，要实现自治，须把全部政权，交回苏人的全体，这是我们发起组织苏民自治会的一个中心主张。"1924年，余天遂与何良玉等人为首的昆山旅沪难民团，致电南京的江苏督军、省长，为江浙战争中深受重创的昆山百姓鼓与呼，提出："可否请两长稍留地方元气，严整军纪，保卫居民，俾昆山人民，尚有来苏之望。"1929年第一百二十六期《联益之友》发表了余天遂的《致恒庐书》，谈到家乡昆山选举其任公职一事，因教务繁忙，他较少参与家乡建设，内心充满愧疚，曰："抑仆以家乡公职，不愿羁縻，故逍遥乎海上，近复屡被选举，勉任数年，白受车马之费，殊少出席之时，承当局相谅，容其自由。"

余天遂也热衷公益，关注国家、民族命运。1907年11月11日的《申报》发表了题为《敬告菊部诸名流教坊诸女史》的文章，该文为澄衷学堂教员联名信，由余天遂主稿。文章殷切劝告剧坛女演员们，当在国民生死之际，在江、浙两省人民要求收回苏杭甬铁路权的运动中，多一份关切，多一份行动，爱国及为保身。1912年4月，余天遂与南社同人姚雨平、柳亚子、叶楚伧、高天梅、朱少屏等人，联名致函沪都督，要求其为辛亥革命烈士周实和阮式改葬建祠，让烈士英名长存，激励后人。1916年第三十六期《兴华》杂志刊载了题为《余天遂先生鬻字助学》的报道，称他"愿为真茹商业学堂鬻字捐助"。1919年9月20日，余天遂参加上海南京路商界联合会成立仪式，发表演说，指出商界在国事面前，有觉悟，"知国家存亡，人人有责"。1920年1月9日，余天遂发表对北京教员罢课的后援主张，云："鄙人恹恹病夫，久与时会相乖，今是所以不惜笔墨者，为多数同类人格计也，此请上海各学校教职员公鉴。"

（四）传递新思想。余天遂所处新旧交替的时代，他自小接受传统教育，擅长古文和旧体诗词，但在新文化运动的大环境中，他一方面保持了传统文人的写作方式，用文言写作，另一方面，他也写白话散文和杂文。不论文言，还是白话，余天遂的文字，蕴藏着浓郁的时代精神和现代意识。

戎马生活与军事抱负

胡石予在给余天遂的挽联中，说他"好义性近侠"，这个评价是到位的。余天遂有雄才大略，欲在动荡的社会中放手搏击，一展身手，但最终未能如愿，他的很多朋友都为其不平，认为他才华胆识兼具，最终却不显于时，颇为可惜。

余天遂有一段为时不长的戎马经历，即1912年元旦，孙中山就任临时大总统，余天遂供职粤军总司令部。当月，余天遂随粤军沿津浦铁路北上，讨伐清军，参加攻打张勋的战斗。豪情万丈、风华正茂的余天遂，写有《步石予夫子先生送行原韵》和《初发金陵》，记录了这一段戎马生活。

在为数不多的作品中，余天遂记录了当年供职粤军司令部的情形。在《新都旧咏》中，余天遂以诗句"平民领袖亦风光，雅度终殊旧帝王。出入无须劳警跸，随从聊许有军装"表达对开时代风气的孙中山的景仰，也以诗句"虎踞龙盘新国运，民情欢跃颂无疆"表达对国家命运的良好祝愿。对于国民政府迥异于封建王朝的新方式，余天遂表现出极大的热情，并衷心拥护。他有诗云："江督官衙改白宫，垩涂粉饰有欧风（屋砖梁柱完全饰白，如西式房屋）。出延民众频携手，来观宾僚只鞠躬。"

据吕进武《雄风长在、"莫愁"增辉——记粤军北伐及〈建国粤军阵亡将士墓〉》记载，粤军是北伐的主力，原计划与淮泗讨虏军、浦军和镇军兵分三路,以徐州为目标,计划会师后直捣北京,1912年2月1日,张勋偷袭固镇,固镇失守。粤军从蚌埠赶来增援,一举大破张勋辫子军,收复固镇,追击敌军至宿州城郊。粤军总司令姚雨平亲临前沿指挥作战,粤军士气大涨,冲锋陷阵,以一当十,大败张军。粤军乘胜追击,又在徐州南的夹沟给敌人以重创。经过两次沉重打击,张勋派人向北伐军乞和,经过几次谈判,未达成协议。北伐军继续北上,夺下徐州。为巩固战果,北伐军意欲继续北上,彻底打垮反动势力,以保护和巩固南京的地位。可惜南京临时政府中的大部分人,对袁世凯抱有极大幻想,斥令北伐军停战,班师回朝。

余天遂正好经历了这一段可歌可泣的作战经历。对于议和,余天遂和叶楚伧等人均不满,他在诗《战战》中云:"战战阴风欲雪天,议和声里困豪贤。参军近事浑无赖,红板桥边上画船(时画船上仅卖茶而已)。"在诗《送楚伧从姚总司令雨平视师淮上》的序中,余天遂记载:"时北伐军麇集都下,为和议所困,渐致恬嬉。余与楚伧日夕促吾师渡江,以为不战亦当备战,不可坐销锐气也。后由陆军部领到军用票五千元,作开拔费,逐日渡江。凡七日而会师淮上,因往视之,并移总司令部于蚌埠也。"《得捷报》一诗,则记载了从固镇到徐州,连续取得胜利的情形,该诗序云:"师临淮上,靳云鹏正分兵助张勋南攻。吾军从容抵御,一战而有固镇之捷。又连进宿州,雄狮昨日临淮上,捷报连朝到旧京,逐北已逾三百里,拚教一鼓下彭城。"

南北和议之后,姚雨平至上海,创办《太平洋报》。1912年3月8日《申报》发表了《太平洋报》的出版公告,云:"本报以唤起国人对于太平洋之自觉心,谋吾国在太平洋卓越位置之巩固为宗旨。"《太平洋报》于1912年4月1日创刊,日出对开三大张,社长姚雨平,经理朱少屏,总编辑叶楚伧,协助编撰工作的有余天遂、柳亚子、苏曼殊、李叔同等南社成员。该报出版仅半年左右,即因经费困难,于同年10月18日停刊。

1928年至1929年的《海军期刊》,是余天遂集中展示军事才华和忧国意识的平台。两年间,他在该刊物上发表诗文共计二十四篇,除少数几篇回忆当年北伐的诗,以及与南社诗友的唱和之作外,其他都为关注国家海军和海防的诗文,如《海防歌》《破晓渡蛟门》《爱姆登舰战绩歌有序》《击楫歌·招渤海舰队也》《海军出师歌》《海军部成立敬赋》等,这些诗文大体呈现以下几个特点:(一)开放与通达的视野。余天遂不轻视以美国为代表的西方列强的军事实力,赞叹其海军之强大,对闭关锁国的政策持批判态度,主张向西方学习,以发展的眼光看世界。(二)迅速回应

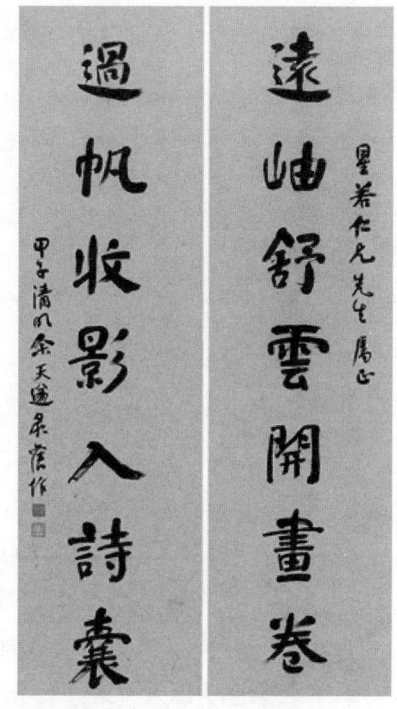

余天遂对联作品(刘军提供)

海防领域发生的大事要事。如一战中德国爱姆登舰的虽败犹荣,中国飞行员陈文麟受命赴德意志购飞机,1929年爆发的中东路事件,等等,都在余天遂的关注之中。他在文中引经据典,旁征博引,论辩有力,引人深思。(三)批判帝国主义对中国的嚣张侵略,痛诉国内混乱的政治局面,激励海军奋发有为、保家卫国。(四)天下大同,反对战争。这是余天遂海防思想最核心的观点,也是其终极目标。他的天下大同观,不是对帝国主义势力一味地忍让,他认为,一方面要追求大同世界,另一方面要有强大的军事保障。云:"天下于今未去兵,急难毋忘唤鹡鸰。大同世界要经营,必先众志自成城。中外何当共息争,海疆治比似门庭。兵轮一例改商轮,海不扬波颂太平。"

书画艺术

《中华书法篆刻大辞典》《中国书法大辞典》《近现代书法史》《昆山历代艺文志》等书都记录了余天遂在书法方面的才华与贡献。《中国书法大辞典》这样介绍余天遂："擅书法,行医教学之余,用鸡毫颖写草书,酷似何绍基。"《近代字画市场实用词典》也指出,余天遂鸡毫笔写草书,以颤笔助其骨力,酷似何绍基书风。然求之内涵,终嫌单薄,与何书不可同日而语。

余天遂的书画艺术,得益于老师胡石予的言传身教,离不开自己的钻研摸索,还有余氏家族深厚的文艺熏陶。余天遂的高祖辈余梦星,是清代书法家,岁贡生,后放弃科举,攻诗文,作行、草书,风格圆劲古朴。其名收录于《中国美术家大辞典》《中国美术家人名辞典》《中国书法家篆刻大辞典》《清代书画家字号引得》《中国历代书画篆刻家字联索引》以及《玉峰翰墨志》等书。余天遂的父亲余少英喜欢搜藏书画作品,与嘉定画家童伯恬"为患难诗酒之交",童伯恬私淑明代昆山画竹高手夏昶,曾作墨竹作品多幅赠予余少英。正是在这种文艺传统和家庭氛围之中,余天遂耳濡目染,在书画方面种下慧根。

金天翮在《石予画梅天遂书联同时相贶诗以报》一文中,赞叹余天遂书法之精湛,云:"弟子入室有天遂,蜕形换骨书尤工。书作龙腾腕如铁,开花巨豪墨沈浓。"郑逸梅在《补述余天遂轶事》中介绍:"先生工书,神似蝯叟。"据该文记载,余天遂在草桥中学任教时,学生门徒纷纷向他求书法作品,他说,写书法不难,磨墨有点难,于是学生们各自准备墨水,求之不已。余天遂越发感到吃不消,便以润格为由,婉拒学生,终于清静。

不仅是师友学生请余天遂题字,文化圈内的众多杂志也纷纷向余天遂发出邀请。应《南社丛刻》《广益杂志》《消闲月刊》《联益之友》等文艺刊物之约，余天遂曾为其封面题字。他的书法，也成为书法入门的学习范本，1916年《申报》刊登广告，云："余君天遂（澄衷学堂教员）自刊字帖一种，其书法参综南北学者，能从此入门，将来分途易辙，可省矫揉之力，洵学书者之圭臬也。"画家、书法家吴一峰，早年在上海得余天遂指导书法，走上艺术之路。

在余天遂看来，书法是养自我性灵的方式。在艰苦岁月中，他以书法获得一定的生活物资，勉强度日。虽然生活时见窘迫，余天遂却不以书法为生财之道，他热心公益，关心教育，常以个人微薄力量，乐于助人，书法遂成为其好善乐施的途径。

与纯粹的文人不同，因擅长书法，在书画界享有一定声誉，余天遂的交友圈相对广泛。1912年5月14日，由李叔同与柳亚子共同发起组织的文美会在上海三马路大新街天心楼酒馆举行第一次雅集，余天遂就与陈师曾、费公直、黄宾虹等人出席，当场挥毫泼墨，并交换作品。1920年10月，李肖白（昆山正仪人）、朱剑芒以书法润资支助北方受灾地区，余天遂即为介绍人之一；再如1926年3月13日《申报》发表《画家之联欢 钱化佛宴西洋画家》，报道了画家钱化佛邀请画家徐悲鸿、张聿光和书家杨了公、余天遂等人，宴于小有天的聚会情形。同年5月，为筹建新慕尔堂，徐悲鸿、钱化佛、余天遂等人组成陕西队，以书画作品募集资金。

较之书法，余天遂的画作不多，影响不大。他绘制的为数不多的扇面，构图意蕴充满文人情趣，令人怜爱。胡怀琛在《柳梢青·天遂为余画扇填此酬之》中，这样形容余天遂画扇构图布局与意境："十里溪山，半天风雨，笔底全收。烟岚云树扁舟，点在我团团扇头。溽暑都消，纤尘不染，无限清幽。"

《联益之友》和《民国日报》集中发表了余天遂的书画作品和书画思想文章。

《联益之友》的编者为郑逸梅和赵眠云，他们与余天遂是多年好

余天遂绘《分湖旧隐图》(刘军提供)

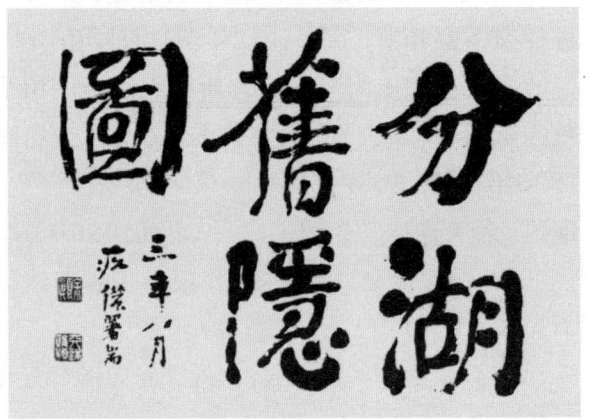

余天遂题名书迹(刘军提供)

友,尤其郑逸梅,曾在余天遂工作过的草桥中学读书,一直以来,他视自己为余天遂的门生,对其执弟子礼。在他们的约稿和安排下,1925年至1930年间,余天遂在《联益之友》这个重要的文艺阵地上发表了二十余篇诗文,另陆续发表了书法作品五幅、绘画作品四幅。

1917年至1918年的《民国日报》,刊发了余天遂一组讨论书画的文章,即《天心簃随笔》《天心簃论书》《天心簃评画》和《天心簃论画》系列,共十九篇。余天遂在文中谈论书法心得,如书法的规矩方圆之理,他认为只有从方开始,才能达到圆的境界,如果囿于方,则变化不多矣;如书法与诸事物间触类旁通之理,他认为万事万物"虽绝不相涉之事,皆足以喻我之所学,而我之所学,乃亦足以喻诸物情";又如书法的模仿、学习古人之法,他认为"与其逆而溯之,不如顺而衍之",学其深意,得其精髓,融会贯通;再如,他认为凡作书有骨有肉,而尤要有筋,以精神气血凝注其间等,这些精短的书法随笔,是余天遂从自身实践所得,文辞古朴,引人入胜,给人启发。

1918年,六十六岁的寓沪女画家吴淑娟举办画展,百余幅佳作,陈列一堂,供人欣赏。余天遂接到邀请,抱病前往,感觉"如入宝山,灿烂夺目"。为了不留遗憾,留下痕迹,余天遂作《天心簃论画》系列,自1918年4月4日始,至4月17日终,为吴淑娟女士的数十幅山水、花卉画逐一点评,共发表相关随笔十一篇。

余天遂的点评,有宏观的整体比较,也有微观的细节分析。他将吴淑娟放置在近代女性画家的序列中考量,首推笔墨高妙、卓然大家的南楼老人陈书。他反对一般女性画家的涂脂抹粉,无所建树,对同邑女画家夏令仪(明代画竹高手夏昶之后)缺乏变化的技法持批评态度,认为其不过画工而已。对吴淑娟的艺术创造,余天遂特别钦佩,认为她的画法"由平正以入神妙,由规矩以超乎奇杰"。余天遂用心良苦,介绍很多人前往观看吴淑娟画展,他说:"良以近时画习日靡,几难入目。或貌为高古,与书法同趋于敝,无复以真面目见人,此种诈伪之风,实与世道有关,故欲藉女士之画以振作之。"由此可看出,余天遂的艺术观,最终落在了振作世道人心之上。

教育观念

纵观余天遂的一生,文学和书画创作是兴趣爱好使然,参加北伐是抱负胸怀,而为其提供生活保障、传达育人思想的,是从事时间最长的教职。在昆山,他的家族曾出现多位以教书为生的榜样,如其五世祖辈余应魁,为"昆庠生,博学能文,客授阳澄湖,从游者皆有声庠序"。再如余应魁之孙女余希婴,"为糊口计,就馆长洲徐镜秋家","辛苦数十年,年逾八旬,仍作女傅,教绣课经,而聪明不少减"。

余天遂承续其先祖的授书传统,曾在昆山的乡村师塾,苏州的苏苏女校、弘志女校、草桥中学,上海的澄衷学堂等多所学校工作,尤其是余天遂倾注心血最多的澄衷学堂,它是余天遂工作时间最长的地方。如果说余天遂在家乡昆山师塾教书,走的仍是旧式传统教育路线的话,其后他在各个学校工作,却呈现出一种不走寻常路的现代意识,最显著的特点是关注女性命运、重视女性教育。

余天遂现代女性观的形成,有余氏家族言传身教的影响。余氏家族在昆山当地虽不显赫,却也世代书香,崇文重教,余天遂的曾祖辈,出了两位有影响的女诗人,即余希婴和余希芬,她们以柔弱之躯蕴坚贞美德,以纤纤素手写典雅文字,在男尊女卑的男权社会中,留下了别致的身影。余氏二姐妹作为知识女性,拥有着娴静坚贞的品格,与卓尔不群的才华。这种精神品质,对其后代,尤其是女性,产生了深远影响。

余佩皋留影(刘军提供)

余天遂的族妹,著名爱国侨领余佩皋,延续和发扬了余氏女性的独立意识和创造精神,她接受苏州振华女校、北京高等女子师范的现代教育,后来致力兴办女学,先后任广西省立女子师范校长、南洋女子师范学校校长、厦门厦南女学校长,并参加北伐军,在中国共产党的领导下,坚持开展革命秘密活动。

余天遂现代女性观的形成,还来自他对女性命运长期的关注,他写过多篇相关诗文,传达具有个人色彩和现代意识的女性观。如《诉衷情·听邻妇述终身事伤之》《海天雁影楼剩墨·杨九娘庙》等，感叹女性的命运多舛，同情女性的不幸遭遇。再如《题杨烈妇传》《胡太师母谢太夫人九十寿序》等关于女性的寿序诔文，多为邀约之作，客套礼节在所难免，不过，余天遂在文中多取一种感同身受的姿态，对传统女性朴素的美德、贤淑的品行，给予了高度评价，他说："吾所见贤母多矣，吾为之传状铭诔者亦夥矣。言之若无甚奇异，然吾深怪苦志不渝者，何独以女子为多？士大夫纵激昂慷慨，一经患难，便易其志，堕行于冥冥中，甘为利禄之奴而不自省，岂其操守有万难于女子者耶？"

他还写有《余之女子教育观》《送族妹佩皋之南洋婆罗洲》《哀女弟子黄澄远》和《读〈妇女杂志〉以后》等文章。余天遂不偏激，不片面，在比较温和的立场中，阐释他有见地的现代女性观。

1915年，他在《余之女子教育观》一文中，认同男女有别，也认可在男女平等条件下的男主外、女主内。他指出："男子则日以才智自矜，女子则渐致聪明蔽塞，此男子之罪也。"他认为女性有天然高贵的品性，即静谧，因此，女子思虑单纯，习娴雅之性，养优美之质，胜于男子。

1927年，余天遂发表《读〈妇女杂志〉以后》，对杜就田主持《妇女杂志》以来风格的变化，提出了严厉批评，他说："自杜就田先生主编《妇女杂志》以来，该杂志的身价竟一落千丈，不但贤妻良母主义的色彩有浓，而且所论妇女界的缺点，每多隔靴搔痒之谈，与事实不符，这类幼稚薄弱的文字而冠以《妇女杂志》的美名，真冤煞人了。"可见，时隔多年，余天遂仍持续关注现代女性命题，敢于批判，激浊扬清。

余天遂现代女性观的形成，还来自他在苏苏女校、弘志女校等学堂的教育实践。诚如他在《余之女子教育观》的结尾所言："王子莼农，以余主教于女学者久，需余一言，为本杂志发其凡，特举所见以就正之。"清朝末年，西学东渐，受西方教育思想的影响，一批开明之士在苏、沪一带兴办女学，开一时之风气，余天遂即为现代女子教育的开拓者之一。

1905年,冯敬人(沼清)在苏州创办私立苏苏两等女学堂(简称苏苏女学),聘请余天遂、陈去病等执教。后来,余天遂又在另一所女校就职,柳亚子在《亡友余天遂哀辞》中说:"时君已谢苏苏事,别办弘志女校矣。"冯超人在《余天遂史略》中说:"清季,新学初兴,慨然毁家兴学,欲有所建树。"王西神回忆:"戊己之交,余与周君梦坡等结春音词社于海上,尝偕朱古薇丈、曹君直、袁伯夔、夏剑丞、吴瞿安等,同游玉山,谒宋词人刘龙洲墓,丐君作乡导,君宴同社诸人于酒楼,酒酣以往娓娓述生平兴学毁家事,悲壮苍凉,如意击碎,疏灯人语,忽忽犹若前日事。"

这几位文人所说的,是1910年,余天遂毁家兴学,创办女校一事。查民国《吴县志》,柳亚子所言弘志女校,应为私立弘志两等女学校,校址为苏州唐家巷原公立两等小学堂旧址,于宣统二年(1910)正月由沈朱素华女士创办,辛亥革命后停办。该志记载:"除驻校办事主任教员余天遂外,其余概不受教薪。"朱素华,吴江人,其夫沈纪常英年早逝,她写有沉痛哀婉的《清处士沈君墓志铭》,由余天遂撰成碑文,发表于1915年第一卷第六期《妇女杂志》。在此前后,余天遂的南社同人如高天梅、何亚希、沈昌直等人应朱素华之邀,为沈纪常撰写诗文,可见朱、余二人,在弘志女校共事时间虽不长,却有不错的交谊。至于余天遂毁家兴学,是否有资金投入弘志女校,或另办女校,目前尚缺乏佐证材料。

岐黄济世与病逝海上

余天遂擅长中医,曾一度在《申报》《民国日报》等报刊登坐诊广告,云:"在苏在沪潜行方便,已二十余年,尤长于女科。"画家吴淑娟之孙,患喉痧火急症,并传染给家人,后由余天遂救治。他认为医术乃仁术，不以此谋利。郑逸梅介绍："先生善岐黄术，为人治病，辄奏奇效，然不悬牌。予问之，曰悬牌则就诊者多，多则忙，忙则未免有错，错而杀人，罪莫大焉，故不如日诊二三人，得以审慎周至，对症发药之为愈。其道德有如此，以视世之所谓名医，相去几若霄壤也。"1927年间，花桥祁巷徐燕谋（中华人民共和国成立后任复旦大学教授）、徐承烈母病危，延诊之中西名医皆嘱备后事，有人介绍天遂，其至切脉察症，大胆处方，重剂投药，立起沉疴，转危为安，闻者无不盛赞其术，后徐母高寿至九旬以上。余氏所书处方，脉案清隽，文采飘逸，宛若明季小品，不愧儒医俊彦。他在行医过程中，也颇具侠义心肠，有报道称，余天遂看病，"医金虽有定例，贫病可以不计"。

余天遂进入中年后，身体逐渐孱弱起来，他在《题石予师近游图》中写道："叹我飘零年四十，萍踪却只在江南。一肩蜗负行难远，百足虫僵死岂甘。芳草盘回思走马，细丝牵绊病春蚕。要随杖履逍遥去，心数归期有未堪。"展现了一种无可奈何的垂老心态。1922年，胡石予在《小说新报》发表诗《寄天遂》，云："绝世伤心子，无家久病身。"道出了余天遂当时的身体情况和处境，关切之情，跃然纸上。1927年6月，年近五十的余天遂，与朋友重游苏州天平山，整个爬山过程非常愉快轻松，以至于让余天遂产生了一种错觉："是病可愈，老可壮也。于以知人之老少，在心志不在年龄。老大之中国，已化为少年。则余宜老而复壮，病而复愈矣。"

事实上，他患的是咯血症，当时医疗水平有限，无法治愈。1929年3月，柳亚子在友人的宴席上遇到余天遂，两人多时不见，悲喜不自禁，相谈甚欢。余天遂说，1928年孟冬之朔，社集虎丘，"女弟子陈绵祥捧觞劝进，意不能却，为尽三卮，疾遂复作，至今为祟"。1930年初春，郑逸梅去澄衷学堂看余天遂，其咯血症"时发时已。去冬一病缠绵，奄奄易岁。今春病又加剧"。据郑逸梅描述："时先生病咯红，面惨白失色，出语低涩不甚可辨，予稍坐便告辞去，盖恐有劳先生之神也。"

即便身体如此虚弱，余天遂在床榻之上奄奄数月，"以澄衷中校教职久旷，心至不安，症稍瘥，即勉力赴校授课，但声嘶哑，且不能久立讲台，生徒请先生坐，各出讲义以自修，不敢有劳先生病后之清神，如是者半年"。澄衷学堂的学生对余天遂的病情也很能理解，有文章称："我们晓得余先生是向来多病的，差不多多跑上几步，就要气喘喘的了。然而他尚一定要挣扎地来，讲书的时候，毫没有一点病态，以减少我们的兴趣。听得他替我们改作文簿子的时间，总在夜午到两点钟时候，无论如何疲倦，总得替我们改好。"

1930年5月21日，余天遂病逝于上海寓所。胡石予、方还、柳亚子、赵眠云、郑逸梅、胡寄尘、胡朴安、叶楚伧、朱少屏等人纷纷撰写悼文或挽联。其子余元艮与郑逸梅等人商议，欲搜罗余天遂发表的文章，刊印成集，并在《申报》和《联益之友》等报刊上发表征集遗文启事，未果。

1936年，余元艮在弱冠之年早逝。在众多朋友的帮助下，余天遂父子合葬于沪西闵行长安公墓。

漫话周市野马渡

张银龙

历史上的周市有个野马渡乡,野马渡乡有个野猫洞村,野猫洞村旁的娄江河上有一个渡口,叫野马渡。

改革开放以来,周市创办了民间文学小报《野马渡》,承办了民间文学刊物《乡土·野马渡》,启用了一个综合性的文体设施——野马渡文体中心。

"野马渡"是周市文化之魂,并成为昆山不可或缺的一张文化名片。

野马渡出典

昆山地处江南水乡要冲,太湖、阳澄湖水流通过古娄江、吴淞江,经太仓塘,于浏河口东流大海。那时昆山离海岸线近,梅雨季节,一方面洪水东流,一方面又有海水倒灌,江湖两岸,一片汪洋。

每年八月中秋,还有大海潮汐来临,汹涌的海潮可达昆山县城。据史料记载,昆山在南宋绍兴年间——八百多年前开始出现潮汐。宋淳熙年间,甚至还留下"潮过夷亭出状元"的

野马渡文体中心(张银龙提供)

故事。

在现在的青阳港北首与太仓塘的交汇处，靠近昆太路南边有一片滩头。五百多年前，这个滩头前建有白塔和龙王庙。当年的太仓塘潮汐惊人。

农历八月中秋海潮来时，从长江浏河口进入，沿太仓塘溯流而上。一时间，白浪滚滚，涛声隆隆，犹如千军万马。奔腾向前推进的水流，形成了一股气势非凡的白色水流，更像一条白色的蛟龙，直扑昆山城而去。到达白塔头时，与新洋江（今青阳港）北上的水流相遇。这股奔涌不息的白色水流，在白塔头被新洋江的深色水流来了个一分为二，这时犹如两龙恶斗，波翻浪滚，惊涛拍岸，惊心动魄。由此而引起的河堤决口、洪水泛滥的事时有发生，给当地百姓造成极大危害。

为了镇住这两条好斗的恶龙，当地人在两水交汇处建了座龙王庙，希望借助龙王爷的神威，分解潮汐，降住恶龙，祈求平安，因此被称为"分水龙王庙"。不久，当地的老百姓自愿捐资建造了一座"玉柱塔"，因为使用的是白色大理石，外观洁白美观，被百姓称为"白塔"。

由于常有惊心动魄的场面，此地成为人们观赏海潮的绝佳胜地。龙王庙里建有娄江馆，以供人观潮。登上白塔，向东望去是开阔的江面，日出时蔚为壮观，登白塔观日出成为一大乐事。在后来形成的"玉峰八景"中，"白塔朝霞""娄馆秋潮"名列其中。更有文人雅士将"白塔朝霞"列于"玉峰八景"之首。当地乡绅潘道根（1788—1858）（字确潜）作有《玉峰八景》组诗，第一首即为《玉柱朝霞》：

朝暾开处海云生，突兀浮屠入眼明。
人在长春桥上立，迷离烟树送江声。
塔影斜光在眼中，赏游东海又偏东。
年来砚匣光眼尽，难写朝暾一柱红。

"白塔观潮"又称"朝白塔"。久而久之，该风俗成为旧时昆山的一大游事。渐渐地，这项传统风俗与玉柱塔、分水龙王庙联系在了一起，观潮风俗开始逐渐被神化。后来,"朝白塔"之风俗演变为民间庙会。

由于海岸线的日益东移和内河水道的逐渐淤塞,海潮逐渐减退。尤其在清康熙年间,浏河口建了船闸,太仓塘潮汐宣告结束,"白塔观潮"成为历史。此后,随着玉柱塔与龙王庙先后被毁,"朝白塔"也名存实亡。

以前交通不发达,奔腾不息的娄江成为阻隔南北交往、百姓出行的一道天堑。苏南一带水网交错,湖泊众多,建造桥梁比较复杂,受当时材料、技术和资金的限制,桥梁较少。从而,渡船成为水乡比较实用并常见的交通工具,固定于某一地点的渡口由此诞生。根据《昆新两县续修合志》记载,当时的昆山全境共有三十三个渡口,规模比较大的有周庄急水港渡口和吴淞江周巷渡。其中义渡有九个。所谓义渡就是由附近的百姓集资募捐建立,基本不收过渡费,或者收取少量过渡费。

号称"七十二个城隍潭"的蔚村,河道众多,其村庄大多依河而立,像郭母溇、新泾村、大浜村、赵家村等都是一衣带水两边分,尽管家家户户都有小划子船,全村也建有五六个渡口,为随时需要过河的人提供方便。渡船用的是长不超过两米、盒子状的长方形平底船,既没有船桨和船橹,也没有艄公。渡船两头各系有一根绳索,绳索的另一头系在两岸的树桩上,渡河的人自己拉绳索过河。

当年的娄江上也有好几个渡口,单单在新镇区域就有至少三个渡口。白塔龙王庙所在的位置,地处要津,因此就建有一个白塔渡。娄江东流处,还有舂子渡和现在大名鼎鼎的野马渡。后者因为功能相对不大,并没有被记入地方志,但是名声却最大。其名声缘于抗金名将韩世忠。

韩世忠是和岳飞齐名的南宋爱国将领,他在抗击金国入侵之战中,屡建战功。后随宋高宗南下,升至浙西制置使。建炎三年(1129)冬,他率八千水师乘海船从长江口入内进逼镇江,对抗金兀术十万金兵渡江。在激烈的战斗中,韩世忠夫人梁红玉在镇江金山擂鼓助威。

苏南一带还流传着黄天荡之战和"定胜糕"的故事。据说当时十万金兵南下,韩世忠只有宋军八千,如何破敌?韩世忠十分着急。一天有当地一位老农送糕犒劳军营,韩世忠接过一看,此糕两头大,中间细,糕的里面还夹有一张纸条,上写"敌营像定榫,头大细腰身,当中一斩断,两头不成形"。韩世忠知这是破敌之计,于是传令军队连夜出击,直插金国敌营中部,后来果然大获全胜。从此后这个"定胜糕"的故事逐渐在苏南地区流传开来,说送糕给韩世忠的是一位神仙,得神仙帮助的必胜。至今我们经常食用这种糕,并且把像定榫的糕称为"定胜糕"。

这一带流传最广的是当年韩世忠在野马渡月夜飞渡娄江河、出其不意出现在毫无防备的金兵面前,把金兀术打了个措手不及,落荒而逃。韩世忠在野马渡月夜飞渡娄江河的传说很是鼓舞人心。据说在昆山地名中,除了野马渡,还有兵墟、歇马桥与韩世忠有关。"野马渡"三字即有神兵神马从天而降、骁勇无敌的意思。

野猫洞传说

野马渡源于野猫洞。野马渡所在的位置,古代属于野猫洞区域,人称"八百里野猫洞"。

野猫洞,顾名思义,当年这里很是荒凉偏僻。人们形容偏僻之地为"野猫不拉屎"。原本的野猫洞不大,更没有名气。后来产生"八百里野猫洞"的名声,是缘于一个民间传说。

传说有一年,乾隆帝南巡到了昆山,登上了玉峰山,俯瞰东方大地,万里平畴。皇帝忽然产生一个念头:去东海边观赏日出。于是,向下传旨,今晚昆山不做停留,连夜取道娄江开航太仓,前往浏河长江边。

旨意一下,手下人马忙作一团,消息传到了太仓,这一下可吓坏了太仓知州。别地的行政长官都巴望着皇帝驾到,皇恩浩荡,桑梓生光,长官本人脸上贴金。偏偏当年的太仓知州,是一个贪官。他想,皇帝驾到岂不会败露自己的劣迹，坏了自己的好事？为了掩盖自己的贪腐行迹，他通过内线在皇帝身边散布"娄江有七十二个野猫洞，野猫大如犬"的谣言，"八百里野猫洞"令人毛骨悚然。

那天天色刚刚擦黑，皇帝的船队离开昆山，沿娄江朝太仓方向浩荡东行。太仓知州事先指派手下的人，设伏在野猫洞附近。这伙人身穿蓑衣，头戴笼帽，举着渔具，驾着小舟，在夜色中舞枪弄棒。不一会，龙船驾到，皇帝在朦胧中见到了这幕令人惊悚的场面，连忙打听虚实。事先被买通的船家告诉皇帝："现在船队马上进入野猫洞区域。此地有八九七十二个野猫洞，八百里野猫洞到处是野猫和水蟒，出没无常，害人无数……"

乾隆从窗格中仔细向外一窥，只见水面上一个个水鬼在游弋，辽阔的江面，浊浪滔天，惊涛拍岸。皇帝龙心大悚，急忙传旨回驾昆山。

野猫洞变迁

因为野猫洞，乾隆终究没有去成浏河，而野猫洞这个称呼却因此流传开来。尽管这个传说故事不被正规的地方志采用，但是如同野马渡一样，依靠着民间传说，"八百里野猫洞"名闻遐迩。从现存的昆山地方志上查阅到的野猫洞与野马渡资料，大致可以整理出一个脉络：

古野马渡区域一直属昆山惠安乡。明嘉靖十七年（1538），古野马渡区域大约在当时的腰溇村西，属惠安乡第三十保。清雍正三年（1725），昆山划昆山、新阳同城分治，古野马渡区域划入新阳县。清中晚期，野马渡区域跨惠安乡第三十保（八都）羽区三十一（后属杨文、新镇二村）、三十五（后属横泾、珠泾二村）、三十六（后属朱泾村），潜区三十四（后属腰溇、陈家、杜塘三村）、四十一（后属陈家、杜塘、新镇）。清末，古野马渡区域形成一个无名村落，宣统二年（1910）设周墅乡时，这个无名村落归属周墅乡管辖。

民国元年（1912），昆山、新阳两县合并，仍名昆山县，属江苏省上海道。民国十八年（1929），周墅乡与陆家桥乡合并，成为昆山第十区。从此，这个无名村落有了具体的名字——野猫洞村。

民国二十三年（1934）六月，区域调整时，野猫洞村划入第二区腰泾乡。第二年，村里新建了一座野猫洞桥，就是以村为名的。民国三十年（1941）一月，潘墓、腰泾两乡合并为新的第二区，因区公所驻在野猫洞村，故俗称野猫洞区。同时，析潘墓、腰泾二乡之一部分，以古野马渡区域为中心，新置一个小乡，以古渡命名，隶属第二区，辖野猫洞村等，四至境域为：东、东北与腰泾乡接壤；南临元和塘（即娄江），与包桥乡、暝睎乡隔江相望；西连太平乡；北依潘墓乡［《民国三十一年（1942）昆山县乡镇区划图》］。由此，一个沉睡了将近两千年的古地名被激活且得到使用。这一年的七月，日伪"清乡"，成立第一期清乡委员会昆山特别区公署（驻巴城），管辖娄江昆山段以北十六个乡镇。原十六个乡镇经整合后划为四个区、二十三个乡，计一百二十八保、一千三百二十一甲。野马渡乡属第二区，辖四保二十八甲。民国三十一年（1942）一月，第一期"清乡"结束，"清乡"区撤销。二月全县重划区、乡（镇），野马渡乡仍属第二区。同年底，因嘉定县四个乡和青浦县二个乡划入昆山，于是全县区、乡（镇）再做调整，野马渡乡属新的第二区腰泾乡。抗战后期，野马渡乡撤销，原区域并入腰泾乡。民国三十四年（1945）九月，昆山划为八个区，原野马渡乡区域属第二区新镇乡；同年十二月划归蓬阆乡管辖；第三年二月又划归巴城区金鸡乡；1949年，随金鸡乡归属第一督导区。

1949年7月废保甲制，昆山县划为六区二十七乡（镇），原野马渡乡区域属巴城区金鸡乡。是年11月，昆山扩为十个区（乡镇未变），原属巴城区的周墅、金鸡二乡组成周墅区。1950年1月，昆山乡镇改扩为九十四个，周墅区金鸡乡拆分为腰泾、开新、新镇、毛竖、太平五乡；野猫洞村改名为野马渡村（行政村），属新镇乡。1954年9月，周墅区撤销，野马渡村随新镇乡划归蓬阆区。1956年3月，巴城、正仪二区合为环城区，新镇、腰泺、开新三乡划入该区，并合并为新镇中乡，野马渡村属新镇中乡。1957年7月，新镇、城北两个中乡合并为城北大乡，野马渡村归其管辖。1958年10月，乡（镇）、村分别改为人民公社、生产大队，野马渡村并入珠泾生产大队，属马鞍山人民公社。至此，"野马渡"这个古老的地名成为历史。

从清代、民国时期昆山县乡镇区划图上得知，野马渡的大致位置在现周市镇珠泾村南。野猫洞成为历史，现在在昆太路新镇区域见到的"野猫洞水闸"五个字，是历史上唯一的遗踪。

野马渡品牌

改革开放以来，昆山掀起了乡土文学热——创办乡土刊物，创作民间故事，举办文学讲座。《野马渡》应运而生。1988年前后，昆山迎来了民间文学发展的第一个高潮。数年前组织、领导民间文学普查工作的邱维俊老师，受昆山文联委托成立了昆山民间文艺家协会，并成为协会第一任主席。这位热衷于民间文学的协会第一任主席，成了昆山民间文学的拓荒者。一方面，他亲力亲为，努力挖掘民间文学资源，写了大量的民间故事，出版了昆山历史上第一本民间故事专著《七十二个城隍潭》。另一方面，他对乡土刊物的创办倾注了大量心血。在邱老师的带动下，各乡镇由文化站负责，创办乡土文学刊物二十种之多，每一个乡镇都有一本乡土刊物。

1987年底，新镇创办了一份民间文学小报，就取名《野马渡》，反映了该地有着极为丰富的民间文学资源，而且具有浓郁的乡土味，体现了民间文学的特色。到新镇区域，就要去看看这里的野马渡文化。最初的《野马渡》，每季出一期，每一期只印发一百二十份。刊物一经问世，让读者倍感亲切，得到了普遍认同和热情欢迎。就这样，1988年春天，一本蜡纸油印的十六开八十页小杂志走进了公众视线,《野马渡》艰难起步,这株小花在民间文艺百花园中破土、生根、发芽、分蘖……

《野马渡》第一任主编陈柏雄老师,组稿、编辑、出版、发行……事无巨细,一揽到底,每天都要忙到夜深人静。一生钟情民间文学的潘冠球老师,热心于组稿、审稿。后来他身患癌症,病逝前五天,还在用发抖的手为《野马渡》改稿。昆山文化馆邱维俊老师,对早期的《野马渡》倾注了大量心血,直到病逝时还牵挂着《野马渡》。民间文艺家韩永康老师长期为《野马渡》付出。热心于民间文艺创作的郑涌泉先生是《野马渡》自1988年创刊以来最忠诚的供稿者。

《野马渡》曾被评为"昆山市优秀乡土刊物""苏州市十佳乡土刊物"。办好一份刊物,需要一个具有良好文化氛围的环境。《野马渡》这株花朵没有夭折,多亏了一批园丁的辛勤耕耘和小心呵护。

2000年,新镇与周市合并。尽管是两镇合并,但是行政上毕竟是保留了周市镇,原新镇的行政机构大多取消,属于新镇的乡土刊物《野马渡》因此面临发展的难题。当年周市的乡土刊物叫《韦舟》。有人提出保留《韦舟》——周市前身是春秋时期吴王所建的"尉州城","韦舟"是"尉州"的谐音。如此的历史渊源,为保留《韦舟》增加了底气。那么,《野马渡》和《韦舟》何去何从?

在昆山市有关领导的建议下,最终将《韦舟》并入《野马渡》,将原陆杨镇乡土刊物《绿杨水》也归入《野马渡》,从此《野马渡》脱颖而出,同时还在其他文艺项目上增大了"野马渡"的影响力。

2009年,周市隆重举办江、浙、沪舞狮邀请赛,十二支参赛队来自全国各地。周市"野马渡舞狮队"一鸣惊人。随后,"野马渡"被注册于文艺刊物、乡土文化资料、文化团队、体育团队、文体场馆、文化活动、体育活动、文学论坛等十个方面。

2010年,恰逢新镇中心校少儿戏曲艺术团成立六周年汇报演出,于是,注册后第一支文艺团队——新镇中心校野马渡少儿戏曲艺术团闪亮登场。多年来,新镇中心校努力创建学校体艺特色,以有"体艺特长""德艺双馨"的合格小公民为培养目标,由应试教育向素质教育转轨,勇闯新路,真抓实干,成效显著。京剧《宗保巡营》首次参加"第十二届中国少儿戏曲艺术表演大奖赛",旗开得胜,捧回了大家渴望已久的小梅花金奖。新镇中心校在当地有着很高的信誉度,曾获颁苏州市艺术特色学校、昆山市体育传统项目学校等,该校把"野马渡"品牌融入"一校一品"建设中,其成就获得了来自苏州各市区的二百多位老师的高度评价,从而也扩大了"野马渡"的声誉。

在民间造成最大影响的当属"野马渡"民俗文化节的创办——2012年6月1日,由昆山市周市镇人民政府主办,苏州市文联、苏州市民文协会、周市文体站等单位承办的首届"野马渡"民俗文化节在周市白塔公园隆重开幕。现场共摆放了三十个展台,九连环、糖人、海棠糕、麦芽糖……既安排了来自江南名城苏州的传统手工技艺展示、民间文艺表演、原生态民俗美食实景演绎,也针对儿童节安置了孩子们喜欢的旋转木马、水车等。让大家倾听江南丝竹,领略民间艺术、传统手工技艺的奇妙,鉴赏民间手工艺品,参与民间游艺,欣赏民间文学。独具特色的传统美食更激起了大家大快朵颐的冲动。三天的文化节期间,不但有本地民间文艺演出、邀请苏州民间文艺家做现场展示,还特意安排了一个"二人转"专场。本次文化节本着周市人守望"野马渡"的执着信念,放大"野马渡"的品牌效应。来自苏州的市井文化大放光彩,备受当地市民的欢迎和青睐。夜晚的白塔,大理石在月光下发出荧荧的光芒,让人产生寻梦童年的冲动。周市镇人民政府以举办首届"野马渡"民俗文化节的形式,通过"欣赏民间文学,领略民间艺术,观看江南丝竹,品尝地方小吃",既繁荣了地方特色文化,又丰富了人民群众的精神文化生活。

从此,"野马渡"文化品牌,逐步显示其特有的旺盛生命力和感召力,集聚了越来越多的人气。

野马渡效应

坐落在新镇白塘路的野马渡文体中心,是野马渡文化标志性的建筑,投入使用几年来已经集聚了广泛的人气。借助这个特有的载体,周市的"野马渡"品牌打造得风生水起,有声有色。截至目前,这个野马渡家族成员众多。按照成立时间的先后,罗列如下:

《野马渡》小报、野马渡舞狮队、野马渡少儿戏曲艺术团、"野马渡"民俗文化节、江苏省"野马渡"民间文艺青年论坛、省级刊物《乡土·野马渡》、"野马渡"少儿民间文学社、"野马渡杯"全国新故事大赛、野马渡太极武术馆、野马渡文体中心、野马渡讲坛、野马渡文化投资有限公司、野马渡微电影工作室、野马渡自行车队、野马渡慢速垒球队、野马渡艺术团、野马渡话剧社、"野马渡"女子文学坊、野马渡义工联合会、野马渡诗歌雅集……

野马渡家族成员中,重量级的有:

野马渡文体中心:内设昆山图书馆野马渡分馆、台湾长颈鹿美语少儿培训、天赋艺术培训中心、野马渡体育馆以及野马渡健身会所。

新镇小学小昆班演出照(张银龙提供)

野马渡体育馆拥有国家标准游泳池、羽毛球馆、乒乓球馆、桌球馆、有氧器械区、力量器械区、大型操房、高温瑜伽房、动感单车、搏击区等。野马渡健身会所面积大、器材新、服务好、健身理念新,是一家高品质健身会所。另外，野马渡影城，拥有时尚现代的装修风格、顶尖科技的放映技术、高端的环声系统及优质的客户服务，为市民提供了一个绝好的电影娱乐新天地。

《乡土·野马渡》刊物：《乡土·野马渡》是国内唯一的镇参与联办的省级民间文学刊物。2010年10月，江苏省民间文艺家协会、昆山市文联、昆山周市镇人民政府签订了联合办刊的协议，《乡土·野马渡》于2011年3月创刊。周市镇以《乡土·野马渡》为平台，以打造标志性的民间文艺品牌为核心，立足昆山，服务全省，面向全国，进一步加强了民间文艺资源的有效保护与合理利用。并通过联合办刊，扩大了"野马渡"的影响，获得了江苏省民间文艺界的广泛认同。

野马渡微电影工作室：于2014年8月29日正式揭牌启用，工作室汇集了一群怀揣着电影梦想的有为青年，共同致力于微电影、创意短片、影视广告、宣传片、影视文案策划等工作，并为周市镇乃至周边乡镇的广大电影爱好者提供一个电影创作和自

《野马渡》小报（张银龙提供）

野马渡微电影工作室的人员在采访（张银龙提供）

我展示的平台。

野马渡讲坛：野马渡是周市文化的灵魂，由周市镇人民政府、周市镇文体站主办，野马渡文体中心承办的野马渡文化大讲堂，是面向广大群众的公益性讲座，逢双月第三周周末举行。陆续推出亲子、法律、摄影、茶艺、管理、营销等各类有需求、接地气的实用课程，已越来越成为周市市民文化学习、交流的重要平台。该讲坛获得了周市镇"五大奖"之"和谐奖"。

"野马渡"少儿民间文学社：成立于2012年5月，来自裕元实验学校的四十七名小学生成为文学社第一批小学员。少儿民间文学社的诞生，将带来新的活力，为昆山姹紫嫣红的文艺百花园增添新的色彩，为多元的民间文化增添新的内涵，为周市的民间文学发展培养后备力量。

江苏省"野马渡"民间文艺青年论坛：江苏省民间文艺家协会主办，昆山市文联、昆山市周市镇人民政府承办，两年一届，于2010年至今，已经举办了第九届、第十届和第十一届。论坛得到了省文联宣传中心、创研部、省评论家协会和各大媒体的关心与大力支持。笔者撰写的《奇葩盛放在肥沃的乡野（野马渡现象初探）》获得了首届"苏州市民间艺术金桂奖"金奖。

"野马渡杯"全国新故事大赛：省民协参与联办，民间文学杂志《乡土·野马渡》2012年创办，两年一届。大赛在省、市各级民间文艺家协会的关心与支持下，在全国广大作者和读者的共同努力下，获得了十分圆满的成果，产生了较大的社会反响。

野马渡艺术团、话剧社：为丰富群众文化生活，培育高水平的文艺创作人才，为进一步开展文艺精品创作提供更好的发展平台，2015年12月22日，野马渡艺术团、话剧社同时宣告成立，这是周市镇依托"野马渡"品牌打造的又一文化盛事。其中野马渡话剧社是昆山地区首家乡镇级业余话剧创作、表演团体。

"野马渡"女子文学坊：成立于2016年1月12日。是周市镇文化宣传的又一个新窗口,为周市镇热爱文学的女青年提供了展示艺术才华的舞台,进一步丰富了居民精神文化生活,十二名文学爱好者成为首批社员。

野马渡义工联合会:一支坚持"自愿参与、尽力而为、讲求实效、持之以恒"的原则,主要服务于周市文化、体育事业的志愿者团队。目前团队已有志愿者一百余人。成立以来,已为"野马渡"民俗文化节、健身舞大赛、周市镇运动会、体育生态公园、第九届周市阅读节提供了志愿服务,并长期为周市图书馆提供志愿服务。

无处不在的"野马渡"文化,是周市文化的灵魂,让人们在走近周市、了解周市的同时,领略到了周市人发扬光大的"野马渡"文化。"野马渡"文化还在向着纵深发展。

高慰伯结缘昆曲

郑涌泉

高慰伯老师是昆山最后一名离世的昆曲堂名"拍先"(拍曲先生)。他在近九十年的人生长河中,绝大部分时间同昆曲紧密地联系在一起,是国内德高望重的昆曲笛师之一,曾被京昆大师俞振飞先生誉为"国宝"级人物。当今不少著名昆剧演员和笛师都是他的学生。

唱曲起先是他维持生存的一种手段,后来成了他生命中不可或缺的组成部分,这是一种缘分。2006年我受《昆山民族民间文化精粹·昆曲卷》执行主编杨瑞庆先生之托,去高慰伯老师家里采访过十余次,撰写了《高慰伯传》。可以这么说,对于老人的生平,没有人比我了解得更为详细。《高慰伯传》问世后的次年,先生即驾鹤西去。那么,高慰伯是如何跟昆曲结下不解之缘的呢?这要从他童年时代说起。

灰色童年

民国八年(1919)11月9日,农历己未年九月十七日,天低云暗,北雁南飞,秋风萧瑟,冷雨飘零。地势低洼、土质贫瘠、十年九荒的昆北田野,看上去是一片凄凄惨惨戚戚的悲凉景象,除了残存的灰白色稻茬和稀稀落落毫

高慰伯留影(郑涌泉提供)

无绿意的麦苗,几乎看不见其他生物。那年又是重灾之年,一亩地没收到几粒瘪谷,还能捱得过去吗?"因无收而外出乞讨者无数"(《周市镇志》),人们的心情沉重得就像一块混沌的铅,欲哭无泪。然而,乡下人坚信"天无绝人之路",再穷再苦,只要还有一线生存的机会,那么生活还得继续,希望不能破灭。

在一个凄风苦雨的黄昏时分,昆山县周墅乡(今周市镇)周水桥村,一户墙坍壁倒、屋顶漏雨、破旧不堪的农舍里,传来了新生儿洪亮的啼哭声。"是一个男小囡,一个男小囡!"老娘(江南一带民间对接生婆的俗称)眉开眼笑地向几乎虚脱了的产妇大声报喜,产妇紧闭着的双眼一下睁开,放出了平时很难见到的光芒,蜡黄的脸色也仿佛变得红润了许多。焦急地等在隔壁灶间里的产妇的丈夫,听到喊声顾不得什么"血光之冲",夺门而进。"真是一个男孩!"他高兴得跳了起来,手舞足蹈。"还不快去拿桶热水来!"老娘笑着嘱咐,他这才赶紧再跑回灶间。是的,尽管这个男孩来得不是时候,却给这户贫病交加、濒临绝境的张姓乡下人家点燃了一星梦想之火。哪怕是穷得"赤脚地皮光",他们还是希望有一个男孩,以便将这点血脉延续下去,并且将来靠他或许可以改变贫穷。他们先前已经有了两个女儿,大的腿部有残疾,小的给人家做了童养媳。他们请亲属里的长辈给这个孩子起了一个符合乡下人身份的名字,叫作"张弟生",因为长辈们都不识几个大字,男孩子只能叫"弟",女孩子就叫"妹",他们实在起不出什么"高雅"的或者有特殊含义的名字来。这个"张弟生"就是后来的高慰伯。

现实真是太残酷了,跟希望或梦想往往是背道而驰。有一首民歌这样唱道:"小白菜,泪汪汪,从小死了爹和娘……"张弟生的命运比歌里的小白菜还要坎坷。在他两周岁时,母亲就病逝了。她临死时想亲一下小弟生可没有力气。她口眼不闭啊,在场所有的人都放声号啕起来,只有小弟生不哭,他一滴泪水都没有,因为他不知道究竟发生了什么事情,除了好奇地东张西望,他没有任何的表示和表情。直到如今,高慰伯都不知道他的生母姓甚名谁，或许她从来就没有过名字。高慰伯对自己的母亲根本没有一丝印象，贫苦的农家也不可能有照片或画像留下来。还有一句歌词这样唱道："没妈的孩子像棵草。"其实张弟生生来就像是一棵野草，甚至连野草都不如，野草至少还可以得到春风、阳光、雨露的抚爱、滋润，可以从泥土里吸取需要的养分，小弟生却什么都没有。家里穷得只剩下一座为秋风所破的茅屋，四堵摇摇欲坠的泥墙。也许是属羊的缘故，从断奶那天起，他的肚皮里差不多也只能塞点菜皮、青草而已。

小弟生六周岁时，又当爹又做娘、屋里田里两头忙的父亲张桂林，一位老实巴交的农民，也因为积劳成疾又没钱治病，终于在卧床不起一个多月后也撒手人寰了。弥留之际，他冰冷僵硬的手紧紧地握着弟生柔软温暖的小手，别人使劲扳都扳不开。然而，他最终没有留下半句遗言，更没有留下一个铜板。一口用几块破木板拼凑而成的薄皮棺材装走了死不瞑目的父亲，小弟生成了无依无靠的孤儿。然而，他仍然没有哭，他只是脸朝"睡着了"的父亲深深地低下了头。

父母先后离去，谁来抚养这个孤儿？这成了张弟生叔叔、婶娘的一块心病。因为按情按理小弟生是他们亲哥嫂的遗孤，是张家的骨血，将他抚养成人是他们义不容辞的责任。然而，他们家也是穷得裤子只剩下一条，他们已经收养了弟生的残疾大姐，再多一只饭碗、一双筷子对于他们而言可绝对不是一桩小事。他们只能暂时收养小弟生，以后再同亲戚们商量他的去处。小弟生的命运将会如何？他还有"将来"吗？谁也说不清楚。

结缘昆曲

正当爷叔婶娘愁肠百结、一筹莫展时，张弟生的身影进入了本村一家姓项的人家的视线。这家主人看小弟生十分玲珑乖巧，长得也还算清秀,就同弟生的叔叔商量,想接他过去做养子,因为他们自己家里没有儿子,只有"小细娘"(女儿)。项家是做"堂名鼓手"的人家,这比一般的农民家庭生活可能要略好一些,因为毕竟有一点技艺,除了种田或多或少还可以挣一点"活络铜钿"。他们想把小弟生要过来,以便将项家的堂名技艺传承下去。那么,究竟什么是"堂名"呢?因为高慰伯的一生同堂名有着解不开的缘分和情结,所以我们有必要先来窥探一下堂名的"庐山真面目"。

堂名起源于清末民初,又称清音班,是专门坐唱昆曲以获取报酬的半专业半业余性质的民间昆曲艺术团体。那时江南的大户人家凡有婚寿喜庆、宴请宾客,都需要奏乐唱曲助兴,小户人家办喜事也会延请清音班来"闹猛闹猛",再后来就是办丧事也会请过来吹吹唱唱。江南一带的清音班子一般都以"堂"为名,比如永和堂、万和堂等,所以又叫作"堂名"。唱堂名用鼓、笛子、唢呐、三弦等乐器伴奏,"一式装束,四季衣服,均皆华丽,吹弹歌唱,各句戏文,昆腔居多"。堂名一律清唱,不登台表演。堂名对昆曲的普及、推广、传承起到了十分重要的作用,培养了大批度曲(唱曲、制曲)、拍曲(教曲)和伴奏的人才,其中的佼佼者可以到上海、苏州、南京等地的曲社去当"拍先",也有不少人当上了专业昆剧演员,还有的后来当上了戏校教师。据昆山市文化馆王业(已故)、黄国杰的详细调查,自晚清以来,昆山地区的堂名有永和堂、吟雅堂、鸿庆堂、雅宜堂等二十多家,后来的高慰伯就出自永和堂。

且说对于项家的请求,张弟生

高慰伯在吹笛(郑涌泉提供)

的叔叔、婶娘虽然有点心动,却也不敢擅自做主,他们找来张弟生父母双方所有的亲戚,经过几番磋商,一致同意将这个孩子送人,所有的亲戚都没有能力养活他,然而却不能答应项家的请求。项家虽然可以挣一些"活络钱",但毕竟也是贫穷的农户,堂名生意在乡下也是冷冷清清,收入非常有限。他们要给小弟生找一户更加靠得住的人家,以免耽搁了他的一生,也算对得起他早死的父母。另外,将孩子送给就近人家也不甚妥当,要送就送远一点,以后跟本家断绝来往,以免生出些是非来。于是,他们想到了住在昆山城里半山桥塉西塘街下塘的远亲,也是做堂名生意的高炳林,托高炳林为小弟生在城里物色一户有点家底,本分老实,又没有儿子的人家。说来也巧,高炳林夫妇结婚多年没有生育,先前领养了一个女孩,本姓相,名叫月华,年龄跟张弟生相差无几。高炳林听说有这么个男孩,就一口答应让张家先领过来看看,孰料"一见钟情"。这么好的一个男小囡,横看竖看让人喜欢,哪里舍得介绍给别人。高炳林决定将他留在自己家里,做自己的儿子。看这个男孩聪明伶俐,长相端正,非常合乎高炳林的心意。他说了一句:"这个小囡我要了。"他转过头去问小弟生:"弟生啊,你啊高兴住在我屋里?""高兴。"张弟生毫不犹豫地点点头。他不仅不怕陌生,幼小的心灵里还对高家有一种莫名的亲切感,他本能地觉得高炳林就是他的爹。

就这样,张弟生正式被带到高家做儿子,从此便改姓了高。后来高炳林让弟生认了同行好友陆松夫为干爹,陆松夫说:"弟生这个名字得改一改,要改得'文气'些,且男小囡名字的最后一个字读起来应该张大嘴巴响亮一点。"高炳林笑道:"名字嘛,是让别人叫的,阿猫阿狗随便。你说要改,你来改,我不会咬文嚼字。"陆松夫念念有词、摇头晃脑了半天,给弟生重起了个大名,叫"慰伯"。这个"伯"字在吴语中读作"八"音,嘴巴必须张得很大,读起来也响亮。

高炳林起先是这么考虑的:这孩子长大后如果有出息,就将月华许配给他做妻子,让他既当儿子又做女婿,月华便既是女儿又是媳妇,亲叠亲，为高家延续一点血脉，这叫作"儿子是领来的，孙子是嫡亲的"。而且，最起码高家祖辈相传的堂名艺术后继有人了。说来奇怪，小月华跟小弟生也是一见如故，好像从来就是青梅竹马一般，她见了小弟生显得异常兴奋，马上就跑过来拉着他的手。小弟生对月华也有一种特别的亲切感，跟在屁股后面"阿姐阿姐"叫个不停。万万不曾想到的是，小月华在小弟生过来的第三年竟得病不治，一魂归天，最终没能长大成人跟高慰伯结为夫妻，真是可叹可惜。

幼小的高慰伯不知道，也不懂，高家同项家一样，居然也是唱堂名的！是巧合？是缘分？是天意？是冥冥中有一种力量一定要将张弟生往堂名的路上拉吗？不可思议。总而言之，从踏进高家大门这一天起，以前的张弟生，如今的高慰伯就跟昆曲结下了不解之缘，而这一切好像都是命里注定的。

高家是堂名世家，传到高慰伯已经是第十代了。高慰伯的养父高炳林及其祖父高伯泉都曾是有名的堂名班子吟雅堂和永和堂的重要成

高慰伯为曲社演唱昆曲伴奏（毛宇龙摄）

员,在堂名这个圈子里都是"喊得响"(有名气、有影响)的人物。要说高慰伯,必须先说一说永和堂和它的创始人吴秀松,因为高炳林、高慰伯同永和堂的堂主吴秀松之间有一段剪不断、理还乱的关系。

永和堂是昆山城里有名的昆曲堂名班子,是清代光绪中叶由王瑞琪在吟雅堂濒临解体的情况下改组而成。几年后王瑞琪过世,班子随即解散。民国元年(1912),王瑞琪的儿子、著名曲师吴秀松(本名王秀松,二十世纪四十年代按"三代归宗"之例改姓吴)在其父王瑞琪的旧班子基础上重建永和堂,堂址设在城区北塘街老郎庙。(老郎是旧时昆曲艺人供奉的戏神。一说此神是唐明皇李隆基,因为他酷爱唱戏;一说是上天二十八宿之翼宿星君,此神主管天乐,所以老郎庙又叫翼宿星君祠。)主要成员有王秀根(后来也改姓吴,秀松之弟)、许纪赓(一作纪根、纪庚)、吴琏生(秀松之子)、高炳林和他的儿子高慰伯等人,大多是家学渊源,戏多艺精,其中吴秀松、许纪赓两位更是出类拔萃,吹笛、度曲、拍曲都达到了炉火纯青的境界,为苏、沪一带著名曲师,二人齐名难分伯仲,艺术实力旗鼓相当,故而一向在暗中互不服气,虽同在一个班底,彼此失和其实是尽人皆知,在圈子里被称为"黑白棋子",这也为两人的最终分道扬镳埋下了伏笔。二十世纪三十年代初期,永和堂内老一辈艺人陆续谢世,所谓"一山难藏二虎",吴、许二人的矛盾终于到了白热化的程度。有道是"千里搭凉棚——天下无不散之筵席",吴、许决定分手,两人各自拉了一帮人马,主要以小辈为主,另建堂名班子。初建于清光绪中叶在昆山堂名界乃至苏、沪一带赫赫有名的永和堂最终解体了。后来吴秀松拉的一班人马另行组建了吟雅集班子,成员有吴秀松(工冠生)、吴秀根(工白面)、吴琏生(工六旦)、徐振民(工副末)、谢仰成(工老生)、钱介楣(工旦)、蔡乃昌(吴琏生的徒弟,工丑)、汤金生(工冠生)等人。许纪赓也拉了一个班子,名叫"国乐保存粹",这个班名是昆山县立中学首任校长、著名曲家吴粹伦根据清宣统元年(1909)昆山东山曲社同人所创之"国乐保存会"改动了一个字,成员有许纪赓(工生、旦)、高炳林(工老生)、高慰伯(工旦)、徐咏梅(工小生兼丑)、嵇锦文(工正旦)、孙福宝(工冠生)、许仲和(工老生)等人。由于吴、许两人在堂名这个行当里有同样高的声望,其各自成员也大多是业内精英,所以两个班子旗鼓相当,在昆山乃至苏、沪一带影响较大。1937年日寇攻打上海,祸及近在咫尺的昆山,殷实人家都外出逃难了,断了生意,两个班子遂都停止活动。抗战胜利后接下来是三年解放战争,所以直到中华人民共和国成立,这两个班子都没能再恢复。

吴秀松(1889—1966),昆山人,昆曲著名曲师。工冠生,对生、旦、净、末、丑等各行俱都精通,嗓音清亮,唱、念声情并茂,能背唱之戏多达六七百出,又精于吹笛,一支笛可以吹出多种曲调,非别人之所能。熟谙音韵学,对于四声阴阳、清浊尖团、南音北音等无不了如指掌,人称"音韵活字典",又被誉为"江南第一笛",深为曲界所推重。1956年应邀担任江苏省戏曲训练班(后改为江苏省戏曲学校)昆曲教师,一度被借调到江苏省苏昆剧团任教,张继青、柳继雁、董继浩、朱继云等"继"字辈著名昆剧演员都得到过他的教诲、指导。1965年,吴秀松退休,翌年在昆山逝世,享年七十七岁。高慰伯的养父高炳林是吴秀松父亲王瑞琪的徒弟,那么高慰伯就应该是吴秀松的师侄了。(注:此乃高慰伯老人口述。《中国昆剧大辞典·昆坛人物·高慰伯》则说高炳林是吴秀松的徒弟,高慰伯是吴秀松的徒孙,误。)高慰伯通过各种方式学到这位曲坛泰斗的技艺,尤其是一支笛子继承了永和堂吴秀松派的风韵,真是受益匪浅,为他以后在堂名界乃至整个昆剧界的地位奠定了基础。

高慰伯七岁来到高家做养子,高炳林是从内心深深地爱着他的,并且对他寄予了厚望,想竭尽全力培养他,所以刚刚安顿好就送他到附近的西塘小学校读书。此时的高慰伯是何等开心啊!自己不但摇身一变成了城里人,还同别的孩子一样成了背着书包上学堂的读书郎,

高慰伯为老曲友伴奏（毛宇龙摄）

这是他做梦也不曾想到的。他虽然只是个懵懂的尚未开窍的孩童，却也暗自下了决心：一定要好好念书，将来做个"先生"。他从乡下到城里，从基本上能听得懂大人讲话开始，身边几乎所有的人都对他说过同样的话：希望他将来能够"强爷娘、胜祖宗"。乡下人没文化，讲不出"前途""事业"之类的"文明话"来，小弟生将这句简单朴素的话牢牢记在心里。然而，好景短得就像兔子的尾巴，梦想破灭的速度却快得就像风驰电掣。在西塘小学校仅仅读了两个月的书，还没有认得几个字，小慰伯就不得不离开课堂，他被迫辍学了，原因只有一个字：穷。高炳林除唱堂名外并无别的生计，而且也不是每天都会有堂名生意，收入低还得不到保证，昂贵的学费压得高炳林的脑袋几乎碰到膝盖，凡是能筹到钱的方法或地方他都试过和去过，全都无功而返。在肚皮都吃不饱的情况下，他所能做出的唯一选择是两个字："生存"。对于普天下的穷人来说，没有什么要比这两个字更具现实意义的了。幼小的高慰伯当然还不能理解生活的艰辛，他问父亲："为什么别的小囡还在学堂里，我却只是读了一歇歇（很短时间）就不去了？"高炳林无言以对。孩子还小，他不懂，高炳林有眼泪也只能往肚皮里咽。一百个不情愿、不甘心的高慰伯自然更加别无选择，既然命运安排他从七周岁时就开始学唱堂名，他只有硬着头皮沿着这条道路一直走下去。

永不回头

　　高慰伯不识字，他学曲的方式就是养父高炳林口传，他心记。每天他必"黎明即起"，早饭以后开始父教子学。对于高慰伯来说，高炳林既是慈父，更是严师，尽管在数年的学艺生涯中高炳林从未对他动过一次手，最多只是眼睛一瞪而已。教学的内容说简单也简单，说繁难那真是异常繁难。一开始既不教曲，也不教工尺谱（又叫宫谱、字谱或笛色谱，是昆曲中可供歌唱的乐谱），而是先拍"板眼"。父亲坐在作台（在家里也就是一张方桌）一边，高慰伯坐在对面，父亲一边拍一边讲，高慰伯就一边听一边看，学了一段，就由高慰伯来拍，父亲仔细地听，这种形式叫"拍作台"。

　　那么什么叫"拍板眼"呢？所谓"拍"就是音乐的节拍，由于昆曲有一字数腔、一腔数转的特点，所以欲学曲必先掌握它的节拍和速度，或"一板三眼"，或"一板一眼"，要求分毫不差，以养成条件反射似的乐感和节奏感。"板眼"拍熟了，就开始拍曲。教师对于学生的要求是非常严格的，即使是自己的儿子，也来不得半点纵容。学生必须端坐在板凳上，头颈笔直，腰胸笔挺，小腹收拢，两腿放平，全神贯注，耳不旁听，目不斜视，泥塑木雕般一坐就是半天，这对于一个才七八岁的孩子来说实在无异于绳捆索绑、刑罚加身。学曲同时必学工尺、曲牌（又叫牌子，是各种曲调调名的统称。每支曲牌都有自己的"曲名理趣"，有相对固定的曲式、调式和调性，还包括字格、句式、声韵等内容），高慰伯全凭死记硬背，一早上能记多少就是多少，无数次重复跟唱，只记其音，不知其字，更不解其意。上午学的下午必须自己复习，不厌其烦

高慰伯与学生在一起吹笛（郑涌泉提供）

地重复，单调而且乏味。父亲在一旁闭着眼睛听，如有差错，就会喊道："动啥格脑筋，重新再来！"幼小的高慰伯尽管有时也会觉得厌烦，也会不太情愿，但懂事的他绝不会敷衍了事，他学得异常认真，因为他牢牢地记住了父亲的话："必须学会吃饭的本事。"偶尔也有走神的时候，只要父亲叫一声"弟弟！"，他的精神立刻就会"归位"。一段曲学会了，背得滚瓜烂熟了，就学下一段，前后衔接，直至学会一个折子，乃至整出戏。

高慰伯至今还清楚地记得，唱堂名的基本曲是《上寿曲》和《赐福》，每个曲子唱起来五分钟左右，但真正学会、记熟恐怕五天都拿不下来。用高慰伯的话来说，"烂泥萝卜吃一段汰（洗）一段"吧。好在高慰伯接受力、理解力、记忆力都特别强，向来有"小聪明"的外号。还有他跟父亲之间似乎有一种天生的默契，加上学的过程中父亲教他认些字，他再依靠一册《韵学骊珠》，渐渐居然可以自己读谱。这样他的进步越来越快，快得让人吃惊，堂名业内都知道高炳林的儿子是个了不得的"小聪明"，殊不知这个最初的"知名度"反而会在他以后的艺术道路和生活道路上设置重重障碍。

学曲的同时，还得学会伴奏的器乐，如笛子、箫、笙、唢呐、三弦、锣、鼓、钹等，其中最重要的是一支笛。可怜七八岁的孩子手指短、指头小连笛孔都按不住，一支笛横捏着时间稍长就会吃不消，哪里还谈得上吹？只好改用一种细一点的没有芦衣（芦苇秆里的薄膜）孔的笛子

（称作"闷笛"）来学吹。吹这种笛要吃力得多，小孩子气短，往往憋得小脸由红转紫，暂停一回还得吹。不过学闷笛也有好处，闷笛若能吹得好吹准音，以后吹芦衣笛会更加得心应手，因为芦衣笛音色更加丰满和丰富。一天下来，高慰伯累得甚至晚饭也不想吃，只想倒头便睡，这时父亲高炳林就会拿出家里最好的食物，比如一只荷包蛋，逼他吃下去。因为他毕竟只是个小孩子，日子长了会撑不住，关键的是：他是自己的儿子，是的，不是亲生赛似亲生的儿子。

堂名行业有一句顺口溜，叫作"丝不如竹，竹不如肉"。这就是说，器乐伴奏关键的是一支笛子，笛子当然是用竹子做的。笛子吹得好，自然身价也高些。然而，前面我们已经说过，光会伴奏只能做"师傅"，只能坐冷板凳，而会奏能唱的才是"先生"，不仅可以坐椅子，其他待遇也要好得多。生、旦、净、末、丑全能的理所当然待遇最好。而唱是要用口腔、喉咙、舌头、牙齿配合来发声的，这些都叫作"肉"。昆曲的唱以及后来昆剧中的念白异常讲究，传统音韵学中的"四声"（平声、上声、去声、入声）和"五音"（喉音、舌音、牙音、齿音、唇音）以及"四呼"（开口、齐齿、合口、撮唇）是昆曲字正腔圆、传情达意的理论基础和基本技法。还有诸如阴阳、清浊、阴出阳收、送气音、不送气音、尖音、鼻音等唱曲的技法，以及"宫谱""格律谱"之类都须烂熟于心，这都不是一朝一夕能够领会的，须翻来覆去地听，翻来覆去地唱，在无数次学和唱的过程中去融会贯通，每学一个曲子，从"摊铺盖"（看曲谱）到"卷铺盖"（不用曲谱），幼小的高慰伯都得脱层皮。这样的艰难困苦对于一个没有文化的小孩子来说，远非笔墨所能描述。然而，不要说是一座关、一道坎，就是一座大山、一道深渊，高慰伯也得闯过去，他别无选择。"吃饭难啊！"他稚嫩的耳朵里除了昆曲，就剩下大人的叹息。

高慰伯说："家传没有出师毕业的具体日期，他得一直学下去，直到把父亲的衣钵全盘接过来，然后再去接受新的东西。"他学的第一个戏是《赐福》,以后陆续学会了《训子》《刀会》《骂曹》《赐环》《问探》《赏灯》《称庆》《坠马》《赏荷》《北饯》《劝农》《游园》《思凡》《下山》《十面》《见都》《渡江》《养子》《送子》《出猎》《猜谜》《玩笺》《琴挑》《佳期》《酒楼》《定情》《赐盒》《惊变》《闻铃》《遇虎》《靖渡》等。

高慰伯的执着成就了昆曲,也为他以后在昆山堂名界乃至昆曲发展史中不可替代的地位奠定了基础。

昆山四所老中学忆旧

陈柏华

光绪三十一年（1905）九月，清政府诏令："立停科举，以广学校。"在"废旧学，兴新学"历史潮流推动下，乡贤方还、王颂文等在昆山地区兴办了一批新式学堂。自光绪二十七年（1901）创办樾阁学堂起，至宣统三年（1911），全县小学堂发展至四十七所，遍布玉山、石浦、巴城、周庄、石牌等乡镇。

辛亥革命后昆山、新阳两县合并为昆山县，按省议会决定，撤销劝学所，并将学堂名称一律改为学校，全县行政教育事宜归县民政署学务课接管，按规定高等小学由县设立，初等小学由乡（镇）设立，学校工作均由校长负责。

为满足学生升入高一级学校的需求，昆山自己的中学应运而生——民国十三年（1924）筹办昆山县立中学（初中），民国三十三年（1944）在葇葭设立私立仁忠初级中学，民国三十五年（1946）在陈墓镇创建私立槃亭初级中学，同年八月在玉山镇西街建立江苏省立昆山中学。几十年光阴荏苒，这四所学校经历了艰难曲折的办学之路，几代人呕心沥血，培养了数以万计的国家建设人才，泽被桑梓，功垂后世，为昆山地区教育事业做出了重大贡献。

昆山县立中学——昆山市第一中学

二十世纪二十年代初，时任县劝学所所长王颂文（字沂仲）与地方热心教育事业的有识之士方还、陈剑刚、徐梦鹰、闵采臣等商议,筹建本县公立初级中学。最后勘定小西门孔庙前泮水之南、城河之北为县中校址,聘建筑工程师俞楚白设计,建设以八个教室为主体的校舍,民国十三年(1924)动工,至民国十五年(1926)完工。建造期间,借东寺西侧余屋(石湖书屋旧址),经修葺后即招生开学。自此昆山第一所独立初中诞生。

学校初创,遴选校长至为重要。时经县公署及主管部门再三商议,决定聘德高望重的吴粹伦先生为首任校长,并聘地方资深学者周梅初、潘吟阁、张粒民、洪楷、王守梅等为各科教学,一时群贤毕至,人才济济。吴粹伦校长亲自为第一首校歌作词,吴瞿安谱曲,"懿欤我校,冠昆山学校之群;在石湖院址,与泮宫为邻,弦歌相承书声琅琅闻。登玉山兮峥嵘,娄水兮沄沄。向谁继?亭林经济,震川文。愿我兄弟姐妹相爱相亲,今朝努力少年场,明日际青云,充实为美,光辉是大,无间冠裙"。勉励师生以先贤亭林、震川先生为榜样,发扬光大"天下兴亡,匹夫有责"的爱国精神。

民国十七年(1928),学校先后建成风雨操场、实验室、图书室,扩大了办学规模,将原县立中学本部设为一部,任原校长吴粹伦为主任;集街东寺为二部,聘蔡淳为主任;增设菉葭夏家桥址为三部,聘曾圣符为主任。校长由教育局局长邵汝干兼任。后陆续由徐冀扬、俞钟珽、曾圣符、洪亦渊、朱福康任校长。民国二十六年(1937),日寇入侵,昆山沦陷,县中教舍大部毁弃。

抗战后期,1944年学校增设高中部,招收一个班,1947年首届高中毕业生仅有三十六名。中华人民共和国成立前夕,高中部有三个班,初中部有八个班,教职工二百四十五名,学生五百余名,学校规模有所扩大。

中华人民共和国成立后,学校获得新生。至"文化大革命"前,学校规模变化甚大。1952年起,高中停止招生,成为纯初中,因此易名为"昆山县初级中学"。1955年7月又改为"昆山县第一初级中学",简称"县一中"。"文化大革命"期间，正常的教学秩序悉被破坏，1970年才恢复招生。至1978年，全校学生达到一千一百三十八人，教职员二百六十六人，成为昆山地区学生数、班级数最多的中学。

改革开放以来，学校进入新的发展时期。1995年9月，省教委批复同意，"昆山县第一中学申请重点高中"；1998年学校创办"鸿志班"，为贫困阶层的优秀孩子无偿提供教育资源。学校创办十余年来，扶助数百名学生，成为昆山教育界的一个品牌。2000年，经省教委（2000）32号文件批复，确认其为省重点高中。昆山撤县建市后，改名为"昆山市第一中学"，简称"市一中"。

2003年9月，学校易地重建。新址位于森林公园东南侧，环境优美，校舍宽敞，显示出勃勃生机。2010年秋，学校实行高、初中分离，全面创建四星学校，一所"求是求真育英，文心文德育才"的现代化学校正在焕发新的活力。

昆山县中是一所富有革命传统的学校。中华人民共和国成立前，学校在中共地下党的领导下坚持与国民党、日寇进行了不屈不挠的斗争，写下了光彩的一页。

建校初，中共党员王芝九受党组织派遣，由上海景贤女中来昆山开展革命斗争活动，并建立中共党、团混合的独立支部，这是昆山县第一个党的支部组织，王芝九任书记，属中共上海区委领导。昆山沦陷后，日特机关对昆山唯一的县中尤加控制，白色恐怖笼罩学校，但师生与日斗争始终激烈。1944年，在中共地下党领导下，高一学生愤起罢课，给敌特沉重打击。

1944年秋，上海地下党委派龚兆源到昆山县中执教并任教务主任，利用学校掩护其从事革命活动，不久在校内成立中共昆山工作委员会，龚兆源任书记，沈正光为组织委员，杜淑贞为宣教委员，县中恢复了党的活动。

抗战胜利后，中共地下党在县中发展了第一批党员，并根据上级指示,成立学生自治会,地下党员陆炳中当选为首届学生会主席。1947年初,在学生中成立了党的外围组织——民主青年联盟(简称"青联"),并建立文学团体青文社,出版进步刊物《育文》杂志,在此基础上以"青联"骨干成立了昆山地下学联。至中华人民共和国成立前夕,高中每班都有党小组和党员,积极开展护校活动,做好迎接昆山解放的准备。

昆山市第一中学建校九十年来,打造"秉诚务实"的校风,凝成"修德博识"的教风,形成"学必勤,言必行,行必端,容必正"的学风,为国家培养了大批杰出人才。如:国家计委原副主任顾明,上海市经委原主任龚兆源,江苏省委统战部原部长蒋宗鲁,联合国原副秘书长金永健,外交部原副部长温宁,国务院港澳办公室原副主任罗俊,西安交通大学原副校长沈正光,著名音乐家丁善德,二胡演奏家陆修堂,版画家陆放,哥伦比亚大学终身教授徐振玉,台湾著名律师金宗发,电脑专家王安,资深教授戴公亮、赵福球、邵瑞珍、高国士、罗伟、方同、陈大元、周锡荣、徐智章、王九皋、朱立人……他们都在该校就学过,成为学校的光荣!

1990年8月,昆山市委在一中隆重举行中共昆山独立支部勒石纪念碑揭幕典礼,1999年10月又修建中共昆山独立支部纪念碑,成为学校爱国主义教育基地。

私立仁忠中学——陆家中学

今日陆家中学地处陆家镇陆千路菉溪大桥东块,西滨吴淞江,北临312国道和沪宁高速公路,创办七十年来不断发展壮大,是昆山地区一所历史悠久的中学。

1943年春,陆家镇乡贤朱启甲先生(昆山人,前国立东南大学毕业生)自沪返乡,目睹家乡教育萧条景象,于是积极邀集地方乡绅蒋止逵及旅沪同乡赵宗尧、许梦麟、叶树熊、顾锡麟等组成家乡建校劝募委员会,为创办学校筹募经费。拟设私立中、小学各一所,以抢救失学青年、培养农村干部、复兴地方经济为计。

民国三十三年(1944)十二月,建校筹备处成立,朱启甲任主任,并决定暂借领袖小学为校址,募集资金后开始修葺校舍。民国三十四年(1945)二月召开第一届董事会,董事共十五人,任期二年,推举张仁忠为董事长。董事会推举朱启甲为校长兼教务主任。因乡贤张仁忠捐资甚丰,故校名定为"私立仁忠小学"。

学校还开设中学部,招一学级新生十一名,并小学部六学级、幼稚园一学级,学生多为沪、昆一带工商子弟。初中部设置课程依国民教育部部颁标准,有国文、数学、化学、物理、生物、历史、地理、劳作、童子军等课程。中学以春、秋班为间,为普通科三年学制。

1945年5月昆山取得了抗战胜利,9月秋季学校开学,中学部又增初一新生三十名和初二插班生,学生人数达六十三名,教职工二十七名。学校小学部改为"菉葭浜小学",朱启甲专任校长;中学部为单列,校址租借了菉葭镇天主堂西偏宅院,校名为"私立仁忠中学",聘严修善先生为中学校长兼教导主任。

民国三十五年(1946)秋因增设三年级,学校规模扩大,且天主堂房屋租期已满,学校只得回迁中心小学授课。原学校创办人朱启甲等又开始筹集建校经费,以辟新校舍。

此时,校董蒋止遽、朱启甲、赵宗尧、顾锡麟等四人奔走沪、菉两地,往返十余次,幸得上海ABC内衣针织公司黄汉彦、王瀛生、黄

原鸿钧中学校门(无名氏提供)

鸿锡、黄其聪等人慷慨资助,校舍才得以完成,设备才得以充实。因感念黄汉彦(鸿钧)先生于教育之热忱,校董事会一致推举其为校董事会名誉董事长,并将校名改为"私立鸿钧初级中学"。

是年八月二十日,严修善校长病逝,中学教务由小学校长朱启甲兼任。八月三十一日,秋季开学前,校董事会推校董徐绍烈(剑寒)为校长。徐绍烈是昆山人,江苏省立第一师范本科毕业生,曾任圣约翰大学文科教师、县督学。曾任甪直初级中学校长的沈家珩(定均)为教务主任。十月二十一日,中学部迁入新校舍上课,并举行隆重的校舍落成典礼。

董事会第二届第一次会议于民国三十五年(1946)十月二十八日召开,通过会章,推定黄汉彦、黄其聪、王瀛生、朱启甲、蒋止遂为常务董事。董事会成员均声名显赫,有:黄汉彦,美国哈佛大学毕业生,曾任南通大学教授,永安纱厂工程师,时任上海ABC内衣针织公司总经理;黄鸿锡,美国商业大学毕业生,时任上海ABC内衣针织公司经理;蒋鸿,上海医学院毕业生,时任地方教育促进会主席;王震,上海民国法律大学毕业生,时任上海澄衷中学校长;邵汝干,国立南京高师体育科毕业生,曾任民国县教育局长、上海体育馆馆长……

1946年和1947年是学校的困难时期,学校经费拮据,经常拖欠教师工资。为弥补经费不足,将学校西侧三人合围的百年银杏树也卖出。但在校教师仍兢兢业业,坚持教学,尤其是校教导主任沈家珩老先生,他放弃甪直中学校长高职薪,以身作则,与师生共渡难关。1948年12月,徐绍烈校长辞职去沪,校董会聘季禹九任校长,直至1951年8月。季禹九,江苏常熟人,江苏省立第一师范本科毕业生,曾任江苏省厅督学,省第三师范、中央大学、省实验学校、南京市立逸仙校教员。黄竞白为教导主任,朱启甲为事务主任。

1948年12月,徐绍烈之子徐震(中共地下党员),自沪返乡和学校中共地下党支部成员以鸿钧中学为基点,团结进步师生,反对国民党独裁统治。1949年初,学校建立地下团支部,散发革命传单,排练进步剧目,配合地下党迎接解放。1952年2月,县政府指示学校应以地区命名,遂改为"私立菉葭初级中学"。1956年8月,改名为"昆山县第三初级中学"。1958年9月,学校增设高中部,成为一所完全中学,校名改为"昆山县第三中学"。1959年7月,学校按所在地改为"昆山县菉葭中学"。1989年10月,昆山撤县建市,校名改为"昆山市陆家中学"。2003年9月,新博雅教学楼竣工启用,初中部三个年级搬进新教学楼上课,初、高中分设格局基本形成。2011年5月,学校正式实施初、高中分校,设昆山市陆家高级中学和昆山市陆家中学。

私立槃亭中学——锦溪中学

锦溪镇东临淀山湖,西依澄湖,境内绿水环绕,纵横交叉,形成了湖光水色的江南风光。古镇锦溪历来人文荟萃,一代代莘莘学子从古镇走出,成为社会的栋梁之材。古镇上的槃亭中学即一所培养学子业绩卓著的中学。

锦溪自光绪三十一年(1905)首办吴昆两等公学后,随后几十年发

原槃亭中学远景(陆宜泰提供)

展较快，但至抗战胜利后，仅剩昆山、吴昆两所中心国民学校。为了满足镇民求学需求，让更多的学生有机会升入高一级学校深造，建一所本镇的中学，成为乡贤的共识。

民国三十四年（1945）十月，镇地方乡绅陆品如（吴县人，后任吴县陈墓镇镇长）、陈子静（昆山县参议员），率地方热心教育事业的朱征五、朱则范、陈定甫等奔走于沪、苏各地，为办学筹措经费。十一月，陈子静、朱征五、王庭槐等人组成中学筹划委员会，利用募集的捐款，修葺在战火中毁坏的镇南古莲池禅房作为校舍，并添置教具、图书、教学器材供办学所用。

民国三十五年（1946）二月，学校正式挂牌成立。经众议，校名取自锦溪籍杰出天文学家朱文鑫先生别号"槃亭"，正式定为"昆山县私立槃亭中学"，以缅怀乡贤，激励后生发愤求学。国民党元老、著名书法家于右任题写校名，成为一时殊荣。

1948年学校编写的《简史》开篇阐述了办学背景："抗战胜利山河重光，复兴中国教育第一。维胜利以后疮痍满目，社会经济更冗穷窘，青年学子每有固有财力未有负笈乡市遽致辍学者。邑之人士为扶助失学、提高文化水准计，复有创办初中之动机。"所载十一位校董涵盖了社会贤达、乡绅富商等方方面面的人才，一时群贤毕至，人才济济。如：朱庆曾，朱文鑫子，名章淦，曾任江苏省农民银行苏州分行经理、董事长；陈希平，昆山人，曾任总理陵园文书主任；徐绍烈，昆山人，曾任昆山县教育局督学；陆品如，吴昆人，吴昆第十一小区助理，后任吴昆陈墓镇镇长；蔡章儒，昆山人，曾任东吴大学教授；陈子彝，昆山人，曾任东吴大学、云南大学教授；等等。校董会一致推陈子彝为校长，朱则范为教务，徐念初为财务，陈子静协助负责总务。

民国三十五年（1946）三月，学校正式开学，招收初一班学生七十余人，学校确立了"德、智、体、群"均衡发展的办学理念，制定了学生《修养目标》《在校通则》《生活公约》等规章制度。学校十分重视学生的课外实践活动,以培养学生独立自理、交往能力,成立了槃亭中学"学生自治会",下设学艺、健康、风纪、服务和事务五部,组织安排全体学生参加活动。校内还建有化学实验室、图书馆,成立了学校篮球队,组织学生去邻近县、镇参加联谊活动。是年五月,学校又向镇承善堂承租十六亩土地,定名为莲池农业试验场,率领学生植树种花,以绿化、美化校园。在课程设置上,除设有部颁初级中学必修课外,根据教员专长、学生实际需要适当增加国文、算术、英语学科分量。教学质量明显见长,普遍受到家长、学生欢迎。学校建立后,为保证办学质量,遍访学林闻人、资深学者,陈子彝、朱文熊等一批学有专长、业有专攻的学者加盟任教,槃亭中学一时声名鹊起。

陈子彝(1897—1967),名华鼎,陈墓镇人,著名图书馆家、版本目录学家和书画家。早年师从胡石予、金松岑,与王伯祥、叶圣陶为苏州草桥中学同学。曾任省立苏州图书馆主任、云南大学和东南大学教授,中华人民共和国成立后任上海一师图书馆副馆长。诗词书画、篆刻摄影著作甚丰。协助堂弟陈子静筹捐经费,创建槃亭中学,任校董,并任槃亭中学首任校长(1946.2—1949.8)。

朱文熊(1883—1961),字造五,陈墓镇人。曾任北平京师图书馆馆长,教育部编审员,教授。曾与鲁迅同在教育部任职,是我国文字改革史上采用拉丁化拼音字母第一人,首创"普通话""文字改革"等词,著名语言文字家、教育家。1947年至1948年任槃亭中学国文、数学、公民课教员兼舍监。

学校始建时,由陈子彝作词、朱征五作曲的槃亭中学校歌,响彻校园。其中"玉山葱葱,莲池融合"谓县城马鞍山和陈墓古莲池相联系,"灵秀此乡中"指学校必将人才辈出,"法王宫中,乐哉舞云风"指学生在校快乐地生活。殷切之心,溢于言表。

民国三十五年(1946)七月,报省厅董事会立案;九月,学校第三次招生时,根据学校条件,开始招收寄宿学生。民国三十七年(1948)

五月，江苏省教育厅正式发文核准立案。七月，全校三十一名学生经考试合格，成为学校首届毕业生，其中二十二位进入沪、苏、锡等地学校继续深造。时学校共有一、二、三年级学生一百一十四人。

1949年5月，昆山解放，学校由部队接管，经学校报告，军管会审核，人民政府核准继续办学，陈子彝留任校长，朱鹤章任教务主任，朱华炜为事务主任，教职员二十八人均留用。1952年5月，学校更名为"私立陈墓初级中学"。1956年5月转为公立，并易名为"昆山市第四初级中学"。1965年9月，增设了高中班，成为昆山三所全日制完全中学之一。以后学校数易其名，直至1993年随镇更名为"昆山市锦溪中学"，9月学校易地重建。原址经复建，恢复莲池禅院，成为锦溪旅游胜地，吸引四方游客前来观光游览。

七十年来，从槃亭中学到锦溪中学，一代代锦溪师生秉承"严谨、求实、团结、向上"的宗旨，以"文化育人"作为契合自身发展的办学理念，充分体现了校园文化带来的人文魅力。校园中央矗立着先贤朱文鑫的塑像，以乡贤元素命名的文鑫楼、文昌楼、文华楼中不时传来琅琅的读书声；锦溪名人廊中悬挂着朱文鑫、朱文熊、陈三才等先贤肖像和成长业绩，还有近百名海外留学生和上百位学者教授的事迹，使古镇获得了"留学生之乡"和"教授之乡"的殊荣。如，前全国人大外事委员会办公室主任蔡华同，中科院院士、著名物理学家秦国刚，黄建伟和吴建初将军，前广州大学校长邹采荣，等等，一个个光彩熠熠的名字激励着后学者，为振兴中华而勇于担当，谱写出新的篇章。

江苏省立昆山中学——江苏省昆山中学

抗战胜利后的1946年4月，江苏省政府决定拟在昆山寻觅可作校址处建校，以收留从各地因沦陷而返乡的学生，供其继续就读，完成学业。

1946年5月,昆山临时参议会议员杨友仁获知此消息后,立即赴镇江找到既是友人又是省教育主管的陈石珍,申述创办省立昆山中学的缘由,云:昆山县中校舍地连文庙,稍加整修,即可启用,且四周旷地甚多,异日尽可扩充,如能设置完中一所,定可事半功倍。

1946年7月,热心地方教育的人士积极奔走,由县教育科长葛家栋出面促成省立昆山中学促成委员会成立,主要任务是筹措成立省立昆山中学的经费和建设校舍。

1946年7月5日,民国昆山县长沈霞飞以县政府名义正式呈文省厅,陈述在昆建立省中一举数利,并表示县府将力促其成。1946年8月9日,省厅派督学陈其可来昆,由县长沈霞飞、教育科长葛家栋、县中校长朱南陪同实地勘察县中址后认为:县中校舍不足敷用,建省校乃地方大事,能否另设新址拨款筹建,省厅表示经费尚紧,但仍愿尽力助之,以促其成。1946年9月13日,省国府委员会第五十七次会议,正式决议拟在昆建立省立昆山中学,会议第八项议案建议陈其可为省立昆山中学校长,当日即获省府主席王懋功批准,县长沈霞飞致电祝贺。10月1日,陈其可到校视事。

省立昆山中学开学在即,校舍成为最迫切的问题,县政府与各方多次协商未果,省厅也多次电令限期解决。开学日期原定二月初,一拖再拖,社会反响较大,省教育厅严令县府,务必协助陈其可,积极落实,克日开学,接纳学子。最后议定将县西街图书馆两层楼房、西教室作为高中部主要教学用房,韭菜地营房为校外男女生宿舍,县中集街东端西街开设初中部校舍。学校终于在1946年11月12日正式开学,并在《申报》上刊登开学通告。

省立昆山中学初创之际,占地仅八亩,全部系租用性质,仅能勉强使用,缺乏运动场所,且校舍分散,本部又分为西街、仁和里两部,给管理带来不少困难,图书、仪器、设备几乎空白,教学、办公、生活设施也十分简陋。学校经费虽源于省财政拨款,但由于物价飞涨,常入不敷出,教师生活极为清苦。

陈其可,苏州人,九三学社社员。毕业于苏州省立第一师范学校,就读于东南大学、北京大学历史系,法国巴黎大学博士,曾任省教育厅督学,来昆创办省立昆山中学,并就首任校长(1946.9—1948.8)。中华人民共和国成立后曾任上海华东师范大学历史系教授、西洋中古史教研室主任,一生从事教育近六十年,著有多篇史学论文,1988年2月病逝。

省立昆山中学成立初虽几经磨难,但作为一所省立中学,所幸汇集了一大批高学历和高水平的师资:首任校长陈其可为留法历史学博士,在多所大学任历史教授;继任校长周明颐东南大学毕业,任中央大学副教授兼中大附中校长。教师中,本科毕业教师占全部教师85%以上。同时拥有一批追求民主、思想进步的教师,他们利用讲台鞭挞时局,支持学生的爱国热情,有的直接走上了革命道路,有的为中华人民共和国的成立做出了重要贡献。如:国学大师钱仲联(1908—2003),浙江湖州人,1947年任省立昆山中学语文教师兼班主任。他毕业于无锡国学专修学校,曾任大厦大学教授。他一生笔耕不止,著作等身,为著名的韵文学、诗词学、古籍学专家。

二十世纪六十年代省立昆山中学校门(陈柏华提供)

1946年11月,中共上海市外县工作委员会派遣原在县中读书的中共地下党员王元鼎和上海中学校的李修斌、周本仁转入省立昆山中学同级学习,组成中共省立昆山中学第一届支部,接受中共昆山地下党负责人龚兆源领导。党支部成立后,加强对党员教育,分析国内外形势,组织学生学习马列著作及进步杂志,并在进步学生中发展入党对象。其中赵峥、徐阳、

省立昆山中学活报队在街头(曹渭清提供)

邓鸿勋(后任中共海南省委书记)被吸收入党,1948年1月,王元鼎毕业离校后,由赵峥代书记成立省立昆山中学第二届党支部。1948年终,赵峥等奔赴苏北解放区,留校党员蒋蕴石等继续开展革命斗争,迎接昆山解放。

在中共省立昆山中学支部领导下,省立昆山中学积极开展学生运动,传播革命思想,揭露反动罪行,先后成立文笔峰社、数学研究会和求知英文社。1949年4月下旬,昆山解放前夕,在国民党当局转移国库粮食之际,省立昆山中学学生毅然将正阳粮库的四百多袋大米运到学校,既解决了师生膳食之困,又用一部分粮食支援前线大军。5月13日昆山解放,全校进步师生走上街头欢迎解放军,进行了长达23天的护校斗争,终使校产和档案材料完整回到人民手中。

省立昆山中学的许多学生都走上了革命道路,有的甚至为革命献出了年轻的生命。束震,江苏丹阳人,1947年2月入省立昆山中学高中部学习,任校伙委会副主任;1949年6月考入南京军政大学。在西川征粮工作时不幸落入土匪魔掌,临危不惧,壮烈牺牲,被追认为革命烈士。赵晶片,四川开县人,1947年中央大学毕业后任省立昆山中学数学教师,深受学生爱戴;1948年回重庆南开中学任教,组织发动师生开展

抗议"四一惨案"罢课运动，被捕后关押在重庆警司看守所，在重庆解放前一天被害，年仅三十三岁。

中华人民共和国成立后，学校喜获新生。1951年1月，学校更名为"苏南昆山中学"。1953年4月，因撤区并省，学校定名"江苏省昆山中学"。原西街学区随着学生增多已不敷教学之用，昆山政府选定西塘街的原徐乾学尚书第建造新校舍，先由高中部学生就读，初中部仍在西街琅环里。1958年西塘学区竣工，初中部也迁入西塘新校区。1960年2月，经江苏省委批准，学校被列入省重点普通中学名单。

"文化大革命"期间一度易名为"昆山化肥厂东方红中学""昆山东方红中学"。"文化大革命"结束后的1977年至今，学校定名为"江苏省昆山中学"。

学校继1960年被列为省重点中学后，1980年成为江苏省首批办好的重点中学，1992年被确认为江苏省合格重点中学，2000年被确认为国家级示范性普通中学，2004年被评为省首批四星级普通中学。

2014年市政府决定易地在昆山市阳澄湖科教区传是路建新校区，一座占地三百亩的融合学校传统文化和水乡园林文化的新学校竣工，新校区的投入和使用，使学校跃上新的台阶，实现新的发展。目前，学校有高中三个年级五十四个班，学生二千三百八十八人，教师二百一十人，其中正高级教师五人，省特级教师八人，中高级职称的教师占比87%以上。高考成绩屡创新高，每年都有一批优秀学生被北大、清华等全国名校录取，为新时期建设源源不断输送优秀人才。

七十年薪火相传，一代代昆中人以"日知日行日成，求实求是求真"的精神，为国家强盛、为民族振兴而努力，在昆中史上留下了光辉璀璨的一页。如沈以正、邓鸿勋、董太乾、孙绍振、苏惠渔、周锡荣、王家范、徐水根、周晓光、沈祖炜……这些知名校友成为昆中校史上的骄傲，也为后代学子引以为豪。

李根源寻访外葬苏地的昆山名人

刘 军

李根源（1879—1965），字印泉，又字养溪、雪生，号曲石，别署高黎贡山人，祖籍山东益都（今青州），云南腾越（今腾冲）人。中国国民党元老、上将，爱国人士。1923年，因反对军阀曹锟贿选，身居要职的李根源毅然退出北洋政府，举家寓居苏州。1926年农历二月，李根源决定前往苏州西部山区，访碑、寻墓、考古，后来他将1926年至1929年间前后三次在苏州西郊如天平山、穹窿山等几十座山考察的碑文古墓、名胜古迹以日记形式写成《吴郡西山访古记》。李根源对名人墓葬做了甄别与考察工作，对古墓的保护情况也做了严谨的记录，《吴郡西山访古记》有重要的文献价值。

在《吴郡西山访古记》洋洋六万余字的记载中，有数则关于昆山人墓葬的介绍。这些昆山人，皆为地方名人或朝中重臣，他们长眠在西山的怀抱里，安静地与青山绿树为伴。随着岁月变迁，这些墓葬大多不可考。李根源的访古，使这些墓葬的底细呈现在世人面前，成为珍贵的历史记录。本文将以李根源考察的时间顺序，逐一介绍与昆山人相关的墓葬。

李根源留影（刘军提供）

徐乾学墓

徐乾学（1631—1694），是"昆山三徐"中的老大，顾炎武的外甥，字原一，号健庵，清代藏书家、目录学家和文学家。康熙三十三年（1694）四月，徐乾学卒。据［光绪］《昆新两县续修合志》记载，刑部尚书徐乾学墓在吴县十九都十六图盖字圩。《徐氏家谱》记载徐乾学墓在吴县十二都十二图盖字圩。［民国］《吴县志》记载，徐乾学墓在光福费家河头。不知何为正确？

康熙四十四年（1705）三月，康熙南巡，泊舟昆山，登马鞍山，游徐氏遂园，徐乾学之弟徐秉义在《谢恩表》中云："又蒙上谕，察知臣兄弟之墓一在邓尉一在虎丘，俟回跸苏州时，遣官祭奠。闻命搏颡，感激涕零。"可见在康熙心中，徐氏兄弟是有一定分量的。

诗人查慎行作诗《重过邓尉大司寇徐公墓与公子观卿话旧二首》，其一云："昔会尚书葬，重来二十秋。好山增气色，高荫郁松楸。贱日蒙青眼，流年感白头。及门多著录，捡点几人留。"此诗抒发了光阴易逝，人生几何的感叹。乾隆年间金石家王昶受邀与友人同赴苏州西山看梅，作诗曰："春林鸟乱啼，春山已及曙。遂游思翁祠，并瞻憺园墓。（道旁经过董文敏、徐健庵两公墓）"嘉庆元年（1796），六十九岁的清代文学家、史学家赵翼应邀赴邓尉山看梅，作诗《嘉靖元年元旦试笔》，云："想见名卿气力雄，要留爪迹雪泥鸿。黄金买得春山阔，死葬梅花万树中。（山中有徐健庵墓）"这两首诗的作者都认为，徐乾学葬身青山丛梅之间，不失诗意。

徐乾学墓葬的具体情况不是很清晰。1926年农历三月初二，李根源计划游光福山、邓尉山、吾家山、青芝山、弹山、铜井山、玄墓山等地，访徐乾学和徐枋等人墓葬。他这样描述徐乾学墓："经张氏墓道、城隍庙、费家河，至凤冈峰，有昆山徐健庵尚书乾学墓，立双狮，外石坊、龟趺二桑田中仆碑一方,字磨损。有池,内石坊、石马、石虎、翁仲完好,亦最精伟。墓围刻画工致,惜半倾坍。"从以上文字可看出,当时徐乾学虽辞世二百多年,但其墓保存还算完整。

新编的《光福镇志》记载:"原墓四周青石罗城,牌坊高大,翁仲、石兽雕刻精致。如今残存石羊、石马、翁仲,为明代遗构,其墓穴、月池尚存。"

顾鼎臣墓

就在访得徐乾学墓这天,李根源继续跋山涉水,寻访其他古墓,意外访得了昆山顾鼎臣墓。

顾鼎臣(1473—1540),字九和,昆山人,弘治十八年(1505)乙丑科进士第一,历官修撰、左谕德、礼部右侍郎、礼部尚书兼文渊阁大学士。嘉靖十九年(1540)十月,顾鼎臣卒,赠太保,谥文康。《皇明从信录》记载:"鼎臣昆山人,性乐易无畦町,自入讲筵,即辰之于上。及卒,遗表劝上亲贤爱民,保护圣躬。上览之,甚卓,辍朝一日。"〔崇祯〕《吴县志》记载:"少保兼太子太傅、武英殿大学士、赠太保、谥文康公顾鼎臣墓在潭山。朝廷遣官营造。"朝廷如此看重顾鼎臣,那么由朝廷修建的顾鼎臣墓,当是规模宏大的。

李根源这样记载了顾鼎臣墓的情况:"过聚坞,至焚山,有弹山大王庙,祀汉吴汉,古柏六七株,森虬蔽空,旁为明昆山顾文康公鼎臣墓。鼎臣,撰《步虚祠》之状元宰相也。墓地广百余亩,有标、翁仲、石兽等,建丰碑四:一诰敕二道:正德元年八月二十七日;嘉靖八年五月十八日。二诰敕二道:嘉靖十五年十一月二十六日;嘉靖十八年闰七月二十四日。三御祭文。四《光禄大夫少保兼太子太傅礼部尚书武英殿大学士顾公神道碑》,赐进士第柱国太师兼太子太师吏部尚书华盖殿大学士知制诰国史总裁袁郡严嵩撰,赐进士第礼部尚书文渊阁大学士知制诰国史总裁长沙张治书,赐进士第礼部尚书兼东阁大学士知制诰国史总裁余姚李本篆额。据此观之,鼎臣盖嵩党也,其人可知矣。"

从李根源的记载看来,虽然历经三百多年风吹雨打,顾鼎臣墓仍保存较好,占地辽阔,石碑林立,维持着较大的规模。这和《光福镇志》的记录是相符的,该志记载:"顾鼎臣墓在潭山南之绣球山、七十二峰阁附近。其墓占地百余亩。原有墓标、丰碑、翁仲、石兽,甚为气派。墓碑现置苏州东大街无梁殿碑廊内,翟銮铭。"顾鼎臣在家乡昆山的口碑不错,至今仍流传着很多他的传说和故事。李根源根据严嵩撰写的碑文来判断顾鼎臣的人品,有失偏颇。

徐秉义墓

徐秉义(1633—1711),字彦和,号果亭,徐乾学之弟,徐元文之兄,江苏昆山人,康熙十二年(1673)癸丑科进士第三人,官至吏部侍郎。

康熙南巡至昆山时,徐秉义率子侄恭迎,康熙赐徐秉义御书"恭谨老成"四字匾额。康熙五十年(1711)春,徐秉义卒。这年五月,康熙曰:"昨日礼部为赐恤徐秉义一本,朕批着给葬。徐秉义学问、文章俱佳,任侍郎时并未有效力处。"康熙五十四年(1715)正月,康熙曰:"今之翰林迥不及昔之翰林。熊赐履、张玉书、张英、陈廷敬、徐乾学、徐元文、徐秉义、王士禛学问甚佳,朕尝与之讲学,故深知其所学。"可见在康熙心中,徐氏三兄弟的学问、文章占有重要地位。

许汝霖在《座主果亭徐公墓志铭》中介绍:徐秉义"以康熙五十年正月十九日终于故里,春秋七十有九,即以本年十二月二十二日合葬于马夫人之墓吴县盖字圩新阡"。这和多种地方志的记载有出入。[光绪]《昆新两县续修合志》记载,徐秉义墓在吴县五峰山博士坞二十都下扇十二都三图阴乐圩。[同治]《苏州府志》记载,徐秉义墓在五峰山博士坞阴乐字圩。[民国]《吴县志》记载,徐秉义墓在五峰山博士坞村外平原阴乐字圩。《藏书镇志》记载，徐秉义墓在五峰山博士坞。《徐氏家谱》记载，徐秉义墓在吴县二十都下扇十二都三图博士坞阴乐圩。

1926年农历三月初七，李根源计划游白阳山等地，"出博士坞村，得恭谨老成坊，有华表、翁仲、石狮、石马、石羝等，皆倾仆坟圮。乡人云，乃徐氏墓，四五十年无人来矣。昆山徐秉义，秉义，乾学弟，元文兄，顾亭林先生甥，官吏部右侍郎。康熙南巡，书赐'恭谨老成'额。今坊刻此四字，可断为秉义墓"。

李根源找见了徐氏三兄弟中的两个墓，还有徐元文的墓未见。在《吴郡西山访古记》卷四收录的《察勘吴文定父子墓记》一文中，有这样的记录："春间，颖芝先生访获清大学士昆山徐公元文墓，在桐桥北境黄土桥。归舟绕道访之，墓之规制颇大，然已残破矣。今次访古，健庵、彦和两墓已得于邓尉五峰，兹又获碣立斋相国，余于公家兄弟可谓有夙缘矣。三公母舅亭林先生墓，在昆山尚书浦，他日必往谒之，以申仰止之思云。"

王焘墓

就在访徐秉义墓这天，李根源另有计划要去寻找王焘墓。白阳山、金井坞、五峰山、博士坞、天池等地，都留下了李根源探寻的身影。他写道："遍访明昆山王节愍公焘及徐元叹（波）墓，终不获。节愍，官随州知州，抗流寇死难。"

1926年农历三月十六日，李根源计划游阳山东北麓箭缺山、东灵济庙，继续寻访王焘墓。《吴郡西山访古记》中写道："过大石坞，访宋滕章敏公元发、王节愍公伦、明太仆寺卿顾公存仁墓，不得。节愍使金，大节过于苏武。其子之孝，较黄向坚尤难能。其丘墓竟湮没，可慨也。"

从以上的记录可看出，吸引李根源数次探寻王焘墓的原因，并不是墓主的官职头衔有多大，而是墓主的人格和气节。据〔嘉庆〕《大清一统志》记载,王节愍原名王焘,昆山人,明崇祯年间任随州知州,歼灭李良乔部,又御张献忠部,击斩三百余人。张献忠部攻益力,相持二十余日。王焘知道大势已去,必然失败,于是整理衣冠服饰,自杀身亡。张献忠部烧了他的房屋,王焘的尸体直立不倒,张献忠部惊骇而逃,后在王焘所站立的土下获得随州知州州印。清乾隆四十一年(1776)改赐谥"节愍"。

王焘生前在家乡昆山有着不错的口碑。他出身孤贫,过继之后,从叔觊觎其嗣祖的巨额家产,遂将家产全部让给从叔,独自奉养嗣祖母与嗣母。他为人清介,乐善好施,周济穷邻,在家乡与人重修育婴堂,改建文昌殿。王焘去世后,家乡人民建王节愍公祠和双忠祠来纪念他。

据[光绪]《昆新两县续修合志》记载,王焘墓在吴县天池山。李根源数次寻访王焘墓,也曾去过天池山,却寻访不得,其墓或许在当时就已湮没。

蔡懋德墓

1926年农历三月初八,李根源从穹窿山出发,继续西山访古之旅。行至小王山,西南行入大圆坞,折至双堰头,发现东面有一座大坟,池坊、石马、石虎、石羊均全,制作巨丽,已倾败,无碑字,询悉为蔡家坟,长远无人来。李根源推断该墓应为明昆山蔡忠襄公懋德之墓。他指出:"忠襄官山西巡抚,与流贼抗战累月,城破自到死于太原。志载墓在妙明山麓。问乡民,云:'此大晏岭山脚,妙明山则不知矣。'是否忠襄墓?待考。"

蔡懋德,字维立,又字公虞,号云怡,昆山人。万历四十七年(1619)进士,历官杭州推官、祠祭员外郎、江西提学副使,后任山西巡抚。据汪琬所作《前明提督雁门等关兼巡抚山西地方都察院右副都御使加一级蔡忠襄公墓志铭》记载,明崇祯十七年(1644)春二月八日,李自成攻陷太原,巡抚蔡懋德悬梁自缢,以死报答朝廷。他的尸体被弄残后,扔进了水泊。有人找到他的尸体,私下里购买棺材,草草将其埋葬在南门外的东山冈。清顺治五年(1648),蔡懋德的儿子蔡方炳、蔡方炌前去运送蔡公的灵柩返回昆山,太原城的人们沿路哭泣送行。又过了三年,蔡懋德的儿子在吴县妙明山脚下选择了一块地将其安葬。

多种地方志也有蔡懋德葬于妙明山的记载,《广舆记》有文曰:"蔡忠襄公墓,吴县妙明山,葬时有山泉涌出,白鹤绕塚之异。"妙明山在何处,是否为李根源所见之大晏岭?已不可考。李根源所见坟墓是否为蔡懋德墓,亦不可查。

朱柏庐墓

李根源此次西山考察,有一个明确的计划,即寻访昆山乡贤朱柏庐之墓。

朱用纯(1627—1698),字致一,号柏庐,明末清初昆山人。著名理学家、教育家,著有《愧讷集》《学庸讲义》《毋欺录》《柏庐外集》等,所著《治家格言》尤为脍炙人口。[光绪]《昆新两县续修合志》载:"孝定先生朱用纯墓在吴县阳抱山祖茔。"《苏州郊区志》记载,朱柏庐墓在阳山支脉阳抱山北,民国初吴荫培重修立碣,现已无迹可寻。[民国]《吴县志》载:"柏庐先生朱用纯墓在阳抱山北三梓堂,与祖茔近,距周家圩一里。彭定求铭。"

李根源在寻访朱柏庐墓的过程中,碰到了诸多朱氏先祖的墓地和故址,但就是没找到朱柏庐墓,后来在他人引导下,才一睹朱柏庐墓的真容。

1926年农历四月十六日,李根源过金芝岭,见岭上有青峰庵,此为朱柏庐高伯祖朱希周读书处。殿悬木榜二:一"云通灵鹫",乾隆五十四年(1789)李本立书;二"福祐斯民",道光十九年(1839)张琢成书。

农历四月十八日，李根源计划游阳山西南麓及西南诸独立小山、西白龙寺、昭明寺，访郑尚书起潜、郑虎臣、朱柏庐先生墓。他写道："余曾出重资求朱柏庐先生用纯墓，乡民周龙福者，于深草中揭出墓碣一方，题曰'别驾朱公墓'，此明指挥佥事朱质墓也。旁尚有数冢，志载质墓附葬子希范、希阳、希虞。范志，朱希周撰；阳志，王执礼撰；虞志，王锡爵撰；表，申时行撰。名墓也，应护持之。见《观复堂稿》。"

李根源继续向西，至阳抱山，访朱柏庐先生墓。在阳抱山西南找到朱柏庐九世祖、元代著名画家、诗人朱德润的墓，并由此推断"此必为朱氏祖墓基地"。据蜀人虞集撰《朱宜人吉氏墓碣铭》和周伯琦撰《有元儒学提举朱府君墓志铭》记载，朱德润祖母施氏病危，时朱德润正在其母吉氏腹中孕育，吉氏侍奉老人至孝，施氏希望能在去世前看到孙子降生。随着老人病危，朱德润的祖父朱应得去阳抱山为妻寻找墓地。施氏做一梦，梦中有伟丈夫劝施氏勿夺其宅，愿自己成为其孙以报恩。果然，朱应得掘地五尺，得石一块，刻有"太守陆君绩之墓"，旁有刻石曰："此石烂，人来换。"且此石果然断裂，朱应得赶紧命人将其掩埋，重新寻找墓地。伟丈夫再次入施氏梦中，曰："感夫人盛德，真得为夫人孙矣。"而后，朱德润生，施夫人殁。《水东日记》《菽园杂记》《苏州府志》《吴都文粹续集》等书记录了这一细节。

李根源据朱柏庐之父朱集璜的《阳抱山墓祭文》，考得其十世朱应得，九世朱琼，八世朱德润，七世朱吉，六世朱永安，五世朱夏及其高伯祖朱文（状元朱希周之父）等人葬于阳抱山。另据朱集璜《练塘墓祭文》《中山墓祭文》《静明寺前墓祭文》《北山墓祭文》《宝华赐茔祭文》等文可知，朱氏先祖分散葬于多处，阳抱山祖墓较为集中，朱集璜在《阳抱山墓祭文》中指出，形家谓此地有凤凰展翅之势。朱集璜制定祭规，不辞辛劳，组织子孙和族人轮流祭扫练塘、阳山、宝华等地祖墓。

朱柏庐在保护祖墓方面也用力甚多，其脍炙人口的《治家格言》中有句云："祖宗虽远，祭祀不可不诚。"朱柏庐对族人春秋祭扫祖墓,以笃孝教育子孙的传统颇为欣慰,在《睢阳朱氏祭册序》一文中,他说:"始祖秘阁公墓下祀产,迄今陇亩依然未之有改。"在《记盗葬谳词碑阴》一文中,他详细记录了其十二世祖朱大有墓被张辅臣盗葬其父,以及朱氏后人据理力争的过程。

彭绍升(祖彭定求)在《朱致一行述》中云:"置义田,修墓祭,赡宗族,友爱诸弟,白首无间。"据杨无咎《朱柏庐先生传》记载,富豪贿赂阳山的守墓人,出售阳山朱氏祖墓前的土地,作为安葬之用。朱柏庐听闻之后,说:"祖宗体魄所在,而他姓实逼处此,先灵能无恫乎?"他急忙命令朱氏子侄找相关领地的官吏申诉,但豪强的势力甚强,占地局面不得改观,朱柏庐为此食不下咽两年,尔后情况有所改观。接下来又发生了新状况,阳山的贫困山民,偷偷将朱氏祖墓旁的大树砍伐卖掉,朱柏庐对此现象既担忧又同情,他说:"贫不聊生以致此。"于是让设膳族田,将田所产之粟送予阳山贫民,从此砍伐树的情况渐渐少了。

李根源在朱氏祖墓附近搜寻,没找到朱柏庐的墓。李根源说:"此山掘伐之冢甚多,柏庐先生如在被掘之数,天道难论矣。"

农历四月十九日,李根源预定游阳山南麓耙石岭、象山、东西爪山、箭缺山,再访柏庐先生墓。这一次畅游阳山,李根源兴致很高,酣畅淋漓。不过,他再次寻访朱柏庐先生墓,仍不得,颇惆怅。

这一年的农历九月初二日,在吴荫培的陪同下,李根源再访阳抱山,寻访朱柏庐墓。他撰文《祭惠氏三经师暨朱柏庐先生墓记》,指出在光绪初年,

下葬朱柏庐的阳抱山(王广成提供)

柏庐墓被坟客姚姓所掘，吴县生员程敬之遇见并上前阻止，朱柏庐的棺椁才得以保存。吴荫培访得程敬之子程叔渔，程叔渔给李、吴二人带路，寻访朱柏庐墓。他们乘舟而行，舟泊周家圩，步行田陇间约一里，由獾墩登山，至柏庐先生墓，墓虽未伐，土已削平，砖椁外露。李根源说，他当时并不知道彭定求撰写的二千余字的《朱柏庐先生墓志铭》，是否已经刻在石头上，并埋在坟墓里边。考虑到这是先贤的墓地，未敢擅动。柏庐先生墓被破坏的现状，观之令人发指，但李根源仍觉得庆幸，能找到柏庐先生墓之所在，让其得以被修缮。他觉得这是柏庐先生忠孝之诚的感召，才让其墓没有被凶人所掘伐销毁！

柏庐墓为巳山亥向，对平王山，地名北三梓堂。后为程坟，右为姚墓。程叔渔云："元朱提学墓则名南三梓堂，两墓域虽分距甚远，皆朱家山产。"柏庐先生墓未附祖墓，新迁也。难怪李根源多次在阳山朱氏祖墓附近寻找柏庐墓未果。程叔渔说："与彭墓志合。"陈祭礼祭之。

李根源说："吾师少元先生尝举柏庐先生语教小子曰：'有耻便是立志，不立志便是不知耻，安乐忧患与生死初非两截，步步安乐，便步步死，步步忧患，才步步生！'何等痛切，敬书于编，并诏当世。"可见朱柏庐的道德学问对其影响之大。

昆山的东岳信仰和猛将信仰

郑涌泉

东岳信仰

大家都知道中国有"五岳":东岳泰山,又名岱山,位于今山东省泰安市;西岳华山,位于今陕西省华阴市;北岳恒山,位于今山西省浑源县;中岳嵩山,位于今河南省登封市;南岳衡山,位于今湖南省衡阳市。其中东岳泰山是"五岳"之首。《三教源流搜神大全》中这么说:"泰山乃群山之祖、五岳之宗,天帝之孙,神灵之府也。"秦汉之前人们认为泰山是人与天相通的所在。泰山之神就是东岳大帝,在汉族民间传说中,东岳大帝是主管世间一切生物生死大权的,所以人们特别敬畏他、崇拜他。

东岳大帝到底是谁

这位东岳大帝究竟是什么人呢?众说纷纭。概括起来主要有以下几种说法:

第一种说法说东岳大帝是黄飞虎。

《封神演义》这本小说相信大家都看过。商朝末年,纣王受妲己蛊惑,荒淫残暴,为了满足自己的淫欲,居然连自己大舅子黄飞虎(黄飞虎的妹妹是纣王的妃子)的老婆也不放过,因为她长得实在是太漂亮了。黄飞虎的老婆为保全贞节,在痛斥纣王荒淫无道、十恶不赦的罪状之后,纵身跳下摘星楼而亡。黄飞虎无论如何咽不下这口气,就和自己的老父亲、两个弟弟、三个儿子以及四位好友带上众家将反出五关去投奔周武王，被周武王封为"开国武成王"，挂帅起兵讨伐昏庸暴虐的纣王。在兴周灭商的战争中，黄飞虎牺牲于渑池（今河南省渑池县）。周武王对黄飞虎的评价很高，说他是威行天下、义重四方、施恩积德、人人敬仰的真君子。后来姜太公在封神时，特封黄飞虎为东岳泰山"天齐仁圣大帝"，总管人间吉凶祸福。

第二种说法说东岳大帝是太昊。

道教经典著作《洞渊集》里说："太昊为青帝，治东岱（按：又名"岱宗"，即泰山，下同），主万物发生。"《枕中记》也写道："太昊氏为青帝，治岱宗山；颛顼氏为黑帝，治太恒山（按：即恒山）；祝融氏为赤帝，治衡霍山（按：即衡山）；轩辕氏为黄帝，治嵩高山（按：即嵩山）；金天氏为白帝，治华阴山（按：即华山）。"

第三种说法说东岳大帝是金虹氏。

东方朔所撰《神异经》里这么写，当年开天辟地的盘古氏五世之苗裔叫赫天氏，赫天氏的儿子叫胥勃氏，胥勃氏儿子叫玄英氏，玄英氏儿子叫金轮王，金轮王的弟弟是少海氏，少海氏老婆是弥轮仙女。弥轮仙女做梦吞下了两个太阳，醒来后就怀孕了，生下两个男孩，大的叫金蝉氏，小的叫金虹氏，就是后来的东岳大帝也。《东岳大帝本纪》《历代神仙通鉴》也这么说。《神异经》里说长子金蝉氏后称东华帝君，次子金虹氏后称东岳帝君。

第四种说法说东岳大帝是盘古本人的化身。

《述异记》记载，当年盘古氏死了以后，头部化为四岳，双目化为日、月。秦汉间民间俗说流传，盘古头为东岳，腹为中岳，左臂为南岳，右臂为北岳，双足为西岳。《五运历年记》也称："首生盘古，垂死化身……四肢五体为四极五岳……"

第五种说法说东岳大帝是上清真人。

《文献通考·郊社》中说："五岳皆有洞府，上清真人降任其职。"

第六种说法说东岳大帝是山图公子。

唐代道士司马承祯撰《天地宫府图》，列十大洞天、三十六小洞天、七十二福地。三十六小洞天中第二是东岳泰山洞。周围一千里，名"蓬玄洞天"，由山图公子治理。

第七种说法说东岳大帝是天帝的孙子。

《孝经援神契》里说，泰山，又名"天孙"，乃是天帝之孙也。《三教源流搜神大全》也说，泰山"乃群山之祖、五岳之宗，天帝之孙，神灵之府也"。

种种说法让人头晕。那么东岳大帝究竟是谁呢？还需专家继续考证。

东岳信仰古今传承

自宋朝开始，朝廷每年都要举办泰山庙会，祭祀东岳大帝。祭祀的目的是祈求他在人死后能早点让人的灵魂投生转世，祭祀的地点在东岳庙，也叫岱庙。除单纯的祭祈活动外，庙会还增加了经济活动的内容，服务于八方朝拜者。祭祀活动的一个重要项目是游行，除抬上东岳大帝塑像外，还有人装扮成各种传说中的鬼神形象，组成庞大的游行队伍，到大街小巷游行。除泰山外，祭奠仪式以北京东岳庙最为隆重，这里是元、明、清三朝行"祭岱"仪式的场所。

昆山东岳信仰的历史非常悠久。据昆山第一部地方志南宋[淳祐]《玉峰志》载："东岳庙在县东南二百五十步……自三月旦，争往岳祠，拜祈祷赛。"每年农历三月廿八是东岳大帝诞辰，昆山人叫作"三月廿八汛"，都要举办盛大的"东岳庙会"。因崇拜东岳大帝的大多是农民，而农民平时常穿草鞋，故昆山民间把到东岳庙烧香叫作"烧草鞋香"。

昆山历史上有文字记载的东岳庙至少有九座。如今已不复存在的有六座：城内一座；千灯一座[在延福寺西，清顺治十年（1653）建造]；周庄两座[一座在龙泾村，清光绪元年（1875）重修，另一座在镇西南南

石牌东岳庙（郑涌泉提供）

陆家东岳庙（郑涌泉提供）

庄村，光绪四年（1878）重修]；此外还有正仪一座、石浦一座。历史上几度兴废而至今尚存的有石牌东岳庙、张浦大市姜里东岳庙和陆家车塘东岳庙。石牌东岳庙位于昆山、常熟、太仓交界处，始建于北宋元祐年间（1086—1093），至今已有九百多年历史。史料上如是记载：虞山东南五十里，昆山与常熟接壤处有座东岳神庙，有求必应，非常灵验。方圆百里香客云集，春夏秋冬四季经声不绝。可见此庙规模是比较宏伟的。数百年来，居士信徒、名人商贾多次慷慨解囊，不断修葺。昆山历史上第五位状元，文渊阁大学士、武英殿大学士，弘治、正德、嘉靖三朝元老顾鼎臣曾带头出资修缮。清康熙五十三年（1714）、道光二十三年孟冬（1843.10）又进行两次大规模维修，所刻碑文至今还保存着。1994年经市有关部门批准，地方各界人士捐款，在原庙址上重建了新的东岳庙。

姜里东岳庙始建于南宋乾道九年（1173），由天台山道士翟守真建造，位于大直江、大市泾、张华江三江汇合处，至今已有八百多年历史，当地百姓称之为"老庙"。由于香火旺盛，早先往返于昆山、周庄间的小客轮航线专门在此设立了停靠码头。

陆家车塘东岳庙实为崇恩观，始建于宋朝，距今已有八百多年的历史。因主殿上供奉的是东岳圣帝，故老百姓就叫它东岳庙。据传，清乾隆帝下江南时曾到此一游，并赐名"崇恩观"。

上述三处东岳庙香火都十分旺盛，每年都会举办隆重的庙会。据清［光绪］《昆新两县续修合志》记载，东岳诞辰"各乡赛会，石牌、赵陵、真义、姜里、车塘、更楼桥，各乡民异神进香"。又据《昆新乡土地理志》记载："三月廿八东岳诞，香火尤盛。他若龙舟、马灯、会船、拳船，城乡具有之，岁费甚巨云。"信众们抬着东岳大帝神像在镇上巡游，甚至还会出现水上巡游的盛景，活动影响范围非常之大，周边乡镇乃至邻县的百姓也会前来参加，热闹非凡。如石牌东岳庙每逢农历三月廿八"岳诞"日，昆山、常熟、太仓三地信众都会前来"朝岳"，香客络绎不绝，仪式隆重，丰富多彩。当地乡民们抬着各路神道向东岳庙朝香，走在队伍最前面的是十二位小男孩，身穿清一色服装，头戴清一色草帽，手里拿着清一色的小板凳，表演动作优美的节目，叫作"童子拜香"，接下来是十二位妙龄女孩，上身穿绿色布衫，下穿红色裤子，戴着墨绿色的眼镜，在优美的笛子声和清脆的铜铃声伴奏下，齐唱当地民歌《十月怀胎娘辛苦》（又叫《报娘恩》），每唱"一个月"（歌中一月），两位少女相对一鞠躬。队伍后面有踩高跷的队伍，旁边有壮汉边走边敲在穿透皮肉的银扎钩上挂着的铜锣，场面震撼。还有人骑在马上身穿戏服，每种服装代表一出戏名。人们跟着浩浩荡荡的迎神赛会队伍从四面八方涌向东岳庙，到了庙门前的广场上要朝天放火铳，叫作"上朝"；然后抬着各路神道依次进入圣帝殿，须三进三退，直到每位神道都朝过东岳大帝。是日，"解钱粮"的、"看会"的以及各地来的商贩云集于东岳庙，热闹非凡而"男妇游观如狂"（清顾禄《清嘉录》）。

庙会一个不可或缺的项目是"草台戏"，邀请梨园弟子搭台唱戏数日，以娱神娱人。据［光绪］《周庄镇志》记载："二十八日，天齐王诞辰，东岳庙左演戏三日，近乡田作多停工来游，俗称'长工生日'。"

（按："天齐王"是唐玄宗对东岳大帝的封号）再者，大量民众参与东岳庙会，让整个活动期间充满了勃勃商机。因庙会期间商贩云集，人们在赶庙会的同时还能够在现场进行商品交易，因此庙会也被称为"庙市"，并久盛不衰。不仅如此，从前东岳庙会还有一种杂技性质的表演——"吊臂香"，即用针穿过臂上皮肤，下面悬挂着香炉和燃香，以此表示对神灵的敬畏和对宗教的虔诚，堪称奇观。

新的历史条件下，昆山东岳庙会也与时俱进，被赋予了更多新的文化使命。东岳庙会上不但有传统宗教活动，还有更多的乡土文化元素融入其中，如打莲湘、喊山歌、戏曲表演、舞龙舞狮、踩高跷等极具地方特色的传统节目以及吹糖人、剪纸、"中国结"编织、核雕蛋画、金石篆刻、肖像绘画等传统民间手工艺展演，吸引了不少游人。还有当地特色农产品展览、各地特色小吃集市也是人头攒动，让当地百姓和游人都能感受到传统文化、农耕文化、非遗文化、美食文化的浓浓氛围。

姜里的东岳庙会还被打造成"民俗""民乐"（快乐的"乐"）"民富"的品牌活动，吸引江、浙、沪游客前来旅游和参与。除了"岳诞"庙会，每年除夕夜零点过后，四乡八镇的百姓会摇着船或开着小车前来东岳庙撞钟进香，祈望在新的一年里可以平安幸福、心想事成。大年初一到初三，在庙前还可以看到越剧、宣卷、舞龙舞狮、高跷、民歌、猢狲出把戏等民间艺术表演，热闹异常。

石浦的东岳庙会也有自己的特色。三月廿八"岳诞"前一天，远近商贩就开始云集石浦，抢地设摊。到了晚上，老年妇女们要到东岳庙通宵达旦念经，叫作"守夜"。到了"正日"这天，街上热闹非凡，四乡八村民众云集于镇上，选购需要的生产用品和日用品。下午"出会"开始，气氛更趋热烈。一行队伍由旗幡、行牌、锣鼓、丝竹做先导，善男信女提香、扎香，扮作阴司衙役、鬼卒、罪人等紧随其后，最后面是青壮年汉子抬着各路神道去岳庙朝拜，队伍自市西梢缓缓东行，至岳庙行朝拜礼，所到之处观者如堵，日落西山，村民们才尽兴而归。

如今东岳庙会的民俗表演（郑涌泉提供）

东岳庙会在昆山地区特别是农村百姓的社会生活中有着重要的地位，其庙会习俗经久不衰，一直传承至今。2010年，石牌、陆家车塘、张浦姜里的东岳庙会被列入昆山市第三批非物质文化遗产名录。

猛将信仰

旧时全国很多地方都有猛将信仰的传统，祭祀猛将的庙堂几乎遍布大江南北。对猛将神的信仰江南盛于江北，而在江南各地又以苏州地区为最，昆山尤盛。有一点是可以肯定的：猛将乃是"驱蝗之神"，是农业的"保护神"，是农民重点祭祀的对象之一。

猛将老爷为何方神圣

那么，这位猛将老爷是位什么样的神道呢？又为何在民间有这么大的影响呢？在所有的史料记载或民间传说中，那位猛将神都是姓刘。有的说是南宋名将刘锜，如《怡庵杂录》和《姑苏志》等，但《姑苏志》同时又说他是刘锜的弟弟刘锐，《宋史·刘锜传》又说刘锜没有这个弟弟，看来要搞清楚还不太容易。

昆山民间对这位刘猛将的来历则有几种说法：

一说他叫刘阿大，从小受后妈虐待。有一次后妈把炒熟了甚至有的还炒焦了的黄豆责令他去种，种不成活就要挨打。结果那黄豆还真发芽成长了，成熟的黄豆上都有点褐色，叫作"虎皮黄豆"。有一年发生蝗灾，刘阿大驱赶蝗虫入海，自己也被淹死了。老百姓感激他、纪念他，就为他立庙祭祀，称之为"猛将"。

二说他叫刘宰。《宋史》里说他为人刚正，又为乡里做了很多好事实事，受到乡民拥戴。死后封神，专管治蝗，被称为"猛将"。

三说他叫刘佛寿，松江府上海县人。他驱蝗有功，被玉皇大帝封为"扬威侯护国大将军、天朝猛将"。

四说他叫刘承忠，被封为"驱蝗正神、保康刘猛将军"。《大清通礼》中说他是元代的一位指挥官，能驱蝗，元朝灭亡后投水自尽。

猛将信仰历史悠久

历史上昆山城乡都有猛将庙。从现存资料上看，昆山最早的猛将庙是明嘉靖三十六年（1557）建于马鞍山前，清雍正十三年（1735）重修。现在的朝阳东路上曾有过一座猛将桥，附近有过一座较大的猛将庙，老一辈昆山人可能都还记得。

旧时昆山农村都有猛将社这个群众团体，主持各项跟猛将老爷有关的活动。

早先昆山老百姓几乎没有人不知道"闹猛将"活动。啥叫"闹猛将"呢？原来，与其他民间信仰的神不同，猛将在民众心目中是一位可亲可近的神，是一位人性化的神道。人们祭祀他，又同他一起娱乐、游戏。江南农村迎神赛会都要抬出"老爷"（民众对各种神佛的尊称）游行，大都是恭敬有加的，唯独对这位猛将老爷不一样，可以抬着或背着他跑、跳，同他开玩笑、寻开心，甚至把他跌得粉碎也无妨，民众以此为乐，这位"老爷"也绝不会计较发怒而加祸于人。在百姓心中，这位猛将老爷是农作物的保护神，这在农耕社会显得尤其重要，所以也显得特别亲切。

　　农历新年里，四乡八镇跟猛将老爷相关的活动特别多。大年初一清早，各乡农民要抬着猛将神像巡游村子贺年。猛将的仪仗以杏黄大旗为引导，敲锣打鼓。每到一村，先绕村场游行一周，放鞭炮，然后拿着猛将的"帖子"与该村的猛将互访，实际上是各村村民互相祝贺新年，互道吉祥。

　　大年初六，猛将出巡湖滨水滩，叫作"冲湖嘴"。这天的精彩项目是猛将"逛会"。各村把一米多高的木雕大猛将抬出来，两个壮汉用杠子抬着，边走边故意左右摇摆，猛将老爷随之东倒西歪，甚至被横过来又倒过来，这时大家都笑得前仰后合，非常开心。

　　大年初九是猛将"抢会"。活动以村为单位，各村选出身强力壮、身段灵活的人参加。先将各村猛将像集中起来，主持"抢会"的人将杏黄大旗往空中一招，"抢会"者立即将本村的猛将像背起来狂奔，观看的人热烈鼓掌、欢呼。背猛将的人不管自己是否会摔跤，甚至碰得头破血流，神像跌得破碎，也要去争第一名。

　　正月十三是猛将老爷的生日，昆山民间有祭猛将的活动，又叫作"赛猛将"，这是一个盛大的群众文化活动。这一天，要在猛将庙里点燃巨烛，叫作"满算"。

　　正月十五元宵节，各村上灯。猛将堂前立一大竹竿，挂"塔灯"，就是一长串吊起来像宝塔一般的大灯笼。至此，春节期间祭猛将的活动宣告结束。

　　三月廿九则是猛将神的烧香日，各乡镇都会举办盛大的"出会"

活动。

秋季祭猛将的活动称为"青苗会"或"青苗社"。蓬朗北庄村的猛将庙在每年农历七八月水稻抽穗时节,村民们就会将猛将老爷从庙里请出来,抬着他在田间巡游吆喝,被称为"猛将驱虫"。

有些乡镇"青苗会"祭猛将活动时间在农历七月半中元节前后,一般为三天。第一天,农家在田里插五彩三角纸旗,叫作"猛将令箭",表示猛将下令驱除害虫。最后一天"出会",要抬猛将神像出巡。抬像者可以在田头奔跑相互嬉戏寻开心,俗称"嬉猛将",最后护送神像回到庙里。"出会"的队伍中有各种地方特色的歌舞、杂技、武术表演,许愿、还愿群众组成的扮作各种犯人的队伍,"臂香臂锣"(用针穿过手臂上的皮肤,下吊香炉或锣)的队伍,等等。"青苗会"期间要请"祝司"唱《猛将神歌》或请宣卷班唱《猛将宝卷》,也有请草台班子演戏酬神的。还有"水陆猛将会",水路"出会"乘船,在船头表演各种武术、杂技。

有的乡村每年农历八月,由村里富裕人家做东,把猛将老爷还有土地菩萨等神道请到自家客堂里,东家邀请亲朋和其他村民前来家中,在神道像前焚香点烛,放置供品,跪拜磕头,祈求农业丰收。遇到干旱年份,村民商议选定日子,全村"断屠",将猛将老爷塑像置于烈日之下,摘去头冠,带上笠帽,披上蓑衣,点香、点烛,焚烧纸钱,让猛将老爷与村民一起请求老天降雨消灾。这个活动倒是将神道"人格化"了,可谓别出心裁。

祭祀猛将不仅仅是民间重大活动。据史料记载,明清两朝,祭祀猛将被列为官方活动,显得更加正规。据学者袁学澜考证,《明祀典》中已有祭祀猛将神的记载。祭祀的时间为正月初一,"元旦,坊巷乡村,各为天曹神会,以赛猛将之神"。自清朝嘉庆年间开始,这项活动被纳入"国家项目",雍正十二年(1734),皇帝下诏给有关部门,冬至后第三个戊日及正月十三都要祭祀猛将神。同治皇帝加封猛将为"普佑上天王",故猛将庙楹联一般上联是"灭蝗猛将军",下联为"普佑上天王"。朝廷规定春秋两祭,庄稼丰收了,还可有特别大祭。猛将祭礼规格非常之高,《大清通礼》说祭祀猛将的规格不能低于关帝。各地祭祀猛将活动都要由本地最高行政长官来主祭,也就是说,我们这里要由昆山市长来宣读祭文的。

周市庙会更加繁盛

昆山各乡镇"猛将庙会"形式略有不同,而周墅(今周市镇)的"出会"更具特色。

周市的猛将老爷的形象不是武将,而是一位眉清目秀的少年。已故作家、地方文化专家邱维俊先生回忆,当地耆老曾叙说:清初,有人在周市镇西汉塘与新塘河交汇处捞到一个轴盒,打开一看,里面是一幅画,画上是一位身穿短衫的赤足少年,头上扎一块布,布上写着"上天王刘"四个字,知道这是"刘猛将"的尊容,就将其送往与城隍庙毗邻的竺隐庵关帝阁悬挂起来。因为清朝皇帝对猛将大肆宣扬,地方上就依据画像上的面容雕成一尊木头坐像,给他穿上明代的大红蟒袍,头戴明代王冠,腰围玉带,着粉底朝靴,与关帝老爷并列受祀。渐渐地,他的地位超过了关老爷,居然坐在当中了。到后来每年"三月廿八汛",城隍老爷"出会"后竟必须先拜过"猛将"才能回自己庙里。

在三月廿九"猛将烧香日"前三天,就有远道而来的商贩蜂拥而至聚集到周市,从"五洋百货"衣帽布料到卖梨膏糖、卖狗皮膏药、卖拳头变戏法到唱"小热昏"、猢狲出把戏、张西洋镜……五花八门、应有尽有。地方上还特地邀请戏班子在庙场上唱"神戏"。四乡八镇甚至太仓、常熟、嘉定、青浦等地的香客也络绎不绝、摩肩接踵来到周市猛将庙,有的甚至带着被头铺盖,抢先在临时搭建的"木缘堂"里占好一方地盘。连日里,周市镇上的河南、河北、南墙门等几条街道上人山人海,热闹程度胜过苏州观前街、上海大马路(南京路)。

"猛将出会"在三月廿九日正午正式开始。先有人洒水"净道",接着有几位乡民打扮成清朝衙役模样,肩上扛着"肃静""回避"的虎头牌子鸣锣开道,走在队伍前面的是当地几位白发苍苍、颇有名望的乡绅,戴瓜皮帽,着长衫,手里捧着"如意香斗",毕恭毕敬、步履规矩。紧跟在他们身后的是头戴七星道冠、身披八卦道袍的老道,左手持"净瓶",右手仗剑,眼观鼻,鼻观心,目不斜视。后面是身穿红色囚衣、戴着木枷木铐,装扮成囚犯样子游街的香客,以示"赎去罪孽"。后来是若干手里捧着小矮凳、边走边磕头的"烧香童子",紧跟着的是一群身穿黑衣、黑裙,手执"金花"和香篮的"走金花老太"。再后面就是表演民间文艺的队伍,各式各样,名目繁多。有的是几个人抬着一个"台阁",每个"台阁"上是一出戏名,诸如《桃园三结义》《关公读春秋》《吕布戏貂蝉》《文昭关》《贵妃醉酒》《刘海撒金钱》《白蛇传》等。戏里的角色全部由小孩子来扮演,但并不真的演戏,在很小的"台阁"上也无法表演,只是供人们看看造型而已。真的边游行边演戏的也有,叫作"地戏",文戏有《岳母刺字》《甘露寺》《空城计》《钓金龟》等,武戏有《战长沙》《野猪林》《挑滑车》《芦花荡》《打銮驾》等,都是京剧。还有一种是高跷上的戏,也分为只供观赏造型和真实表演两种。真实表演难度很大,踩在高跷上不但要唱,还要演,比如演《武松杀嫂》,武松手持钢刀,一把揪住同样踩在高跷上的潘金莲的头发,将其拉近过来,手起刀落,潘金莲顺势腾空翻一个筋斗,平稳落地。这样的表演堪称精彩绝伦。接下来是民间文艺表演队伍,有荡湖船、打莲湘、挑花篮、十姊妹、十女婿、调龙灯、调狮子等以及江南丝竹,笙、箫、笛、琴、三弦。琵琶等各种乐器上都装饰有龙、凤、蝴蝶、宝塔以及彩珠穿扎,五彩缤纷,鲜艳夺目。接下来是看马、看轿,罗列着从大户人家借来的古玩珍宝供人们观赏。队伍最后是彩旗飘飘,一顶顶"万民伞"引导着一座八抬大轿,轿子里端坐着威风凛凛的猛将老爷,被人抬着缓缓前进。此时,道路两旁看热闹的民众鸦雀无声,显得无比虔诚。这支足有千余人之多、长达一里有余的队伍从猛将堂出发,沿着周市乡界绕走一圈,然后回到猛将堂,整个庙会活动直到傍晚才结束。

  这是一种传统文化,是民间非物质文化遗产。如今这些传统文化中融入了现代元素,成为群众文体活动的一个组成部分,受到了群众的欢迎。

玉峰长伴黄子澄

郭志昌

生前身后黄子澄

提起黄子澄，大家不一定知道；但要说到战国时期的春申君黄歇，说到上海的别名申城和黄浦江，可能都知道了。这四者具有一定的联系。

春申君（？—前238），嬴姓，黄氏，名歇，东周战国时期楚国公室大臣，著名的政治家、军事家。与魏国信陵君魏无忌、赵国平原君赵胜、齐国孟尝君田文并称为"战国四公子"，曾任楚相。黄歇广学博闻，善辩。楚考烈王元年（前262），以黄歇为相，封其为春申君，赐淮北地十二县。后来，春申君的封地改封在吴地，其家族也随之迁离故城。他在改封的广大地域内分设都邑，在今上海、苏州一带，治理申江，疏通河道，抑制水患，政绩显赫，深得民心。故此，当地人纷纷以其姓或号，为许多山、水、地方命名，如江苏省江阴市有君山和黄山，分别以春申君、黄歇命名；今天上海的黄浦江，以及上海别名为申，也是因纪念黄歇而得名。2002年，上海申博成功的欢庆晚会上

黄子澄画像（郭志昌提供）

高唱了《告慰春申君》。2015年播映的电视剧《芈月传》中的那位年轻时的黄歇，就是芈月的初恋、情人，两人青梅竹马，却有缘无分，最后甚至变成了敌人。

黄子澄是黄歇的后裔，当然时间上相差得比较远了。黄子澄生活在明朝初年，而黄歇生活在距此一千六百多年前的战国时期。

历史上，玉峰山（亦作马鞍山）由于风景绝佳，高出地面数十米，不怕水淹，而被许多人看作风水宝地，因此墓冢

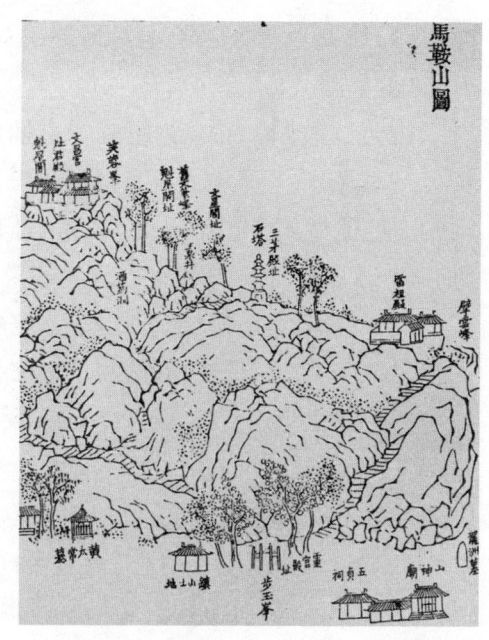

道光年间昆山志书插图中标出了黄子澄墓的位置（郭志昌提供）

甚多，其中不乏名人，明初太常寺卿黄子澄墓就在其间。黄子澄是江西分宜人，名湜，以字行。从小父母就教导他要忠君守义。十二岁时，补分宜弟子员，明洪武十八年（1385）会试第一。据说，唱名时天空出现五色之云，太祖高皇帝看他雅重光彩，顺口问："几岁？"答曰："三十有四。"再问："何年？"竟没有立即回答上来。于是，将他由第一名改为第三名，并让他伴读东宫，后官至太常寺卿。

黄子澄由一甲第一而被换成第三，这个故事还有一个版本，倒是比较可信：明代史学家焦竑在他的《玉堂丛语·科目》篇中写道："洪武十八年乙丑会试，黄子澄第一，练子宁第二，花纶第三。及殿试，读卷官奏花纶第一，子宁次之，子澄又次之。是年童谣云：'黄练花，花练黄。'时人莫解，后果验。殿试先一夕，上梦殿一巨钉缀白丝数缕，悠扬日下，及拆首卷，乃花纶。上以其年少抑之，已而得丁显卷，姓名与梦

符,遂擢居第一。数先定矣。"最终,这一届的一甲三人顺序为丁显、练子宁、黄子澄。

在会试和殿试中间,还有一个插曲:廷试的结果,第一和第三的名次又对调了一下,花纶第一,黄子澄第三。待到拆号唱名的时候,朱元璋却把他做的梦说了出来。主考官们翻阅考卷,找出了名次较为靠后的丁显,本是一个太学生。朱元璋却说,姓丁名显,自然应"显","显"字(繁体"顯")正是"日下双丝",好兆头。于是殿试后黄子澄成了第三名。练子宁居中不动,倒霉的花纶被挤到了三甲第五名。

朱元璋去世以后,二十一岁的皇太孙朱允炆继承皇位。黄子澄和兵部尚书齐泰早就认为各地藩王权力过大,必然要成为国家的隐患,而尤以离京数千里的燕地为甚,因此建议削藩,以加强中央集权。没想到几个月后,燕王朱棣便以"靖难"为名攻打京都。黄子澄极力推荐李景隆出征讨伐。结果,李损失几十万人马,大败而归,黄子澄痛心自责。黄子澄后来奉了密诏带夫人许氏与四个儿子微服到了苏州,与知府姚善商量招募勤王军,甚至提出要到海外乞援,姚不同意。在编造名册时,姚善将黄大公子的原籍改为昆山,次子也改了名字。几人发誓要为国事而不惜生命。软弱而无奈的建文帝(朱允炆)在叔叔朱棣的威逼下,降了自己老师黄子澄的职。后来,朱棣又将黄子澄老家的族人全部逮捕。京师被攻陷后,在风雨飘摇的形势下只当了四年皇帝的朱允炆在宫中自焚(也有说他逃到海外,没有下落),朱棣登上了皇位,亲自审问被抓住的黄子澄。

朱棣也清楚黄子澄是个人才,心想只要他能为己用就可以不计前嫌。谁料到黄子澄却拒不下跪,并仍按先前的称呼称朱棣为殿下。左右厉声呵斥,他毫不理会,继续高声说道:"我知道殿下是用武力取得的富贵,却不知道殿下要登上皇位。如果起用我这样的人,岂不是不想以纲常治理天下了?"朱棣强压怒火,继续和颜悦色地说道:"我听说你博学善书,不像方孝孺那样执迷见短,我将免除你的一切罪名。"黄子澄回答说:"经史柔翰,都是治世才用的。现在是乱世,能派上什么用场?况且富贵如过眼烟云,何足重轻。殿下向来悖谬,不可为训,只恐怕子孙有效尤而起者,你可不要见怪啊!"朱棣大怒:"此天命有在,听说你想借兵战胜我,有这回事吗?"黄子澄说:"皇祖起义兵,定天下时,殿下你勇力冠世,依托东北大藩,永为王室,而今反内部作乱,如果我也内攻,与殿下你逆谋又有什么两样呢?"朱棣说:"我也不因此而降罪于你,有前朝魏征和赵普的榜样你不学,也可以说迂腐至极了!我知道你不会为我所用,你肯将自己的罪行写在纸上吗?"黄子澄写道:"我本是先帝面前的一个文臣,建议削藩太迟了,以致酿成此祸,后来者可要小心,不要学我的样子啊!"朱棣命人砍去他的四肢,使他疼痛而死,并且族杀了四百四十五人,其姻党全部戍边。黄子澄的一个儿子变姓名为田经,后遇赦,全家住到了湖北咸宁。据说正德年间的进士黄表[正德十六年(1521),二甲九十九名],就是他的后人。

黄子澄曾经在已经退休的袁州知府杨任家里避过难,结果连累杨任也被磔死,杨家两个儿子被杀头,全体亲属戍边。

朱棣篡权后,练子宁被缚至,他出言不逊,朱棣遂断其舌,曰:"吾欲效周公,辅成王。"时练子宁手蘸舌血,大书于地上曰:"成王安在?"遂被磔死。朱棣族杀其全家,还将其所有姻戚全部戍边。

当年被钦定为殿试第一的那位丁显后来并没有显出多少才干,而屈居第三名的黄子澄却对朱元璋选定的接班人建文帝异常忠诚,在生命旅途的最后一站,竟率领一大家子几百口人为不知下落的建文帝"殉葬"。

其实,黄子澄还有两个儿子在别人的帮助下,逃脱了朱棣的毒手,在民间隐居下来。一个叫黄彦修,一个叫黄彦辉。

已更名的长子黄彦修,因为说一口流利的昆山方言才逃过一劫,他从江中收拾起父亲的尸骨,跑到镇江东北的焦山躲藏了好几年。他求人想将父亲的遗骨葬在江阴君山的黄歇墓侧,守墓者不同意;他又背着遗骸跑到常熟请求安葬,也遭到严厉地呵斥和拒绝。后来,风景秀丽的玉峰山大度地接纳了这位忠臣,使他的遗骨得到了安葬。

昆山人、御史刘琔为黄子澄撰写了墓志铭,其中写有:"公被难时五十三,天下冤之。今公论稍明,是应有铭,铭曰:天生忠臣,孝之力。天植纲常,死之力。天佑眷属,反之力。天护骸骨,子之力。死而不亡,君之力。百世芳风,山之力。藏铭于中,万年出。"这时是洪熙元年(1425),距黄子澄被难已经二十三年了。仅仅是"公论稍明",还不是彻底平反。刘琔死后,先被埋在山西,在山西担任参政的昆山人叶盛奏刘琔在边有功,乞恩褒恤,诏赐御祭,这才迁葬于玉峰山的黄子澄墓旁。

黄子澄的两个儿子彦修、彦辉死后也葬在黄子澄墓边上。这个地方就是今天翠微阁以东到春风亭以西的中间地带,这里曾经有一景点叫"黄太常墓"。

明万历初年,黄子澄的后裔黄熊与一个叫蒋乾的当地人为争墓地打起了官司,县令申思科让人将墓挖开看看,结果发现了御史刘琔当年为黄子澄写的墓志铭,赶忙向上报告。恰好赶上皇帝下诏为当年死难者昭雪,才得以"奉旨表其墓,赠谥'节愍'",并在江西分宜老家为他建了祠堂,还从居住在昆山的黄家后人中迁徙回去一部分为其祭守,黄子澄总算彻底得到平反了。此时,距离黄子澄被杀已经过去一百八十多年了。

因为黄子澄生前在苏州活动过,苏州人为了纪念他,曾在城里珠明寺的东面,建过一座黄子澄与姚善的合祠,叫作"二公祠"。

入清后,玉峰山前的黄子澄墓增建过碑亭。黄氏后裔还在墓前建过祠堂,但不久倾圮了。墓前不见瓣香樽酒吊公墓者,日久天长,墓前长满荆棘茅草,直至墓地无法辨认。看到这种凄凉景象,生活在康乾时期的昆山人龚炜(1704—1769,《巢林笔谈》作者)很为自己的家乡感到羞愧。他在书中专门写了一节《黄湜墓》,以示纪念。

与死后极尽哀荣的南宋诗人刘过相比,黄子澄墓过于冷清,没有鲜花,没有祭酒,更没有过往的文人骚客们的吟咏歌叹。乾隆四十一年(1776)十一月,各地政府奉旨:明季殉节诸臣及流寇偏殉者,俱得分别予谥。又建文殉节诸臣，亦体核办。或予专谥，或予通谥。士民殉节者亦列入祀典。除"靖难"死事百余人外，明季共得三千六百五十余人。黄子澄属于建文殉节的著名大臣，专谥仍为"节愍"。黄氏后人这才得到了安慰。

但是，龚炜的感叹，甚至皇帝的谕旨，都没有能够打动昆山地方官员的心，他们对黄子澄的墓地依然不闻不问。直到乾隆五十年（1785）冬十月，昆山截取知县赵遵律、知县裴元长、候选知县孙铨以及十多名当地士绅，发起重修黄子澄墓，并立了一块高两米、宽一米的石碑，上书楷体大字"明太常寺卿分宜黄公子澄墓"，碑上阴刻七百多字的碑文。其铭文中有"娄江之北，昆山之阳。忠魂烈烈，山高水长"的评语。

清光绪二十年（1894）六月，新阳县令万立钧（字肖园，江西南昌人）再次重修黄节愍公子澄之墓，并立碑纪念。碑为花岗岩石材，上面深刻着万立钧笔画粗壮的楷书，体现了墓主的高贵品格。黄子澄作为历史上一个颇具悲剧色彩的著名忠臣，与青山绿水为伴，长眠在玉峰山南麓的桃源洞旁。

不幸的是，在昆山解放初进行的大规模的平坟运动中，黄子澄的祠墓被彻底铲平。进入二十一世纪后，江西分宜的黄氏后人多次来到昆山，对黄子澄墓地遗址进行考察，并广泛征集有关资料，准备在他的家乡建一座"黄子澄纪念馆"，以纪念这位中国历史上著名的大忠臣。

黄家报恩建大桥

被人称为"高板桥"的这座石拱桥，出现在昆山的土地上，出现在老城里的至和塘东段的河流上，已经有六百一十四年了。许多人不禁疑问：明明是一座石拱桥，为什么偏偏叫作"高板桥"呢？

这座桥并不是至和塘上最早的桥梁。明洪武三十年（1397），当时的知县叫梁端，他在至和塘上修起了一座桥。这就是最早的高板桥。桥两端的桥墩用整齐的花岗岩料石砌成，桥面以厚实的木板铺就。因为桥下就是沟通昆山东到太仓、西至苏州的水上要道至和塘，河面要通行东来西往的众多船只，所以桥洞就要造得高大一些，而且又是木板桥，老百姓就俗称之为"高板桥"。

几年以后，朱元璋驾崩。因为他定的规矩是长子长孙接班，大儿子不幸早逝，于是长孙朱允炆便顺理成章地接了班，当上了皇帝。四儿子朱棣被分封为燕王很不高兴，不久便在姚广孝和太监郑和等人的大力协助下，成功篡夺了皇位。朱棣登基之前，残酷地屠杀了许多不顺从他、不愿为新朝服务的重臣。太常寺卿黄子澄就是其中重要的一位。

黄子澄的祖上已经来过昆山生活，他自己考中一甲进士以后长期在朝中做官。被害之前，他儿子黄彦修和黄彦辉被人成功地保护下来，逃过了浩劫。

朱棣登基以后，一直不放松对于当初坚决要求"削藩"的朱允炆重臣们的搜捕和追查，必欲斩草除根，免除后患。有人告发说道士黄玄微曾经到处搜购黄子澄的书画作品，有重大嫌疑。昆山民众既害怕，又担心，生怕自己被牵连进去。

黄彦修当时担任里正役，他对法司官说："我与黄玄微是朋友，知道他从不读书，他哪里能辨识书画，并且是黄卿一党的人呢？"法司官觉得他说得对。于是，那些被指为黄党的人都得到了释放。但人们还是不知道黄的真实身份。以后黄玄微当上了赞礼郎，还是不公开说出自己的身份。

后来，汉王朱高煦谋危宗社，朱棣的政权面临着严重威胁。到这时朱棣才领悟到黄子澄当初对朱允炆劝告的正确性。于是，朱棣坚决削汉护卫，将朱高煦迁到了安乐州，并且对侍臣们说："你们为了国家，不必以黄子澄临刑为讳，今朕甚悔之！"那时，路防松弛了许多。

虽然当时黄子澄还没有得到平反，但是朝廷对他的追究越来越松了。黄子澄死后的第二十三年——洪熙元年（1425）七月二十三日，经昆山地方官和华藏寺住持的大度接纳，他的遗骨被正式安葬在马鞍山南麓。人们也不应该忘记这时的大背景——永乐皇帝朱棣死了。许多人已经没有了那个久存于心的顾忌。

黄家兄弟对昆山地方官和华藏寺住持千恩万谢，并承诺一定要在适当的时候予以报答。黄彦修将家安在了高板桥南堍、至和塘南岸的柴巷；黄彦辉改名黄玄微，当了道士，后来经营数十年，买田筑室，定居于至和塘北岸的东塘街。

黄彦修家左边不远处，就是著名的高板桥。这座桥到此时已经建成使用二十八年了。高数仞（一仞七至八尺），宽八尺，经过长时间的日晒风吹雨淋，已经出现多处损毁。黄彦修看在眼里，觉得应该报答昆山人，于是他就从修桥着手。

黄彦修向当时的县官邵昕提出：自己拿出所有的积蓄，再请县上动员富户们拿出些钱来，将高板桥拆除重建一座高大的石拱桥。县官高兴地同意了。

正统三年（1438），邵县令大力支持，黄彦修亲自监工，众民工不遗余力，将石拱桥建造得又快又好。当时，还请到了江西老乡尚书周忱、苏州知府况钟题名。从此，桥名改为"富春桥"。黄彦修终于实现了报恩昆山的心愿。

昆山人也感谢黄彦修为当地办了一件大好事，因此对他特别信任。后来县上打算重修济农义仓时，需要选出一个办事公正的人来主持，地方官和老百姓都说黄彦修没有一点私心杂念，众口一词地推选他担任。黄彦修不负众望，结果是"凡积赋数十万，出纳惟公，不负所举"，得到了大家的一致好评，而他自己却一文不取，认为应该全心全意地报答昆山给予的恩德。

富春桥由于建得坚固，安全使用了三百一十一年。直到清乾隆十四年（1749），县官孙耀德才予以重建。道光四年（1824），昆山人又将其维修了一次。

今日富春桥（郭志昌提供）

民国期间，地方政府将桥面的台阶改成了斜坡，桥上出现了黄包车和三轮车。改革开放以后，手扶拖拉机也可以过桥了。二十世纪九十年代后期，昆山地方政府对富春桥进行了全面整修，恢复了其原有的石阶路面，并在其东面不远处新建了一座中型桥梁，以供各种车辆行驶。2008年初冬，桥面石阶又一次重修。富春桥作为昆山近七百年历史的见证者，被保存至今。

习惯是难以改变的。几百年来，面对这座历史悠久的石桥，人们还是不时地念叨着一个祖祖辈辈十分熟悉的名字——高板桥，这座与忠臣黄子澄有着间接关系的古石桥。有诗为凭："子澄为国以身殉，彦修建桥图报恩。百姓不管君臣事，高板桥名叫到今。"

黄氏墓碑发现记

清乾隆五十年（1785）冬十月，黄子澄坟墓得到整修。当时还有一个传说：因为年代久远，地面上已经没有墓的痕迹了，城隍庙的"四宜轩"有积土，道士想在上面筑一个亭子。谁知台阶刚刚铺好就被雷击，而且是三铺三毁。道士疑惑不解，挖出地基，发现下面是黄子澄墓，于是报官，从而使黄子澄墓得以修复。《顾丹五笔记》中记载的进士钱溉亭的诗里，就有针对此事写下的"昔时诛戮无遗婴，此日风雷护残骨"的句子。当地士绅十多人捐款集资，截取知县赵遵律篆盖，知县裴元长撰文，候选知县孙铨书丹，在墓前立起了一块青石墓碑。碑阳为"明太常寺卿分宜黄公子澄墓"等十二个大楷字，碑阴为碑文。

清光绪二十年（1894），新阳县令万立钧也重修了黄子澄墓，在墓前竖起一块花岗岩石碑，碑面阴刻"明黄节愍公子澄之墓"几个遒劲有力的楷体大字。

黄子澄墓碑局部（郭志昌提供）

乾隆年间的石碑至少被断成三截，其中两截被当作垫脚石铺在了路上，另一截不知去向。光绪年间的花岗岩石碑倒是没有损坏，被推倒后，搬运到园东一个堆放杂物的院子中，一放就是四五十年。

2003年初冬的一天，笔者在晨练时，由马鞍山顶雷达站向东下台阶时，发现有一节青石断碑被铺在台阶上，仔细一看，上边有"全骨肉、安社稷、利人民、为国家"和"大清乾隆五十年"等字样，但不知是什么碑。几个月后，有一次将要走完山顶雷达站小南门的台阶时，无意之中，发现最后一级台阶上赫然刻着"明太常"三字，这是一通青石碑上边的一部分，厚二十一厘米，宽八十厘米，由于被压在最底层，不知道它有多高。将官位做到"太常寺卿"的，昆山历史上只有夏昶一人，但他的墓在县东南的迎钟浦而不在马鞍山，这块绝不会是他的碑。由此断定，此碑只能是死后被葬在昆山的江西分宜人黄子澄的了。但此时还不了解这两块残碑之间的联系。

然后，我将两次发现和判断向当时公园的负责人反映，他们很乐意为之发掘，保护马鞍山的文化遗迹。在秋风法师的支持下，将山顶碑石先行运到寺里保护了起来，我立即跑去细看，竟然真的发现了"寺卿

分宜黄"几个大字,确定是黄子澄墓碑的中间那一部分,然后与其他残碑连起来,终于看到了黄子澄墓碑的全文:

士之见用于世者,所遇有幸有不幸,而惟取义成仁者,足以扶世翼教而垂诸不朽,其事之济与不济,固不必□论也。

江右分宜黄公,讳湜,字子澄,当前朝建文之代,以太常卿入阁与机务,不可谓不用者矣。愿其时承分封太侈之际,诸王骄奢纵恣,官民并被其毒而□为尤甚,浸浸乎已有帝制,而天子自为之意。公慨然与齐泰辈创约削护卫之意,所以全骨肉、安社稷、利人民、为国家久远计,岂得谓非大臣谋国之道而□其不宜然欤。不幸兴事大骤无智沉勇深之人相与从容审慎、不动声色而措天下于泰山之安,至于用兵屡失机宜而天子又复避杀叔父之名以是忠□不遂,三数年间而祸败不可收拾,遂有开门迎敌、惜死恋爵者反颜而共成之。虽曰人事岂非天命哉。然公犹承密旨南下,纠兵结誓,时为兴复之计。迨至万无可为而就擒。新君惜公之才,数以温旨相劝,借谓魏征、赵普亦可师法。而公终毅然不顾,且直斥其悖谬之实,至于断手截足,备极惨伤,频死而不一□。呜呼烈矣!所谓舍生取义、杀身成仁者非耶?

公尽节后,其次子仲玉与其兄仲珪窃其骸骨,变姓名、易服色,窟伏苏淞间,事释而葬之昆山之阳,因寄籍而□守焉,死即附葬于其侧,盖忠孝出于一门矣。

厥后年远世变,丘墓屡以圮夷,至有争侵而践毁之者,土人以为数有风雷震荡之异,夫神怪之道,圣人所不语,即谓天佑忠魂,其事未必,遂无而学道之君子类,不欲铺张怪异以启恒流之惑者,虑以附会诬经正之理也,性是表忠励俗、兴废举坠,则守土者之责,不敢辞焉。于是稽厥旧迹,询诸绅士之好义者,复其冢而系之以铭,用以愧夫。为人臣不竭忠谋,又以成败论人而不乐成人之美者。其出身世系则既详于邑志而不复赘云。铭曰:

娄江之北,昆山之阳。忠魂烈烈,山高水长。公事未济,公节则扬。有死无二，生直之刚。孔曰成仁，孟曰取义。不罔而生，千秋万祀。

  赐同进士出身截取知县召陵赵遵律篆盖

  特授文林郎知昆山县事壬申科举人河东裴元长撰文

  候选知县庚子科举人孙铨书丹

  阖邑绅士徐昂、杜群玉、周开先、徐文源、周时照、杜纲、钱大吉、李世经、杜昂、李睿、李璋、朱东杲、席存泰、夏虎臣、叶廷铨等公举

  大清乾隆五十年岁次乙巳冬十月

  立碑时间是1785年11月，距今已有二百三十多年了。万立钧来新阳代理县令时，曾于1894年为黄子澄墓重新封表，并立了一块新的花岗岩墓碑。这块墓碑倒是还完好地保存在亭林园里，也已经有一百二十多年的历史了。

  到这时，可以说清乾隆年间的黄子澄的墓碑实物已经找到了三分之二，另外一部分还有待于进一步寻找和发现。

  2004年12月，黄子澄的第二十五代侄孙曾经两次千里迢迢地从江西分宜来到昆山，寻找其先人的遗迹，可惜都无功而返，抱憾归去。2013年10月，又有黄氏后裔从南京前来，想寻找黄子澄墓碑拓印一下，在家乡建一座"黄子澄纪念馆"，也未能如愿。如果今天再来，则会大有收获。

  亭林园中还保存有清光绪时期县官万立钧题刻的"明黄节愍公子澄之墓"的花岗岩墓碑一通。若能将其利用起来，和那两块残碑一起，在墓地原址上象征性地建一个"黄子澄墓遗址"，再立上一块牌子做说明，倒也是很有意义的。

版画大师陆放的昆山情缘

王晓阳

2015年12月25日,这一天是西方的圣诞节。昆山的时代宾馆里华彩缤纷,人气旺盛。墙上悬挂的版画无论是带有江南风味的,还是具有烟雨美景风采的,都别具特色,精彩纷呈。

版画艺术在中国古代有木刻、铜版刻这样的艺术相类比。但是,现代版画却是发源于西方的一种艺术形式。这种艺术品类带有浓厚的西方文化色彩,但又具有广泛的传统认同性。

这一天,四百五十九件版画艺术作品,经由一个蜚声中外的版画艺术大家陆放先生之手,捐赠给了昆山。这个不同凡响的捐赠事件,不管是对于昆山文化界、昆山民众,还是对于陆放先生本人,都有着一种非比寻常的意义。这是一个文化项目的双向选择。作为一代版画艺术大师,陆放先生为什么选择昆山?他和昆山有什么内在情缘?同时,还应反过来深思的问题是:昆山为什么选择了陆放?为什么选择了版画这种新奇的、带有西方风格的艺术种类落户昆山?版画为什么会成为昆山的一个瞩目的文化项目?

足迹满天涯　灵心系江南

陆放是昆山人,1932年出生于昆山玉山镇。"玉山"其名出自玉峰山,自古以来就是人文荟萃之地。独特地域上深厚的江南文化,滋润了陆放幼年的心灵。

陆放在昆山度过了他的青少年时期。江南水乡小桥流水的生活，赋予陆放细腻婉转的艺术情思。近现代昆山的率先开放和走出去的思潮，感染着陆放的思想，影响着陆放逐渐成长起来的人生选择。

1949年，陆放开始从事美术工作。这时候，他对于美术的喜爱仅出于自身的喜好，还没有进行过正规训练。1955年，陆放经过努力考入中央美术学院华东分院（现中国美术学院）版画系。中央美术学院是国家一流的美术学院，陆放在那里接受了五年的专业训练，他的艺术才华也得到了很大提升和绽放。1960年，陆放学成毕业后，由于表现出众，获得了留校任教的机会。

陆放的性格率真且诚恳。留校任教的良好机遇，为他艺术的迅速成长提供了广阔的空间。在教书育人和自我提升的教学生涯中，他把全部心思用在了版画作品创作上。这个时期，他创作了人生第一批带着那个年代烙印的优秀版画作品。

1978年，陆放执行国家对外文化交流任务而出访菲律宾，在马尼拉举办浙江水印木刻版画展。这是陆放第一次走出国门，开阔了视野，并独立举办了画展。对他的人生来说，"走出去"成为他后来艺术道路上的常态，各种机遇和使命接踵而至。他把独特的、带有中国传统文化印记的版画作品带到海外去，与世界各地的版画艺术家进行切磋和交流。

1988年到1994年间，陆放在执行对外文化交流任务之际，为美国明尼苏达大学举办了三期中国水印木刻版画训练班。1991年和1997年，陆放两度受邀访问日本，并多次在日本举办版画个展。1992年陆放访问法国及欧洲各国。1994年，陆放应聘赴美国马里兰美术学院版画系，教授中国水印木刻版画。同期，陆放还为五所大学讲课。美国巴尔的摩市长为表彰他在讲学期间在艺术上做出的贡献，特向他颁发该市荣誉市民证书。

陆放的版画作品得到了中国乃至世界各地版画界的认可。1996

年,中国版画家协会为表彰他在中国版画艺术事业上所做出的贡献,特授予他"鲁迅版画奖"。中国美术馆、浙江省博物馆、山东省博物馆、上海图书馆等机构都收藏了他的版画作品。浙江莫干山建有陆放版画藏书票馆,馆藏藏书票作品二百二十七帧,版画作品二十三幅。

陆放的版画展和版画作品在世界各地的影响力令人惊叹。他的个人版画展曾多次在东京、静冈、波士顿、巴尔的摩、里士满、巴黎等地展出。他的作品为纽约大都会博物馆、巴尔的摩艺术博物馆、波特兰美术馆、伦敦大英博物馆、巴黎现代艺术博物馆、神奈川北镰仓美术馆等多处收藏。

陆放的版画艺术具有"兼收并蓄"的特点:他所选择的现代版画是起源于西方的艺术类型,但在陆放的独特匠心里,表现的内涵和情思却完全是东方式的,带有浓得化不开的江南情结。

灵心化妙境　江南独一春

陆放一生的版画作品很多,最为闻名的是他的西湖系列。陆放在浙江读书,又在那里留校教书。在与西湖的朝夕相伴中,他体悟到了西湖山水的独特美感。古人认为游西湖宜于月夜、雨中、雾里、雪后,陆放也特别喜欢表现风雨两夕、烟迷雾绕、银装素裹的西湖。陆放借鉴了始于十七世纪南京十竹斋画坊的木版水印技法,摒弃了一般黑白色调的大量运用,在保留木刻版画的刀味与木味的基础上,大胆采用色彩变化来丰富画面,并通过套色

断桥残雪(王晓阳提供)

苏堤春晓(王晓阳提供)

西湖冬日(王晓阳提供)

平湖秋月(王晓阳提供)

宣纸水印中的"水晕"技法，使传统木刻水印在表现"西湖"主题上，达到了内容与形式的高度和谐。所以，陆放以"西湖陆"的美名著称于画坛。

在陆放笔下，《烟雨西子》《清晨奏鸣》呈现了西湖"山色空蒙雨亦奇"之奇妙；《西泠仲夏》等体现了杨万里诗句所描述的六月西湖"接天莲叶无穷碧，映日荷花别样红"之美景。《平湖秋月》《三潭印月》等则凸现了月夜下的西湖"万顷寒光一席铺，冰轮行处片云无"的境界。

陆放虽然因为雕琢西湖的一情一景而蜚声中外，可陆放的西湖系列版画尚不足三十幅，只是他版画作品中极少的一部分，不禁令人寻思。

除西湖题材的版画创作外，陆放的"神怪动物"系列也值得一提。从杭州的陆放版画藏书票作品展示中，可以窥见陆放版画作品的另一种风格：陆放木刻刀下的动物似虎非虎，似猊非猊，似狮非狮，似猴非猴，似马非马，似豹非豹。但它们身上更多的是豹子的气质。陆放的这些豹子、神怪动物很多是人身兽面，而这些兽面又都有人面的特征。无疑，这是非现实的动物，是超现实的生灵，是想象中的艺术。可以说，这些神怪动物是陆放的独创，在其他画家的作品中很少看到如此诡异的世界和迷离的悬念。也许正因为所描绘的都是想象中的动物，陆放的这些藏书票线条泼辣、色彩鲜明、气象开阔，有浓烈的艺术表现力和感染力。陆放的藏书票大多是为日本人而制作，因此富有浓郁的日本民族风格。

陆放和著名作家三毛曾经在杭州西湖邂逅，有过一次融洽的交谈。一个是知名教授画家，一个是知名流浪作家，艺术的血脉相通相连。陆放为这个著名作家留下了一副著名的画作，名叫《三毛藏书》。三毛所创造的小说、散文风靡于二十世纪八十年代的青年读者中，代表了那一代人的美丽梦幻。陆放在处理这位有着特殊命运的作家时，将其脸庞处理为红色。他的水印木刻作品采用了红色和绿色两种色调，表现三毛既有冷艳的一面，也有热烈的一面。冷热对立的两种性格

传统人物藏书票（王晓阳提供）　　三毛人物藏书票（王晓阳提供）

集中在一个人身上，表现了陆放对这位充满感性和狂热情感的作家的深刻认知。后来三毛自杀身亡，再看陆放的这幅作品，在淡雅纯朴的绿色之上，三毛鬓边红得像火，红得似血。从中可以看出画家对人物的剖析具有独特的眼光。

陆放的版画创作路子是很宽的，在创作水印木刻的同时，他还从事油印木刻创作，在其笔下，既有表现万里长城雄关漫道的作品《天下第一关》；又有表现黄河天险悬崖绝壁的作品《黄河龙窝金秋》；更有表现千里大漠风尘月色的作品《大漠风尘日色昏》。但人们更爱其画中的西湖，因此，"西湖陆"名扬海内外。

画中有诗意　传统溯根源

陆放从事版画事业六十年，获得了很多荣誉。

1989年，其版画作品荣获国庆40周年创作奖。

1989年，其作品获得杭州市庆祝建国40周年美术创作"优秀作品奖"。

1992年，其作品获得中国藏书票全国邀请展"佳作奖"。

1995年，其作品获得中国书票"龙·书"专题展"佳作奖"。

1996年，中国版画家协会授予他版画界最高的"鲁迅版画奖"。

1998年，其作品荣获第七届全国藏书票艺术展"铜奖"。

2001年，其作品荣获第九届全国藏书票艺术展"优秀奖"。

2007年，其作品荣获第十二届全国藏书票艺术展"优秀作品奖"。

……

陆放的版画作品独具特色。最动人之处，在于陆放对于中国传统艺术手法的吸收。他大量利用中国传统的审美手法，将中国特色的艺术基因输入到现代版画这种具有西方特质的艺术品类中，走出了独抒性灵的创作之路。

在他的西湖系列中，《烟雨西子》《清晨奏鸣》《西泠初雪》《西泠入梦》等，在神、韵、色、形等方面都有令人击节赞叹的成就。一方面得益于他对西湖及江南水乡的深入观察、体验、研究，有了真感受，动了真感情，把握住了西湖的本质美；另一方面，他营造出"境界深远、清新淡雅"的画作风格，是他对于中国传统山水审美的借鉴。如作品《西湖春雨》以淡灰绿的基调衬托着若隐若现的蒙蒙细雨，淡淡的色彩、丰富的层次、透透的水晕，营造出江南春季特有的优雅氛围，使人遐思、使人陶醉。陆放的水印木刻作品在继承祖国传统绘画艺术精粹的同时，还丰富了水印艺术的表现手法，使之更具有时代气息。

欣赏陆放水印木刻作品中翘楚之作《银姿》的艺术处理，就能看到陆放对中国传统水墨画的借鉴。《银姿》整个画面黑白对比强烈，在黑、白、灰三大块的横向组合之下，树叶呈放射形，小树枝穿插其间，用刀流畅而富有表现力。特别是小树枝之间色与水的互相渗透，形成极有情趣的韵味。在色彩处理上，经过作者巧妙构思，每一幅画的色调与作品的内涵完美结合。再通过冷暖、浓淡、虚实的变化，组成看似单纯但极为丰富的色彩效果。

陆放版画作品对于中国传统技艺的借鉴，还可以通过和其他版画作家的作品对照出来。陆放创作的《巴金藏书》就与杨可扬的《巴金珍藏》截然不同。杨可扬纯粹写实，陆放则以夸张变形的手法，创造出的巴金形象,既有脸谱特点,又有寿星风貌,高大的脑门象征着这位世纪老人的智慧。

与此作相似,陆放还为美国马里兰艺术学院院长Fred Lazarus创作过一枚藏书票,也以夸张手法,突出人物的眼睛和下巴,立刻抓住了人物的形貌和神韵。陆放的人物画或动物画根植于中国传统的戏剧脸谱,同时融会了西方漫画的元素,具有中西合璧、融会贯通、化人为己、独成一家的气象。

英国牛津大学教授米切尔·苏立文先生评价陆放的作品时说道:"陆放先生的水印木刻版画作品,清雅而淡定,朦胧含蓄,富有东方人的神秘感,具有诗一般的意境。"中国著名版画家赵延年教授则称赞说:"陆放先生作品用刀流畅而富有表现力,色与水相互渗透,形成极有情趣的微妙韵味。"

陆放先生以一个诗人的眼光观察世界,体味自然,对于他而言,笔下的景物只是表现审美志趣的载体,他的画充满了浓厚的东方色彩和浓郁的东方诗意,传达了他对江南水乡美景的独特审美感受,对宁静祥和、安居乐业生活的礼赞。陆放的作品因为具有鲜明的中国艺术特色,所以深受欢迎。

一生中的开放与回归

陆放从事版画艺术的一生,一面写着"开放",一面写着"回归"。在其六十年的版画创作生涯中,他的作品广泛"开放",被中外不计其数的人观瞻、欣赏。

1979年,陆放创作的《苏堤春晓》被国家选送参加第十三届世界版画展。

1981—1982年,陆放等版画四大家联展在北京、上海、济南、青岛、福州展出。

1984年，陆放版画展在杭州展出。

1985年，浙江电视台制作《情融大自然——陆放的版画艺术》专题。

1987年，陆放出访菲律宾，在马尼拉举办浙江水印木刻展览会。

1988年，陆放版画展在美国里士满、中国杭州、中国台北展出，中央电视台在晚间新闻中报道。

1988—1994年，陆放为美国明尼苏达大学举办了三期水印木刻训练班。

1991年，《陆放画集》出版。陆放受邀访问日本，进行文化交流，并出席日方主办的"版画界的重镇——陆放版画展"开幕式。陆放在日本成立"中国美术爱好会"并协助"中国美术爱好会"来华访问交流。陆放访问日本著名版画家北冈文雄教授。同年，陆放作品联展在加拿大展出。

1992年，陆放出访法国并考察欧洲四国。"陆放水印版画展"在巴尔的摩和波士顿两市展出。

1997年，陆放应邀赴日本东京举办"中国版画家——陆放木刻展"。同年，"陆放版画展"在浙江省博物馆展出。杭州电视台制作《邂逅陆放——版画艺术》专题片。

1998年，"陆放版画邀请展"在杭州唐云艺术馆展出，并举行第一次公开毁版仪式，新华社发稿，五家电视台新闻播出。同年，"陆放版画邀请展"在江苏昆山展出。

2000年，"陆放版画邀请展"在海宁君陶艺术馆展出。

2002年，《水印木刻技法》著作出版。"美丽西湖、娟秀江南——陆放木刻版画作品展"在上海图书馆展出。

2003年，"美丽西湖——陆放版画作品展"在杭州展出。挪威国家美术学院师生参观访问陆放版画工作室。

2008年3月23日，"中国美术学院教授陆放版画展"在上海图书馆举行。

2009年12月7日,"陆放工作室版画藏书票作品展"在季风书园徐家汇店开幕。

2010年,陆放"名山·湿地·古镇"系列版画问世。

来陆放版画工作室参观、访问的有:法国艺术家代表团,苏联部长会议第一副主席阿尔希波夫为首的代表团,泰国国家艺术家代表团,美国妇女美术家代表团一行十八人,澳大利亚国家教育代表团,澳大利亚总理惠特拉姆,美国哥伦比亚大学荣誉教授、堪特尔雕刻学院长、雕刻艺术家堪特尔女士,美国文化文员会驻华代表韩奇福先生,英国东方美术史家、牛津大学教授、美国斯坦福大学客座教授米切尔·苏利文,日本著名版画家北冈文雄教授,韩国木版文化研究所所长,等等。

在广泛的"开放"中,陆放的版画也在不断地"回归"。他回归的地方有三处:长期生活居住的杭州,故土昆山,还有珍爱他艺术的浙江德清。

浙江杭州是陆放长期生活、创作的地方,西湖是他艺术创作的源泉。杭州各部门曾经多次为陆放展出画展。其版画作品与杭州结缘,成为杭州的文化特色,是陆放作品回归的一个方向。

2012年6月24日,为庆祝西湖申遗成功一周年,由西湖风景区管理委员会、西湖博物馆主办,陆放先生创作、授权的第二套《韵西湖》个性化邮票首发式在杭州西湖博物馆隆重举行。11月28日,陆放版画藏书票馆开馆,于是莫干山麓又增添了一道古典又现代的人文风景。

2012年,杭州禹廷文化创意有限公司联合举办的"诗韵西湖——陆放版画展",在杭州雷迪森龙井庄园开展。

2013年6月23日上午10点,瀚阳艺术中心在杭州黄龙饭店"西湖·山水·文化"艺术长廊举办的第二十八期展览"韵味江南——陆放水印木刻版画展暨西湖申遗邮票发行两周年"拉开帷幕。

浙江德清,也是和陆放结缘的一个地方。

2009年6月20日,由浙江省政协诗书画之友社、中共浙江省德清县委宣传部主办的"秀色江南——陆放水印版画展"在德清县古遗风画廊开幕。同日,陆放版画艺术研创基地在德清县揭牌成立。

2015年10月29日,陆放先生把他创作的三百五十二件作品无偿捐赠给德清县,德清县将新建一座精致的陆放艺术馆。

陆放的家乡昆山,则是陆放作品回归的第三个方向。

陆放在昆山度过了他的青少年时期,他离开昆山六十六年,在昆山成立版画馆,将自己六十多年的作品交给昆山,这是陆放最大的一个心愿。

怀着这个心愿,陆放开始和昆山文化部门联系。他的这个心愿立刻受到了昆山文广部门领导的重视。具体负责联系这项工作的文广新局副局长王清深知这个文化艺术品类落户昆山的价值和分量,就将陆放版画馆建设当成一件文化大事,经过汇报,市委、市政府极为重视,最终确定了在昆山择址建设陆放版画馆事宜。

陆放选择昆山办馆,有三个原因:

第一,昆山有保护、收藏美术作品的成功经验。

在陆放之前,昆山的昆仑堂、侯北人美术馆都是接受收藏人捐赠而成立的美术场馆。昆仑堂美术馆是昆山市人民政府为珍藏和展示旅日侨胞朱福元先生捐赠的历代名家书画作品而建造的美术馆,地处城市广场科技文化博览中心三楼,无论选址,还是建筑面积、装潢风格、展示设施、现代化管理,都是非常先进的。同样,侯北人美术馆是陈列侯北人先生绘画作品及所收藏的名家名作的一个文化场馆,无论位置还是设施也都令人满意。陆放到昆山去参观了这两个美术馆,他心动了。他觉得,在故乡创办自己的版画馆,十分放心。

第二,昆山经济的高速发展和文化部门的高度重视。

陆放认为,经济对文化有重要的支撑作用,有经济的支撑才有文化的发展。昆山这么多年高速发展的经济,使昆山有实力把文化建设好。

另外，陆放也发现，经济发展一直位列百强县之首的昆山，正在把文化软实力的发展当成重要的工作来抓。文化部门的领导对文化场馆的建设高度重视，把昆山籍艺术家的作品放在昆山，是他们正在考虑的文化项目。两相扣合，陆放对于在家乡昆山建设版画馆更加有了信心。他说："文广局的领导爱好文化事业，同时也是文艺内行，我有知音感，有惺惺相惜的感觉。把毕生的心血放在昆山，我放心。"

第三，就是陆放无法放下的故土情结。

陆放一生从事版画创作，从二十世纪五六十年代开始，一直到现在笔耕不辍，积累了多部完整的系列作品。虽然在杭州和德清都有他的展馆，但只展出了他作品中的一个系列或者一小部分。要把毕生的作品完整保存下来，还需要一个让他更加放心的地方。故乡昆山，无疑是最让他留恋的地方。

2011年，昆山市启动陆放版画作品的征集工作，初步确立了建设陆放版画艺术馆的设想，有关市领导多次接见陆放先生，表示衷心感谢，并对陆放先生支持家乡文化建设、热心家乡公益事业的精神表示嘉许。

经前期多次协商，2015年，昆山市与陆放先生就捐赠画作事宜达成了一致意见：此次捐赠共计陆放版画作品及手稿四百四十一件、原版三件、同国外知名版画家交流作品十五件。尚有部分捐赠品在整理中，整理完成后将进行第二次捐赠。

2015年初，昆山市文广新局向市委、市政府提出关于建设陆放版画艺术馆的请示，立即得到了批复，根据版画艺术的特质和欧洲街的整体规划，陆放版画艺术馆最终确定建于大渔湖欧洲街区域，建筑面积不少于三千平方米。

陆放先生几次实地考察后，对此方案表示赞同。目前，主体工程进入全面建设阶段。

"现代昆山，如你所愿！"这是昆山城市的形象口号。陆放将自己

陆放版画捐赠仪式（王晓阳提供）

毕生作品全部捐献给昆山博物馆后，在作品捐赠仪式上，陆放激动地喊了这么一句话。

　　昆山书画艺术发展繁盛，知音甚多，广大书画界人士对陆放的版画艺术给予了高度的评价和认可。这让陆放从心眼里认同昆山，放心昆山。他说："昆山故土为我建设版画馆，就如同为我的毕生作品，建设了一个最美好的家园。"

　　的确，昆山书画昌盛，名家荟萃。昆山的书画名家对陆放将版画馆落户昆山十分赞许。他们表示：昆山传统文化底蕴深厚，更需要现代艺术装扮我们的文化。陆放版画馆的建设，可以为昆山增添这样的内涵，也会使昆山的下一代能受到这种西方版画艺术的熏染，从而为昆山未来培养出更多的文化精英。

　　2015年12月25日，在江苏昆山的时代宾馆大会议室里，摆放着陆放许多风格优美、富有代表性的版画作品。陆放和他的家属受到了昆山市政府有关领导的接见。随后，举行了陆放版画的捐赠仪式。

　　陆放心情激动地阐述了他把作品献给桑梓的心愿和对故乡如此

大手笔打造文化场馆的感激。他把代表作亲手捐献给了昆山。现场，他和昆山博物馆馆长居永良签订了捐赠协议。昆山日报、昆山电视台等媒体当日用专版、消息等形式报道了这件文化盛事，及时推介了陆放的作品。

昆山文广新局副局长王清在陆放版画捐赠仪式上表示：建好一个文化场馆，能够带动一大片文化场馆的建设。一个文化场馆的建设，不单单是一个艺术家、一种文艺类别落户回归的问题，而是一种标识，标识着这个城市文化发展的一个方向，文化现象的一个特征，文化累积的一个符号。

昆山市委宣传部部长许玉连在捐赠仪式上表示：昆山市政府将从政策、制度、人力和资金等方面，将陆放版画艺术馆建设好、运作好、维护好，并传承好陆放版画艺术和人文精神，使建成后的版画艺术馆成为新的文化地标。同时，许部长还表示："我们也期待今后有更多像陆放先生一样的昆山籍名人，关注家乡的文化事业，参与家乡的文化项目，共同投身到火热的昆山文化建设中来。"

说到底，陆放这位蜚声中外的艺术家选择了昆山，也是因为昆山文化大繁荣、大发展的需要选择了陆放！

陆放版画馆的建设是一个标杆，标志着昆山社会事业发展的实力和魄力，标志着昆山文化的强大生命力和吸引力！改革开放以来，昆山各项社会事业齐头并进，市民修养不断提高，文化需求也越来越高。这就要求昆山文化应该不断拓展视野，为民众提供更高级别、更有个性化的特色文化产品。

正因为如此，一代版画家陆放，完美实现了他的"昆山情缘"。

昆山成双景致的前世今生

杨瑞庆

昆山历史久远,古迹厚重。非常巧合的是,在有意或无意中,形成了多处成双成对的景致,产生了对称、呼应的审美趣味,可谓天成巧合,独领风骚。经过了风雨洗礼及岁月沉淀后,有的至今还闪耀着光彩,有的却已消失在人们的视线中。现略举数组,以飨读者。

上篇:保存至今的成双景致

两块古昆石——"春云出岫"和"秋水横波"

昆山以地名命名的艺术品有两个,一个是举世瞩目的昆曲,一个是名闻遐迩的昆石。而昆石先于昆曲扬名。

昆石"春云出岫""秋水横波"(叶凤提供)

据传,昆山的命名灵感来自马鞍山(亦作玉峰山)白石的发现。南朝时,山前有位僧侣偶然发现峰内蕴藏着晶莹剔透的白石,人称玲珑石。正在这时,民间盛传《千字文》,其中"玉出昆冈"的名句吸引着文人的眼球。句意虽指昆仑山产玉，但是玲珑石洁白似玉毫不逊色。于是，有识之士就将娄县改名为昆山，那么山中的玉石也就顺理成章地被称为"昆石"了。由于昆石质地细腻，造型灵动，因此与灵璧石、太湖石、英石被并列为"中国四大名石"，还与太湖石、雨花石并列为"江苏三大名石"。

昆石自古就有"皱、瘦、漏、透"的审美品格，还表现出"色、纹、形、质、神"方面的品位识别内容。一般认为，昆石温润如玉、洁白如雪为上品；纹理细腻、石肤光泽为上品；形态逼真、质地晶莹、意象丰富为上品。昆石大多是高不过二三十厘米的小品，安置在厅堂或书房，供案头欣赏。由于昆石洁白、娇嫩，容易受到污染、损伤，所以，至今难得看到裸露在外的庭院石。唯见亭林园昆石馆内的"春云出岫"和"秋水横波"两块大型古昆石。由于形态生动，得到世代保护，从明末传至今日，成为大型昆石的稀世珍品。

这两块硕大的古昆石高达丈余，重达吨余，形态通透，造型空灵，分别被有识之士取了富有诗意的石名，犹有"春云出岫"的气韵和"秋水横波"的灵态。由于长期裸露室外，经受了风雨的侵袭，所以石质有些风化，色泽有些沧桑，但别有一番审美情趣，表现出傲霜斗雪的风骨，令人神往。两石由于石高相仿，石形相似，而成为古昆石中的一对"孪生兄弟"。

这两块古昆石来自清初"昆山三贤"之一朱柏庐主持的玉山书院内（今培本小学位置）。抗战前夕，才被迁移至亭林园的

当时东斋前的两座石亭（杨瑞庆提供）

东斋外。东斋地处玉峰山之东而命名,原是山上慧聚寺僧侣的食宿之处,一度改为刘过祠(南宋大词家)。当两块古昆石从玉山书院移迁过去时,为了得到妥善保护,昆山特在东斋前建造了两座亭子,将两块古昆石分别置于其中,才使古石安然无恙地保存至今。

由于昆石产于玉峰山中,而且品质奇秀,因此成为亭林园"三宝"(昆石、琼花、并蒂莲)之一。改革开放后,东斋已被改建为昆石馆,展品基本都是小巧玲珑的案头石。为使这两块古昆石永远不受伤害,特将其从亭子中请出,安置在昆石馆的大厅内,并用玻璃罩封闭起来。游人进馆参观,首先映入眼帘的就是"春云出岫"和"秋水横波"的迷人风采,无人不赞赏其美态,感叹其灵动。

两个八卦潭——巴城武城潭和周市城隍潭

昆山是闻名遐迩的江南水乡,拥有清澈、丰富的水资源。其中,巴城武城潭和周市城隍潭是昆山名声最大的两个水潭。

两潭都有八卦结构,潭多且深,历史上曾将这些孤立的水潭巧妙地连接起来,然后诱敌深入,将来犯之敌一网打尽。如要追溯两潭的形成,应感恩曾经率先开发这些水潭的两位军事家。

如今武城潭一角(毛宇龙摄)

一位是春秋时吴国的军师孙武,著有名作《孙子兵法》,《孙子兵法》被后世推崇为"兵学圣典"。孙武曾帮助吴王阖闾利用阳澄湖的天然水系,建造了能抵御外敌入侵的武城。由于

如今城隍潭一角（张银龙提供）

武城中拥有八卦底蕴的水潭，而且千年不腐，相靠相邻，后人就把武城遗址称为"武城潭"。孙武也因此成为百姓心目中的丰碑人物。至今潭边的北潭村建有孙武祠堂，纪念这位杰出的军事家。

另一位是唐朝武将尉迟恭。唐太宗一统天下后，将战功赫赫的尉迟恭派往昆山，镇守东海边陲县城的安宁。尉迟将军到昆山后，经过巡视，发现吴王曾经豢鹿、狩猎的周市一带，地势低洼，水潭密布，并有八卦底蕴，可以扎营屯兵，还可兴修水利，开发农田。于是驻军打造，将众多水潭纵横贯通，既可防御来犯，又可发展生产。百姓感恩尉迟恭的功德，就把这些水潭称为"城隍潭"。

武城潭和城隍潭中都有一个"城"字，让小水潭发挥出了大功能。巴城的水潭连成一片，组成了能攻能守的"铜墙铁壁"，当然成为战无不胜的"武城"。而且，还有纪念孙武而命名的传说。"城隍"是地方上的保护神。尉迟恭因造福百姓的大恩大德，被当地尊为一城之主的"城隍爷"，被世代叩拜。可见，两潭在昆山的传统文化中具有至尊地位。

武城潭和城隍潭是先天的巧夺天工和后天的因地制宜相结合的产物，独具慧眼的孙武和尉迟恭分别发现了这些组合水潭所隐含的特异功能。一是发现潭多，可以摆出"迷魂阵"，引敌上钩，再痛打"落水狗"。号称有三十六个水潭的武城潭和有七十二个水潭的城隍潭,经勾连,都能形成变幻莫测的进退路线,使敌人有来无回。二是发现水深,小潭能行大船,运兵送粮,左右逢源,退守进攻,运筹帷幄。三是发现水巧,水系具有易经八卦的神机妙算法则,展露出阴阳平衡学说的智慧光芒。水潭布局之巧妙,令人拍案叫绝。这些水潭还经过两位高人的"深加工",有的开渠疏通、有的挖泥通达,甚至新开数潭,整合打造,终于形成了具有"系统工程"结构的巧妙水系。

千百年来,两潭的水系在日月穿梭中屡有被破坏的迹象——为了灌溉而截水、为了扩田而填潭、为了养殖而围堤、为了水利而筑坝,很多水潭被蚕食、被割裂。幸运的是,大部分水潭还保持原生态,仍有水乡泽国的迷宫意蕴。特别是武城潭的大闸蟹和城隍潭的尉州蟹已经各领风骚数百年。

两处大雪松——"县前"雪松和"昆中"雪松

雪松名贵,所以鲜为人见。现发现"县前"雪松和"昆中"雪松已有近百年的树龄,至今蓬蓬勃勃,郁郁葱葱,为昆山城貌锦上添花。

现玉山广场西南角上有一棵巨大的雪松,似塔高耸,吸引眼球,它是在二十一世纪初从昆山县政府门前移栽过来的。如果再往前追溯,它是从里厍附近的包家花园中移栽过来的名树。

二十世纪二十年代初,里厍之西有一个小巧玲珑的包家花园,主人是浙江吴兴的包笑雄先生。包笑雄少年得志,后留学日本,经商发财后回国创业。大概他看中了昆山地处苏、沪之间,交通方便,又有闹中取静的环境,就在县府之旁的里厍附近购地建房。由于园内种植了一棵名贵雪松,其宅居引人瞩目。

中华人民共和国成立前主人就离去了,房舍逐渐破损。至昆山解放初,宅院内只剩下了这棵大雪松还昂首挺立,后被移栽在昆山县政府的大门口,以体现中华人民共和国新生政权所具有的蓬勃活力。二十一世纪初,昆山市政府整体搬迁,原政府之前的繁华区域被辟为供市民休闲的玉山广场,那棵雪松占据的位置要修建更为时尚的喷水池,所以只得把大雪松移栽到现玉山广场的西南角,才使今日百姓能一睹雪松的迷人风采。

"县前"雪松(杨瑞庆提供)

原昆山中学内的两座标志性红楼之间有两棵苍翠挺拔的大雪松,也有不凡来历。昆山中学创建于1946年,原借坐在琅环里的今侯北人美术馆内,1954年搬迁到西塘街的尚书第内。那时,昆山中学已升格为

"昆中"西大楼旁的一棵雪松(杨瑞庆提供)

"省立"待遇,所以建起了两幢所有"省中"统一款式的红楼。两楼之间有三四十米间距的空旷地域,有人就看中了当时生长在积善农场内的两棵大雪松,很想移栽过去美化校园。还有一个原因是,这两棵雪松与两位民国的风云人物有关。

二十世纪二十年代,辛亥元勋曹亚伯先生为了躲避政治漩涡,决定到昆山定居,就在前浜与中山路的交叉口购地建房,名为平居宅院。当他举办六十寿庆时(1934年),曹亚伯的好友、爱国将领冯玉祥亲赴昆山,送来了两棵珍贵雪松,以表祝贺。只因曹亚伯的宅院里都是水

泥地坪,雪松无法立足,只得借栽在那时紧靠亭林路的积善农场内。1947年,农场由于经营不善而倒闭,场主将农场残屋托付给昆山老友陈氏照看,从此,这两棵雪松就和陈家朝夕相处,再后来就被迁栽到昆山中学内。

那年,昆山中学举办六十周年校庆,时任校长深有感触地写下了一副对联:一部红楼,东西翻开,书声琅琅;两管青松,天地悄立,墨香泱泱。对这两棵雪松投以深深的敬意。

现昆山中学整体西迁,原昆山中学已改建为柏庐高级中学,那两棵大雪松还挺立在东、西红楼之间,成为校园中富有历史底蕴的独特景色。

两座春风亭——古春风亭和新春风亭

大约在十三世纪初的南宋开禧年间,昆山百姓为感恩知县潘友文在昆任职期间所留下的功德,就在马鞍山西峰的紫云岩上建起了春风亭。潘友文,东阳人,为政宽惠,抚民真诚。他为百姓做了许多改善民生的实事,特别是引进了一位具有全国影响的大词家刘过,为昆山的文坛增光添彩。

由于亭基地处峰巅,只要上亭登高望远,昆山城貌就能一览无余、尽收眼底,真有春风得意的美感,所以后被文人命名为"春风亭"。春风亭在随后的沧桑岁月里不断被修缮,也不断被改名。明万历年间,昆山遭遇特大水灾,百姓常在春风亭前遥望远方农田,祈盼秋熟丰收,因此将春风亭改名为"望秋亭"。

西山春风亭(杨瑞庆提供)

清初,江南巡抚孙光祖曾光临望秋亭,还将当年王安石在此写下的"百里见渔艇,万家藏水村"诗句刻石安置在亭内,后将此亭改称为"百里亭"。

历史跨入了民国时期,百里亭已经严重损坏,在民国元老柏文蔚和曹亚伯的发起下,将百里亭重建。为了与比邻的后用水泥质地重修的文笔峰相协调,新修的百里亭也采用了钢筋混凝土材料,建起了八角形两层楼,外加回廊护栏的新亭,并且改建成封闭型的楼阁,不但能登楼远眺,还能进阁饮茶。1934年的一天,来昆视察的国民政府主席林森先生登亭游览,听了百里亭的演变历史后,建议恢复旧名,并挥笔题写了"春风亭"的匾额,悬挂于上层东南檐下。从此,春风亭恢复原名,沿用至今。

新春风亭的建造与昆山消灭血吸虫病的历史事件有关。昆山是血吸虫病的重灾区,二十世纪五六十年代,昆山被列入免征兵役的地区,戴上了一顶极不光彩的"病夫"帽子。经过二十多年的灭螺、查病

新春风亭(杨瑞庆提供)

和治疗工作，1984年春，省政府派员验收，宣布昆山已经基本消灭了血吸虫病。消息传来，昆山人无不欢欣鼓舞。

为了纪念这个来之不易的胜利果实，1984年，县政府借亭林园的旖旎风光，在玉峰山南麓翠微阁下方建造了一座双层四柱，飞檐翘角，古朴典雅的"血防纪念亭"，为了与毛主席《送瘟神》中"春风杨柳万千条"的诗句相呼应，有人建议取名为"春风亭"，以示对毛泽东主席的感恩。但西山顶上已经有座历史悠久的春风亭，山下再出现一座春风亭，总觉得有点不妥。但昆山人民割舍不去的是诗词《送瘟神》给予的精神力量，而使昆山"枯木逢春"重获新生的情结，又一时想不出其他更加切合的亭名，于是昆山就有了两座春风亭。

只要走近春风亭，就会触景生情，想起纠缠千年的传染性恶病终于灭在当代，不禁对为之付出心血的各级领导和血防医生肃然起敬。新春风亭为昆山"送瘟神"盛事树碑立传，其本身也成为昆山历史上熠熠生辉的丰碑。

下篇：消失殆尽的成双景致

两座佛寺塔——凌霄塔和妙峰塔

玉峰景区是昆山的佛教圣地，山顶上曾有两座各领风骚的佛寺塔，一座叫凌霄塔，一座叫妙峰塔，曾经昂首挺立，引人瞩目，但一座消失在"大炼钢铁"年代，一座消失在"文化大革命"年代，令人扼腕叹息。

旧时，只要远眺玉峰，山顶上总有一座伟岸、挺拔的佛塔高高在上，好似峰上叠峰，直冲云天，所以取名为凌霄塔。

凌霄塔原为慧聚寺的附属建筑，初建于梁天监十年（511）。北宋宣和年间慧聚寺倒塌，后将原在山阴的华藏寺移建在慧聚寺的位置，但凌霄塔仍幸运存留。清康熙四十四年（1705）春，康熙皇帝驾临玉峰西山时，曾走近塔身，抬眼瞻仰。

早期的凌霄塔是八角、尖顶造型，塔壁刻有无数佛像，塔中还有木梯可供登顶。抗战前夕，辛亥元勋曹亚伯定居昆山，当他投身佛门，去寺院烧香拜佛时，凌霄塔已是摇摇欲坠的破败景象，他当机立断发起集资，准备重修这座已是岌岌可危的凌霄塔。正当紧锣密鼓地施工时，爆发了激烈的淞沪会战，日军将炸弹投到了昆山，修复凌霄塔的工程最终未能竣工，所以后来出现了平头宝塔的奇观。

中华人民共和国成立后，那座残塔还留守山顶，但在"大炼钢铁"的年代里，因地方缺少厚砖造高炉，而被彻底拆除。从此一座千年古塔荡然无存。

妙峰塔立于玉峰东山的妙峰庵前，建于北宋的1065年，是一座高不过三丈的小塔，形似石幢，由大理石叠砌而成。由于妙峰塔还是城中祈求生育的祭塔，所以格外被人敬重。梦想传宗接代的善男信女更对妙峰塔情有独钟。据说，有孕育难事的凡民，只要虔诚地用硬物抛向

华藏寺后的凌霄塔（曹渭清提供）

妙峰塔旧影（曹渭清提供）

塔顶,如果击中响石,听到脆音,就能梦想成真。所以,百姓亲切地把妙峰塔唤作"子孙塔"。谁知在"文化大革命"期间的"破四旧"狂潮中,石塔遭到了灭顶之灾。

虽然现已仿造了一座妙峰塔,但已经没有一点古塔的遗传因子,根本不能与原塔相媲美。

两块太湖石——寒翠石和玄云石

寒翠石原在扬州官宦王忠玉家的快哉亭旁,由于具有空灵的造型和生动的姿态,曾被苏东坡觞咏题识,后被昆山周太尉家慕名购得,存放在邑地的新安寺中。

某年,昆山名士顾仲瑛经商发家后,为了放飞艺术梦想,建造了具有三十六景规模的私家园林——玉山佳处。为了营造出更加浓郁的艺术氛围,吸引全国各地的文人雅士前来雅集,他不惜重金,将寒翠石购为己有,并移置于玉山佳处,顿使顾园文气更加浓郁,引来了滚滚人流。随后,顾仲瑛为了给寒翠石营造出虔诚叩拜的高雅环境,就在寒翠石前建造了拜石坛,还留下了经典美文《拜石坛记》。

明初,顾仲瑛离世后,玉山佳处人去楼空,日渐萧条,但寒翠石仍挺立在玉山佳处的天地之间,直至清嘉庆八年(1803),被移置到了城内的半茧园中。

半茧园(今第一人民医院内)为昆山名门叶氏的私家园林,内有箓竹堂、樾阁楼、揖山亭等名胜,自从引进寒翠石后,文气大增。为了一睹名石风采,参观者接踵而至。从此,半茧园成为城中的文化高地,民国期间的新式学堂和现代医院都相继建在那里。可惜这块充满传奇色彩的寒翠石在中华人民共和国成立前夕就不知了去向,有说已破损被人填埋在附近的深土中,有说被外人觅去安置在异乡的园林中。今人无缘再见那块寒翠石的灵动风采。

玄云石又称元云石,据传,那块石头形态怪异,犹似旋转的飞云,故称"玄云石"。玄云石原是石浦西园中的一块名石。西园的主人是南宋时昆山首位状元卫泾。他辞官返乡后，就在石浦之西修筑了一个小巧玲珑的鳌山园。他一生以范仲淹"先天下之忧而忧，后天下之乐而乐"的名句为座右铭，于是在园内建起后乐堂，并购置了多块造型奇特的太湖石用以装点周围，顿使西园景色独领风骚。

在历史进程中，西园的建筑逐渐毁弃，唯有园中的太湖石还立于其间，后被各地识货人抢购一空，其中的玄云石被移置到了昆山城中孔庙的明伦堂边。

昆山孔庙（现教育局位置）是邑地的祭孔场所，又是文人聚首的地方。元至正十七年（1357），昆山实行州治，知州费复初是位很有作为的官员，不但首次修建了昆山泥城，而且还将孔庙翻建。他听说石浦西园中有块闻名遐迩的玄云石还静躺在园中时，就组织力量将它运置于新落成的孔庙内。玄云石高达丈余，形态秀美，静静地立于大殿一角，绽放着引人入胜的灵气。

孔庙大致消失在清末民初。后来，先后在文庙中学宫位置和武场位置，分别建起了学宫小学（今昆山第一中心小学）和县立初级中学（原市一中），延续了孔庙的文脉。据一些老校友回忆，当时已不见玄云石的踪影，甚是可惜。

两座抗倭亭——拱辰门抗倭亭和震川墓抗倭亭

明嘉靖年间，昆山曾经遭遇了多轮倭寇的抢掠，财产损失惨重，百姓死伤无数。为保一方故土的长治久安，昆山人已经意识到应该建造一座固若金汤的砖石城墙。不久，这个心愿在昆山籍状元顾鼎臣的周旋下终于得以实现。为了不忘那段受人践躏的屈辱史，昆山曾经建造过两座抗倭亭，但已先后消失。

昆山光复后，由于城墙已破败不堪，而且当时大办教育缺少资金，有人建议拆除已摇摇欲坠的城墙，变卖城砖后可以投入教育。主政的

拱辰门上的抗倭亭（杨瑞庆提供）

方还行政长觉得这个建议言之有理，就同意拆除城墙。但他还有保护文物的意识，将相对完好的拱辰门保留了下来，还有一个重要原因是，城墙上原有一座富有教育意义的抗倭亭，记取那段不堪回首的历史。

到了二十世纪三十年代，拱辰门已破损严重，抗倭亭也面目全非。在一些有识之士的努力下，拱辰门连同西南角上的抗倭亭被修缮一新。修复后的拱辰门水陆兼通，城墙巍峨，整个建筑错落有致，蔚为壮观。抗倭亭挺立在城楼一角，让人常常想起那段昆山遭受侵略的历史。

抗倭亭修复后，成为昆山英勇抗倭的纪念景观。由于地处玉峰之东，游人常会慕名前往参观，只要走上城楼，就能瞻仰那座古朴的抗倭亭，就会想起那段充满腥风血雨的岁月。

不久，抗倭亭消失在人们的视线中。据说，日军占领昆山时，看见那座有损他们形象的抗倭亭，恨之入骨，立即命令拆除。至二十世纪五十年代，拱辰门由于年久失修，出现墙倒壁坍的情况，加之顽童常常爬上

二十世纪三十年代修复后震川墓的正门（杨瑞庆提供）

城墙玩耍，经常发生从城墙上摔下来的事故。为消除安全隐患，再加上那时经济困难无钱修缮，就彻底拆除了这座最后留存的拱辰门。

"昆山三贤"之一的归有光，别号震川，其祖坟原在昆山城内的金潼港（今震川路电信局内）。族中有规定，只有归家后人中的精英才能葬入这个墓区，归有光当然有资格入葬，由于他名气最响，因此后人将这个墓地命名为震川墓。

震川墓历来受到昆山县令和百姓的呵护。在清代就修复了五次，所以那时的震川墓还算莺飞草长，安然无恙。后来战事不断，墓地逐渐萧条。到了民国二十三年（1934），在地方士绅的捐助下，震川墓得到了新一轮的重修。除保存"明南京太仆寺丞归震川先生墓"的碑石外，还将墓墩美化（用石块围砌、水泥抹顶），并建造了具有鲜明民国风格的正门，并且还在墓地西北角（墓左）的高处建造了一座抗倭亭（一说御倭亭），以纪念归有光在嘉靖三十三年（1554）英勇抗倭的功绩。因为他曾撰写檄文，声讨倭寇的滔天罪行。透过庄严肃穆的震川墓大铁门,依稀可见青石墓碑和花岗岩墓阶立于墓地正中。遗憾的是抗倭亭没有显现在照片中,今人已不知其昔日容貌了。

"文化大革命"中震川墓被拆毁,抗倭亭也被铲除。1989年,昆山市政府为了弘扬先贤的光辉业绩,就在原墓附近的东大桥堍划地三亩七分,重建了震川墓,并在墓区建造了塑像、照壁、纪念堂等,命名为震川园。令人遗憾的是抗倭亭没有得到复建。

两座标志物——瞭望塔和三角塔

斗转星移,岁月沧桑,昆山城区面貌已从破旧走向时尚,在多轮开发城市空间的建设中,一些具有历史印记的建筑被拆除了,成为永远的遗憾。城区曾有两座高高的旧建筑,鹤立鸡群,成为城中标志物,令人叹为观止。大概要占用这些建筑的黄金地段,因此它们在不同历史阶段被夷为平地,甚为可惜。

现西街城中派出所的位置,原有一座数丈高的火警瞭望塔,钢架结构,并有扶梯拾级而上。顶层配有专人全天候值班,观察方圆数十里的火情,一有告急,立即敲响警钟,义务消防员闻声迅速集结,出动塔旁的"洋龙",直扑失火地点,抢险救灾。那时通信设备落后,电话还未普及,只能采用这种原始报警的办法,将损失减小到最低程度。

昆山光复后,各种文明先后被引入昆山,其中就有移居昆山的民国元老李平书发起,通过集资,购买的一套进口机械化灭火设备。救火设备虽然先进了,但通信设备还

瞭望塔留影(杨瑞庆提供)

不配套,往往"洋龙"姗姗来到时,已是一片难以控制的火海,为时已晚。为此,有人建议在"洋龙"旁建造一座瞭望塔,可以登高望远,监视火警,然后快速出警,扑灭火灾。

但建造瞭望塔需要一笔不菲的经费,哪里来?有人建议可以通过募演集资。那时昆曲盛行,戏迷众多,如能邀请名角参加,定能一举成功。1934年夏,昆山救火会特邀上海仙霓社前来昆山做募演。据载,那次募演由当时"传"字辈著名演员顾传玠领衔演出,昆山曲友闵采臣、殷震贤、张英阁等也客串登场,昆山戏迷踊跃追捧,前往观摩,万人空巷,所得款项全部用于建造瞭望台。不久,一座高耸的瞭望塔在琅环里之东拔地而起。直到二十世纪七十年代末,瞭望塔被认为已经完成了历史使命,进而被彻底拆除。

1958年,为了政治宣传的需要,县委决定建造一座高挑的纪念塔。

经商议,纪念塔准备建在今人民南路和朝阳路交汇的地方,并建成三棱形的造型,可以让东西方乘汽车和南北方乘火车的人流都一眼望见,立即感受到昆山浓厚的政治气氛。

那时强调快速反应,没有设计图纸,全凭业务人员现场指挥匠人,用机制红砖迅速砌成,最后建成了高约十多米的标语塔,三面墙上分别写着醒目的"三面红旗"的口号,由于建筑高高大大,百姓俗称其为"三角塔"。在随后的日子里,三角塔上的标语经常更换,以表与时俱进。照片上的标语就是关于"送瘟神"的内容。

三角塔诞生后,确实吸引眼

三角塔留影(郭志昌提供)

球,成为进城的路标。三角塔存在的那个年代里,其周围还是一片幽静的农田。那里还有一个小型塔园,四面砌有栏杆,每当夜幕降临,成为当时年轻人谈情说爱的好去处。

改革开放后,三角塔地区成为开发商聚焦的黄金地块,拆除三角塔后造起了人民商场,后来又建起农业银行的办公楼,现在,为了改造朝阳路,又把银行大楼炸为平地。目前,虽然已经见不到三角塔的身影,但由于印象根深蒂固,坊间还仍称"三角塔"老地名,甚至人民南路的公交站头还是被称为"三角塔"站。

第一个提倡普通话的朱文熊

陆宜泰

清末切音字运动的拉丁字母式方案是第一个由中国人自己创造的拉丁字母拼音方案。在理论上和技术上为"五四"以后的拉丁化拼音运动提供了经验。第一个音素制的拉丁化拼音方案是1906年朱文熊制定的《江苏新字母》。它只用二十六个拉丁字母和五个倒放的字母及一个横放的字母,不用其他自创的字母。朱文熊提出了"与其造世界未有之新字,不如采用世界所通行之字母"的观点,成为后来拉丁化拼音运动的一个重要原则。他最早提出"新文字"和"中国文字之改革"的概念,也是最早提出"普通话"(即各省通行之话)的人。

朱文熊(1883.2.12—1961.3.4),字造五,又字兆弧。清光绪九年(1883)诞生于昆山县陈墓(今锦溪)众安桥东塊朱氏老宅,乳名杏生。朱氏乃镇上名门望族,朱氏迁昆始祖朱常复,元至正中由安徽迁居昆山之南乡朱典港。朱文熊的七世祖朱荣(1685—1711),字涤非,为迁陈墓始祖;高祖父朱元理(1766—1826),字惕庵;祖父朱惟寅(1821—1879),字蘽卿,均为地方名人。

朱文熊的父亲朱祖孝(1851—1895),字味琴。育有四子、二女,长子文麟(1876—1915);次子文夔(殇);三子文熊;幼子文骏(1891—1946),字骋远。朱氏族中历代人才辈出,族兄朱文焯(儒藻)早年留学日本,族弟朱文鑫(贡三)早年赴美留学,两位都参加了同盟会。其祖姑母便是清末著名学者王韬的母亲。王韬十八岁科举失意,来到锦溪镇外婆家设馆授徒,这是他走出家门后人生的第一份职业。王韬曾先后五次来到这个风景如画的千年水乡古镇,并留下了许多著名篇章。

少年时期的朱文熊得渊源家学,博览经史,既勤奋好学,又善于思考。除自学国文外,还自学《学算笔谈》《笔算数学》《代数备旨》《形学备旨》等书籍。清光绪二十八年(1902),他二十岁应乡试,参加昆山府学科试,考题名为《鲁欲使乐正子为政义,明王立政不惟其官惟其人义》,最后在昆学十六名考生中取得了第二名,获秀才头衔。同年,他又考入了清末被称为新学的苏州府中学堂(中西学堂),成绩特优。他后来曾在著书的序言中写道:"鄙人心爱数学,兼程而进,不到一年工夫,升到头班;高兴得了不得,多谢大多数同学兄弟,都看得起鄙人,国文先生章式之先生也循循善诱,竭力勖勉……"他在学习期间时常受到数学老师张剑虹、国文老师章式之的表彰。清光绪三十年(1904),经江苏巡抚端午桥(端方)选考出洋留学,八月官费东渡日本。他先入弘文

1906年,(左一)朱文熊与昆山籍留日同学合影(陆宜泰提供)

学院学习日语，后又入东京高等师范学校攻读物理、化学。这期间他与周树人（鲁迅）、杨昌济、许寿裳、陈衡恪等为同窗好友。

朱文熊于清宣统二年（1910）东京高等师范学校毕业后回国，参加保和殿殿试，授学部七品小京官，赐"洋举人"。农历五月初四日，宣统皇帝接见朱文熊等参加保和殿御试留学生。朱文熊后赴吉林省任教，翌年九月十三日被钦命二品衔吉林提学使曹广桢聘为吉林省两级师范学堂优级选科理化班主任教员，月薪官银一百五十两。民国元年（1912）五月十七日，被吉林教育学总会会长赵铭新、副会长孙树棠聘为吉林教育学会会员。1913年4月16日，被吉林省立法政专门学校校长翁炯孙聘任，主讲英文伦理课。同年7月赴京，应聘于北京高等师范学校任教。1914年6月起任北洋政府教育部编审员，与鲁迅等八十三人同为通俗教育研究会会员。1917年1月31日，被教育总长范源廉委任为京师图书馆主任（聘书今存）。1919年，被教育部部长蒋梦麟聘为国语统一筹备委员会委员

清宣统元年（1909）朱文熊摄于日本东京（陆宜泰提供）

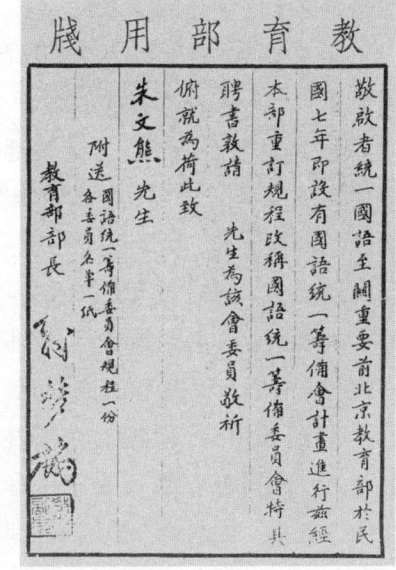

国民政府教育部聘请朱文熊任职的聘书（陆宜泰提供）

（聘书今存），同时受聘的还有蔡元培、胡适之、林语堂、钱玄同等人。1920年6月9日，教育部次长傅岳棻聘其为义务教育研究会会员（聘书今存）。

1919年4月，朱文熊在国语统一筹备会第一次大会上，提出《拟请教育部推行国语教育办法五条案》，主张推行国语教育，培养师资，逐步改学校国文为国语，其他各学科也采用国语作文。1922年，国语统一筹备会第四次大会上成立汉字省体委员会，朱文熊被选为委员。1923年，国语统一筹备会第五次大会组建国语罗马字拼音研究委员会，朱文熊被指定为委员。1923年12月7日，教育总长黄郛颁教育部132号令，派任朱文熊为图书审定处常任审定员。1925年10月23日，朱文熊被教育总长章士钊指定为图书审定委员会专任委员。任职期间，他在北京教育部审查了十五年的教科书。1928年，朱文熊继任国语筹备会委员。1929年9月5日，他被国立北平师范大学张贻惠校长聘为斋务课课长，同时在北平大学附属女子中学任国文教员。

朱文熊先生毕生致力于教育工作，博学多才。除文字改革方面发表论著外，他在古诗方面的造诣也很深，撰有《龙潭轩诗集》十二卷。他对数学也颇有研究，尤其精通几何。自1932年9月31日起，他在北京辟才胡同头条二号寓所，开始编写数十万字的《三S平面几何学习题详解》（分上、下册，共计一千一百三十页），至1933年5月21日在苏州颜家巷寓所完成，历时九个月。1934年7月，该书由中华书局出版发行，后曾数十次再版。该书题解详尽，分析透辟，被认为是当时一部不可多得的好教材。中华人民共和国成立后，该书还在香港多次再版发行。

回到苏州后，他先后在浙江省立高级工业职业学校、苏州美术专科学校、苏州私立慧灵女子中学，以及故乡昆山县陈墓镇私立槃亭初级中学任教。1949年，他因病退职，并定居苏州颜家巷6号。1952年，复出，他重新担任苏州私立寰成中学几何、化学、外语教师。1954年后，隐退在家。

纵观朱文熊先生一生最突出的贡献，还是在文字改革方面。早在清光绪三十二年（1906），他在日本留学时就利用课余时间刻苦钻研了五个月，设计出用拉丁字母来注音汉字的方案，编就了《江苏新字母》。他用当时翻译《英汉词典》的稿费，于同年七月将此书交由日本同文印刷舍出版，共印一千三百多本，在上海普及书局和东京留学生会馆寄售。他在书中指出："我国言与文相离，故教育不能普及，而国不能强盛，泰西各国，言文相合，故其文化之发达也易，日本以假名书俗语于书籍报章，故教育亦普及。而近更注意于言文一致，甚而有创废汉字及假名而用罗马拼音之议者，举国学者，如醉如狂。以研究语言文字之改良，不遗余力，余受此刺激，不觉将数年来国文改良之思想，复萌于今日矣，呜呼！余读上海沈君之切音新字，形式离奇，难于识别，官话字母，取法假名，符号实多，余以为与其造世界未有之新字，不如采用世界所通行之字母，用是采取欧文，或仍其旧音，或变其读法又添造六字以补其不足，凡字母三十二字，变音二字，双声十一字，熟音九字，变音以点为符，双声合两元音而成一音，熟音合两仆音而成一音，上考等韵，下据反切，旁用罗马及英文并法，以成一种文字，将以供我国通俗文字之用，而先试之于江苏，命曰《江苏新字母》，而所注国字，暂以苏音为准，曰《江苏新字母》者，乃就其一端而言之，其实各省音及北京音均能拼切，但略加其音调高低缓急之号可矣，余学普通话（各省通行之话）虽不甚悉，然余学此时所发之音，及余所闻各省人之发音，此字母均能拼之，无不肖者，即就我江苏论之，人口千四百万中能读国文者几人乎，虽无确实之调查，而吾知其为少数也审矣，今余于课余研究此字，已五阅月，规则略备，以供国民之用，非欲尽弃国文也。使不能读国文者，读此文字，则亦可写信记账，而长知识，又读此文字而后再读国文，则亦易为力矣，凡学此者，如已读过西文之人，则五分钟可悉，一点钟可竟，一日可娴熟，二日可应用，已通国文而知苏音者，一点钟可悉，一星期可应用，不识字者，必有人教之而后知,虽为愚者,经一月之练习,无不能书其言语思想于纸矣。"

朱文熊联系汉字的历史,认为自古以来"由大篆而小篆,由小篆而隶书,而草书、楷书,古人就是不断简化文字的"。他敢于破除"汉字天经地义,不能改变"的成见,认识到文字改革是"世界潮流,势不可遏"。当时以南劳(乃宣)北王(照)为代表的切音字运动声势浩大,取得了不少成绩。汉字本身的繁难,中外文字改革潮流的鼓舞,激发了朱文熊致力于汉字改革的热情。朱文熊同其他早期文字改革工作者一样,始终把汉字改革,同教育普及、国家强盛联系在一起。他说:"我国言与文相离,故教育不能普及,而国不能强盛,泰西各国,言文相合,故其文化之发达也易……"

他比较了解同时代的几种汉语拼音方案,一方面对这些方案"叹美而称羡",同时也发现其中的缺点:"顾切音新字,形式离奇,难于识别;官话字母,取法假名,符号实多",认为"什么工具,什么符号便利,就用什么,毫无固执的必要"。他响亮地提出"余以为与其造世界未有之新字,不如采用世界所通用之字母"的主张。在一百一十多年

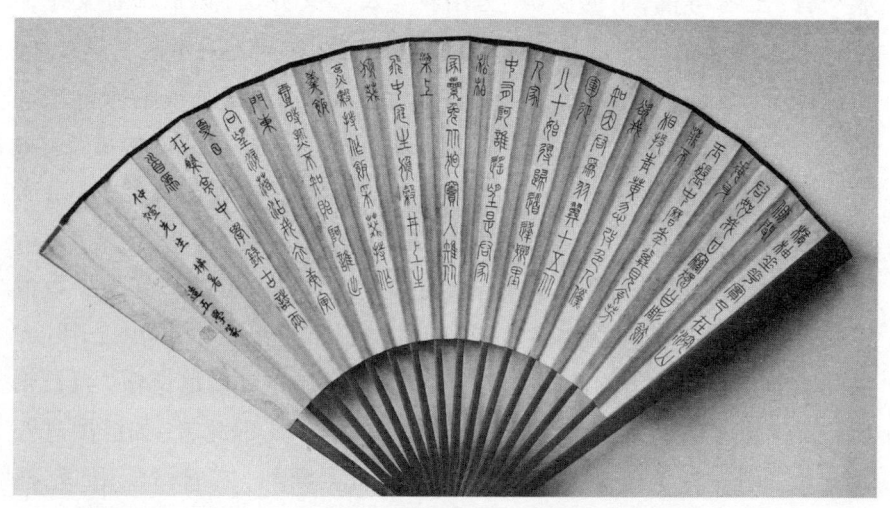

朱文熊扇面书迹(陆宜泰提供)

前,他敢于提出这个主张(在拼音制度上实行因素制;在书写方法上连写大部多音节调的各个音节),具有划时代的意义。

《江苏新字母》主张用一种"言文一致"的以拉丁字母排音的"新文字"来实现"中国文字之改革",并在书中首创了"普通话"一词,定义为"各省通用之话",朱文熊因此成为我国文字改革运动史上自觉采用拉丁化拼音字母的第一人。他的进步主张和卓越见解对我国的文字改革起到了一定的倡导作用。

然而在旧社会,由于诸多历史原因,"汉语拼音"和"普通话"一直没有得到推广。中华人民共和国成立后,党中央十分重视文字改革工作。1955年10月,教育部和中国文字改革委员会在北京联合举行全国文字改革会议,会议决定用"普通话"代替"国语"。1956年1月20日,中央召开知识分子问题会议,会上中国文字改革委员会主任吴玉章做了关于文字改革工作的发言后,毛泽东主席突然接过话头:"我很赞成在将来采用拉丁字母,你们赞成不赞成呀?我看,在广大群众里头,问题不大。在知识分子里头,有些问题。中国怎么能用外国字母呢?但是,看起来还是采用外国字母比较好。因为这种字母很少,只有二十几个,向一面写,简单明了。……凡是外国的好东西,对我们有用的东西,我们就是要学,就是要统统拿过来,并且加以消化,变成自己的东西。"1956年2月,国务院发布了《关于推广普通话的指示》。

朱文熊的《江苏新字母》终于由文字改革出版社于1957年1月影印出版,并编入《拼音文字史料丛书》。1958年2月,第一届全国人民代表大会第五次会议正式批准公布了《汉语拼音方案》。吴玉章先生在《六十年来中国人民创造汉语拼音字母的总结》报告中,充分肯定了朱文熊先生在我国汉语拼音的发展中所起的重大作用。并于翌年5月14日亲笔致函朱文熊先生,褒扬他:"数十年来致力于中国文字改革工作,六十年前就创造了《江苏新字母》,对于文字改革工作付出了艰苦的劳动。"吴玉章先生还说:"自从《汉语拼音方案》经全国人民代表大会批准后，可以说你的愿望开始实现了，我想你和我一样的高兴。"

附：

汉语拼音赞
朱文熊

仓颉创文字，自右上下行。六书演其变，八法传其情。
形声两相益，音义两相衡。自来有分类，规矩昔相承。
祖国古文化，历由汉字掌。纵具千般好，惜难学而精。
西文异此道，从左右行横。字母廿几个，多同取拉丁。
独此拼音胜，始终用谐声。言文合一致，声入心通明。
易学并易晓，科技赖飞腾。欲争现代化，文改岂能轻！
双腿便走路，缺一难于行。拼音扬汉语，遗粹汉字赓。
鲜鱼与熊掌，兼得美其成。文改促科技，捷攀高峰登。

昆山难得糊涂砚

郭志昌

糊涂砚的产生

人们常见的郑板桥"难得糊涂"题字及题跋是横幅（横批）形式，四个大字自右至左书写。题跋由上而下、自右至左，分十四行写成，每行或仅一字，或二三字不等，右上方钤一印章，左下方有两方印章，分别为"郑燮之印"和"七品官耳"，落款时间为乾隆十六年（1751）九月十九日。原件长一百厘米，宽五十厘米左右，为郑板桥五十九岁时所作。这时，郑板桥在山东潍县知县任上已任期届满，升迁似乎无望，传闻更可能被罢官。年底，果以贪污罪名被免职（被诬），郑板桥离衙而未离潍县，留在郭氏南园。次年春，郑板桥南归，潍县百姓遮道挽留，家家画像以祀，并为其建祠。"难得糊涂"这幅珍贵的书法作品，现藏镇

"难得糊涂"横幅（郭志昌提供）

江博物馆。

巧的是,昆山现存一方形大砚,砚底刻"难得糊涂"四个大字和两段跋语,相传为郑板桥所书。清乾嘉以来,有一个与这块砚和砚铭有关的故事,长期流传在文学作品和民间口头传说中:

郑板桥先后在山东范县、朝城和潍县当了十二年的七品县官。某一年,他来到莱州云峰山观摩郑文公碑,晚间借宿在山下一老儒家中。老儒自称是"糊涂老人",但言谈举止却高雅不俗。两人交谈得十分投契。老人家中,有一块特大砚台,石质细腻,镂刻精美,郑板桥看了大为赞赏。老人请郑板桥留下墨宝,以便请人刻于砚台背面。郑板桥觉得老人必有来历,便题写了"难得糊涂"四个大字,并盖上自己的名章"康熙秀才雍正举人乾隆进士"。砚台两尺三见方,相当于今天常见的吃饭方桌大小。郑板桥见砚面还有一块空白,就请老人题写一段跋语。老人没加推辞,提起笔便顺手写道:"得美石难,得顽石尤难,由美石转入顽石更难。美于中,顽于外,藏野人之庐,不入富贵之门也。"写罢,也拿出方印盖上,那印文竟是"院试第一乡试第二殿试第三"!作为丙辰〔乾隆元年(1736)〕进士的郑板桥也不过是二甲第八十八名。郑板桥惊讶半晌,知道老人是一位情趣高雅的退隐官员,顿生敬意。他见砚台还有空隙处,又提笔补写了一段文字:"聪明难,糊涂尤难,由聪明而转入糊涂更难。宽一著,退一步,当下心安,非图后来福报也。"

昆山的大砚,应该就是传说中的那个砚台。砚台现存市文管所内。砚台底部的刻

"难得糊涂"砚面(郭志昌提供)

字是这样的布局：

"难得糊涂"四字最大，置于最右边，前三字顶天立地，一个"涂"字占了一格的顶部，下边留出了大块空白。左边是郑板桥分作四行书写的题跋："聪明难，糊涂尤难，由聪明而转入糊涂更难。宽一著，退一步，当下心安，非图后来福报也。""板桥郑燮记"的下方钤有"郑燮信印""郑板桥"和"二十年前旧板桥"三印。大字"涂"的正下方，是砚台主人"隐求居士"的题跋，全文是：

得美石难，得顽石尤难，由顽石而得美石更难。兹于无意中得此顽石，而美其质。因倩工琢如井田式大砚，复得板桥老人书"难得糊涂"四字，虽近戏谑，深有意味。遂效其口吻附记数字，并勒斯砚，用宝坐右。时嘉庆丙寅仲秋，海阳隐求居士书于宝石斋。

另有两方印，一方为"瀹川氏"，朱文；一方为"糊涂老人"，白文。细细琢磨这一段文字，我们就可以知道这块大砚和砚铭的来龙去脉。

这位居住在山东海阳（今烟台市辖，濒临黄海的县级市）的隐求居士，无意之中得到了一块石头，觉得它很美，便请来匠人将它琢磨成一块井田式的大砚台，四角各雕一头姿态各异的水牛浮在水上，寓意"砚田笔耕"。后来，他又得到了郑板桥的一幅"斗方"——"难得糊涂"四字及题跋，认为其语言调侃，但含义隽永，虽近于戏谑，却深有意味。于是，模仿郑板桥的口吻，在"斗方"的大片空白处附记了近百字的跋文，连同郑的作品一起刻在砚底，置于自己的书房宝石斋中，当座右铭用。制成砚台后，砚体厚两寸，重达两百斤，时间是嘉庆十一年（1806）仲秋（公历九月二十六日左右）。这时，距郑板桥离世已经四十年了。因此可以说，丁家桐、朱福烓两先生在《扬州八怪传》中说的那个曲折动人的故事，完全是编造出来的"戏说"而已。

如此看来，砚铭制成以后，砚台作为研磨的功能便从此失去了，只能将其作为一个大摆件来欣赏了。谁会将一个两百来斤重的大家伙用以研墨呢？

如果将横幅、砚铭和传说相对照，便会发现这件实物的横幅和传说有多处不同。尽管传说很有趣，但毕竟不是历史事实。

看"二十年前旧板桥"（原是刘禹锡的一句诗，一语双关。郑板桥至少有三枚这个印章，其中一枚近方，一枚正方）这枚印章，可以确定作品的年代，当是郑板桥罢官回到扬州卖画以后。事实上，郑板桥在书写"难得糊涂"横幅的当年，他所在的潍县遭遇海溢大灾，他赈灾救民的申请未被批准，且受到处分，被罢官回家，后来又去了扬州。直到1765年初七十二岁时去世，这十余年间他再未去过山东一次。

糊涂砚的发现

关于昆山这块大方砚的发现，现有以下三种不同的说法：

其一：大方砚原在上海一户人家中。二十世纪二三十年代张浦侯家浜人陶雨时在上海做水果生意时将其买下，淞沪战争初期运回老家，在以后的四十多年间，一直被后人反扣在门外的过道上，当作饭桌和洗衣板使用。"文化大革命"后期，大方砚被张浦小学教师曹有庆家访时发现，征得陶家人同意后，曹有庆将相关信息报告给了昆山县文物管理委员会。1975年某天，经文管会陈兆弘先生考定，文管会动员陶家将此砚捐献给国家，大方砚现保存于昆山市文管所。陈兆弘先生也持这种说法，并说"70年代，让一位中学历史教师发现了，经动员后捐献给了国家"（见《昆山文物精华》一百二十页）。陈兆弘先生在1983年3月出版的《昆山文史》第一辑第一百二十一页也说"1975年，张浦镇（作者注：当时应为'公社'）张浦大队一户社员，将它捐献给国家，县文化主管部门按文物政策，给予了奖励"。

其二：在2009年出版的《昆山文史》第二十一辑上，刊登了原昆山县文化馆馆长赵立言先生的一篇文章《发现"难得糊涂"碑石前后》，文章说发现的具体时间是1966年11月，地点是在昆山县第一中学斜对面的昆太公路北边一处坟墓北边约五十米处陈姓农家的门口，他和邱虹副馆长请两名装卸工人将碑石运到文化馆保存了起来。消息传出去后，《解放日报》记者来县上采访，县领导介绍他去采访赵立言。赵立言再三向记者说明，要确认是否为郑板桥真迹，还有待上海专家甄别考定。但记者还是在一个月之后抢先发表了《昆山发现留有郑板桥真迹大方砚》的文章。当时，赵立言馆长给了陈家十元钱，让他买一块水泥板洗衣服。赵馆长请人制作了两张拓片，一份给了文教局长李翊华，一份留下欣赏。

砚石后来交给昆山县图书馆保存（当时，昆山的重要碑刻基本上都保存在图书馆），再后来文化与教育分局，文化馆文物组划归文管所，图书馆又将方砚移交给了县文管所。（见《昆山文史》第二十一辑第二百〇六页）陈兆弘先生在《昆山文史》第一辑第一百二十一页中说："在1981年举办的文物展览会上，大砚台和广大群众见面。新闻记者随即前来采访，消息在《解放日报》《北京晚报》《羊城晚报》同时刊登。"

其三：与上两种说法稍有不同，只是说碑刻原在一上海国民党军官手中，其撤往台湾时，叮咛家人趁昆山张浦的保姆回家时让保姆雇船拉回家去使用。农民家派不上用场，便将它当作了吃饭桌和洗衣板了。

三种说法在时间、地点和持有者、发现者上存在着明显差异，但不管怎样说，这块诞生于两百多年前的大方砚，落户昆山已有七十多年了。

不过，赵立言先生的那篇文章在《昆山文史》刊登出来后，立即有几位昆山文史研究者指出其不实，但只是说说而已，至今还没有发现一篇辩驳的文章。

二十世纪八十年代的《昆山县志》已经说它是"清代大方歙砚"了，而二十一世纪初出版的《苏州碑刻》一书的作者（苏州博物馆副馆长张晓旭先生）又说它"质地为一特制的皇宫金砖"。其实，昆山方砚的尺寸比一般金砖要厚大，显然不是金砖。

鲁迅在《准风月谈·难得糊涂》中有这样一段话:"因为有人谈起写篆字,我倒记起郑板桥有一块图章,刻着'难得糊涂'。那四个篆字刻得叉手叉脚的,颇能表现一点名士的牢骚气。"但很少有人看到这块图章或者是它的印文,就连号称收录郑板桥印文最多的上海博物馆编辑出版的《中国书画家印鉴款识》,也未能将它搜集到。据说,"文化大革命"中,康生曾将藏于故宫里的一枚郑板桥印章拿去磨平刻上了自己的名字,不知是不是这一枚。还有一点应该引起注意的是,郑板桥留世的一百多枚印章中,有不少是赝品。那么,又一个问题被提了出来:这个大砚台底部的郑板桥"斗方"是不是他的真迹?

郑板桥成名以后,求书画者络绎不绝,应酬不暇,使其大伤脑筋。他在一封给友人的信中就说过:"索书索画,积纸盈案。催促之函,来如雪片,如欠万千债负,未识可有清偿之日否?"在无可奈何的情况下,他只好令其弟子代笔,以了"万千债负"。为他代笔的有两个人,一个是潍坊本地的谭子犹,一个是兴化老乡刘敬尹。郑板桥去世以后,谭子犹便成了造假板桥字画的能手。子久恒庆《题谭子犹竹石图》里就说:"至板桥仙去,一字一画,世人珍之。而谭氏所作,外来字画商人,亦不能辨其真伪,每以重价购去,谭氏子孙因以小康。"郑板桥去世之后二十八年中,谭子犹伪造板桥之作不下万幅,并且是书、画、题款、印章全方位包揽,直到九十二岁去世。刘敬尹的水平也不在谭子犹之下,也因此发了大财。还有郑板桥的堂弟郑墨,也是郑字的高级伪造者。这三个人的造假水平,已经到了"颇得其秘""几乱真""肖亦酷""逼肖""人不能辨"的地步。

清中叶以后,郑板桥书画作品在社会上泛滥成灾,张大镛《自怡悦斋书画录》卷十一载,"今日板桥赝本,不计其数";桂馥《丁亥烬遗录》卷三说,"数十年来,所见先生书画,不下百余件,真迹不过十之二三";邵松年《古缘萃录》也说,"板桥先生书画风流倜傥,豪迈多姿,而伪迹最多"。前些年,台北艺术图书公司出版的《郑板桥书画选》，收入了板桥书画五十六幅，真品不到三分之一。目前，国内外百余家文博单位、艺术部门及私人收藏的一千余幅郑氏书法作品，真假比例也大体与此相当。

此砚现被称为碑刻，并被有关专家称为昆山具有珍贵价值的碑刻，也无不可。但遍查所有郑板桥手书作品集，却没有见到他有这样一幅题字，在介绍他的所有的书里，也找不到相关记载。

当年，隐求居士家住海阳，虽说沿大道西去潍坊也很方便，但此时郑板桥已去世四十余年，况且烟台本地就有成熟的书画市场，他不必舍近求远，只要出钱（按板桥六十七岁时自定书画"润格"，斗方五钱），郑板桥书画便唾手可得。由此看来，这幅作品应该不是郑板桥的真迹，很有可能是伪作。作者还不是郑氏弟子中造假手段最为高明的上述三位中的一个，其水平应在这三位之下。

从这幅书作的整个风貌来看，在气息和力度上都显得单薄，字形显得臃肿软弱，有肉无骨，并有拘束之感，仅得其形而失其神，很不自然。另外，在写"涂"字时，尽管左偏旁写成两点、三点都可以，但是郑板桥都是写成两点的，从来不写三点。郑板桥写"难"字时，不仅仅是繁体"難"，而且是它的本体字，字的右边常常写作一个繁体"鳥"字，有时还将"草字头"夸张地覆盖住了下边的左右两部分。

只要认真地将这幅砚铭与郑板桥横幅对照着看，其高下立见。说到底，昆山的这块歙砚，可以把它看作是一件两百多年前的珍贵文物，而要将其砚铭当作是郑板桥先生自己的作品，则是有些勉强了。

行文至此，我的心中又有一个疑问冒了出来：这个大砚台的正面，一定不是平平整整的，四角有四只牛不说，那砚台的中心肯定是一个浅浅的墨池，后来的持有者在上边放碗吃饭或者洗衣服，会有诸多不方便吧，怎么不反过来使用呢？我没见过实物，但愿不是杞人忧天。2014年我曾经看到过苏州奇石斋艺人赵建雍先生正在做拓片的现场，但又没想起来看一看它的正面，留下了遗憾。

糊涂砚的辨疑

　　赵立言先生是嘉定人，曾于1963年至1966年底任昆山县文化馆馆长。他那篇文章不足千字，对发现经过写得比较简明，并且还附有一张照片，就是我们经常看到的那幅昆山版"难得糊涂"拓片。依他所说，当时县一中斜对面苏昆公路北边有一片坟地，坟地再向北边五十米处有一户陈姓人家，碑石就是在他家门口发现的，当时反扣在砖垛上用来吃饭和洗衣的，小孩子也常趴在上边写作业。时间是1966年11月底的一天，缘由是县委办公室打电话对他说，"红卫兵"在那里砸开了一副棺材，内中尸体尚未腐烂，已经被送往火葬场去了，火葬场问县委怎么处理。因此，县委办公室要求他去现场踏勘，并做处理。

　　赵立言骑着自行车先后去了现场和火葬场，尸体已经被火化了。先前尸体上的衣服风化了，但尸体保存得还可以。赵立言据实报告了县委办，同时说现场还有三幅棺材埋在烂泥里。县委办决定请文教局、物资局、交通局和供电所负责人前去商量挖掘问题。为此，文教局还请来了上海、南京和苏州三地的文物考古人员来昆山指导。赵立言常要经过陈家门口，甚至到他家里坐一会儿。陈家有两间草房，门口用砖头支着一块方形石板。那时赵立言就坐在石板上边休息，等着前来挖掘的人。挖掘工作进行了数天，赵立言每天都陪着他们。有时他会伸手摸摸石板的下面，好像有凸凹文字的感觉，这引起了他的好奇心和注意力。坟墓的挖掘没有一点收获，考古人员说这种情况纯属正常，不足为怪。

　　挖掘工作结束以后，赵立言请了两位装卸工人将石板翻过身来，并借来刷子，用水洗刷干净，"难得糊涂"四个大字立即显现出来，还有一些密密麻麻的小字看不清楚。由于文化馆有保护文物的责任，赵立言决定将石板运到馆里藏起来。他给了陈家十元钱，叫他去买一块洗衣板来替代，并请他保守秘密。因为担心被"红卫兵"知道后会招致破坏，直到天快黑时，赵立言才请两位装卸工把石板扛到文化馆仓库收藏起来。这事他只和副馆长邱虹讲过，并特别对拿钥匙的保管员交代了一定要保密，除此之外，馆里再没人知道。

几天后，他请来一位老同志制作了两份拓片，一份送交文教局长李翊华保存，一份留在自己办公室里。后有记者写文见报后，消息便传了出去，当时有省、市领导来昆视察，都要到文化馆看看这块碑刻，有的还提出索要拓片供研究。

为了证实发现砚石的真相，2012年6月底，我写信给赵立言馆长，向他询问有关当年发现这块歙砚的经过，并随信寄去了一篇《人文张浦》上刊登的曹有庆先生文章的复印件。7月5日，我收到了他的回信。他说，自己的文章完全属实，是经历的事情，没必要造假。他很奇怪，问我和张浦的发现是不是一回事。我立即打电话给他，他回答了我的问题，并说他曾把拓片交给了李翊华局长，时间大概在1967年初。最使我感到意外的是，当我问那块碑刻的反面是不是砚台时，赵馆长肯定地说，不是，是一个平面！他信中说，有必要的话可来昆山与我面谈。然后，我将有关这方面的文字资料先寄给了他看看。当时天热，时值酷暑，如要面谈，也只能在天凉以后再说。

随后，我打电话给文管所小毛询问砚台的事。她说，曹有庆先生见过，年龄较大，是当地的文化人，应该不会说假话。小毛还说，那碑砚的原来持有者家人还来所里要求讨回去。她还说，碑石确是一块砚台，但表面很平，不像想象的那样有很深的坑洼，并且，那四角上的"牛"先前有的，但现在已经看不出来了，用来吃饭、洗衣是可以的。

那年7月6日早晨，我在亭林园遂园碑廊里见到了正在拓碑的赵建雍先生，问起歙砚事，他说见过。除大家都知道的那些特点外，他说砚台正面的右边下沿有一个不小的三角口子。两头牛是坏掉了，还有两头好着的。有字的那一面，字刻得不深。那天下午，我再次给赵馆长打电话，他坚持说砚台的正面是平的。赵立言离开文化馆以后，于1973年11月调到了昆山影管处，以后又到文教局当副局长。1984年退休后回到老家嘉定。

是年7月12日上午，我再次到文管所找小毛了解情况，她的说法和上次电话里讲的一样。改革开放以后，文管所于1991年成立。张浦陶家此时已经意识到了当年那块砚台的价值，几个人曾找来索回砚台，自己保管，文管所负责人程振旅适当给予了五十元补贴，相当于当时一位三级工的月工资。文管所王华杰也谈了一些有关砚台的情况，他说，好像没留心砚台四个角上有水牛，但砚池边缘凹进去一些是真的。小毛说，程振旅和陈兆弘两位老师在这一点上看法是一致的，是曹有庆老师1975年在张浦陶家门前发现的。赵立言显然是错了。

小毛告诉了我曹老师家的电话。下午，我立即打电话给曹有庆老师，他已经八十三岁了，但思路很清楚，言谈流利。他说，砚台是自己发现的，这一点绝对不错，并且说陶家侄女陶玲珍夫妇还健在，女婿是老龄委的，和自己一样爱好书法。我答应给他寄去一份赵立言文章的复印件。曹老师给我说了他家的地址。

2015年10月，我问《昆山文史》原编辑刘冀老师关于砚铭碑的事。他说，赵立言的文章刊登出来以后，确有几位老同志找他，说赵立言说得不对，说碑刻是1975年在张浦陶家门口发现的。刘冀立即打电话向赵立言求证，赵说他经历过的事情，没必要造假，真需要的话，他可以来昆山一趟，当面对质，把事情搞搞清楚。话说得十分坚决。

目前，当年的当事人只有沈啸森书记的夫人李翊华同志健在，听说她身体不太好，并且已经八十多岁了，手机号码要通过苏州老干部局才能得到，我也就没敢打扰她老人家。后来我辗转得到了她女儿李小燕的电话号码，先后打过几个电话，却都说"文化大革命"一开始李翊华就被打倒了，没有听说过发现砚台的事情，调查陷入了僵局。12月

10日，我给李翊华寄了一本刊登有赵立言文章的那本《昆山文史》第二十一辑，先让她看看文章，希望能帮她回忆往事。

  后来，我又拨通了赵立言先生的电话，向他说明情况。他仍然坚持自己的说法，并说有机会可以到昆山来。当时他已八十四岁了，但头脑清晰，反应灵敏，在家里就是看书、看报、看电视。他说了一个细节，可以和李翊华不知道的说法相互印证，就是当时拓片做好后，他送了一张到文教局去，是叫人转交给李翊华局长，后来和李局长通电话，她说拓片可能送到门房了，但她没看到，因为她已经被打倒了。（后来沈啸森书记还寄给赵立言和我每人四本他写的书。）

  更有蹊跷的是，2015年12月28日，我无意中问前来和我聊天的胡寿梅先生关于难得糊涂碑的事情，他说知道此事，但他谈出来的却又是一种情况。他说碑被发现的具体时间他不知道，但肯定是在1962年以前。那时他受迫害，下乡去待了几年，直到1972年才回来。1962年之前，他听说此碑在文化馆展览，等他赶去时，展览已经结束了。别人告诉他碑放的地方，他到那座房子跟前一看，门锁着，只得透过门缝朝里望。碑平放在墙根下面，他只看见了侧面，碑文也没看清楚。但他说那不是石头，而是一块大砚台。他坚持说时间他记得清楚，确实是1962年之前，也听人说是在城南的农民家发现的。其余的情况就不知道了。我让他看了赵立言给我的两封信。他说信上讲得不错。

  过了一段时间，2016年1月的一天，胡先生又来对我说，他想起来了，《昆山报》上曾刊登过公告，请大家前往文化馆参观难得糊涂大砚台，他是看到报纸后才去的。《昆山报》是1961年1月1日停刊的，因此，他认定自己见到大砚台的时间是在此之前。他描述过当时文化馆的情况：两个四方的砖砌门柱上方，搁置着用钢筋和角铁焊成半圆形的架子，上面是"昆山文化馆"几个大字。门朝南开，左手边是两间小房子，头一间是门房，大砚台就平放在第二间房子里面的墙根下。再往里走，十几米外迎着大门有一排三间房子，左边是图书室，右边是阅览室，中间是办公室。

到现在，碑发现的时间有了三个：1975年，1966年，1962年以前。一个比一个提前，孰是孰非呢？

还有一点需要说明，就是为什么要把这块大砚台叫石碑。一块厚七厘米，重量达两百多斤的砚台，正面是砚台，反面是"难得糊涂"等大大小小的刻字，平时应该怎么摆放，让哪一面朝上？如果把它当砚台使用，岂不委屈了天才书法大家郑板桥先生的墨宝？如果把有字的一面朝上，经常对着郑老先生的字在那里揣摩欣赏，或者经常向客人炫耀，还怎样让它发挥作为砚台的基本功能？难道只能把它放在一个两面通透的陈列架上，让人翻来覆去地看么？那需要一个多么厚重结实的陈列架才能承受得了它那庞大的身躯和惊人的体重呀！再说，不是一位大有名气的书画家，一天能研多少墨汁来供其使用？那么大的一个砚池，该能研出多少墨汁？一天用过之后，怎么清洗？看来制作这个砚台的初衷，本身就是不正确的。

也许正因为如此，苏州博物馆副馆长张晓旭在他的《苏州碑刻》一书《常熟及其他县（市）碑刻》一节中说了一句"昆山市碑刻也很少，只有一块清刻郑板桥难得糊涂碑较为著名"（据我所知，昆山历史上曾经有过的碑刻至少应在五百块以上，著名的也应在其十分之一以上）之后，说道"此碑为一正方形砚台，75厘米×75厘米，质地为一特质的皇宫金砖（尺寸比一般金砖厚而大）"。请注意，张馆长在这里认定此砚台是一块"金砖"而不是歙州石砚台，赵立言馆长也是一开始就把它叫作碑刻的。

可以说，把这块砚台叫碑刻是有道理的。后来我又从由文管所退休的徐耀民老师那里了解到，"糊涂砚铭碑"拓片面世以后，许多人来讨。为了保护原碑，文管所特意复制了一块碑刻，专门用来制作拓片，原碑被精心保护了起来。拓片上有专门的记号，可资甄别，但这块碑刻的石材欠佳，不久便断掉了，文管所再次请人做了一块。后来多次拓过这块石碑的赵建雍先生说,那碑刻的原件,是一块真正上好的歙砚石材,现在的市场价格当在千万元以上。

　　赵立言发现碑刻时,程振旅先生在花桥,陈兆弘先生还没有到文化馆工作。黄雪鉴说过,他见到难得糊涂碑时,是在东大桥西头当时文管所办公的地上,随便地扔在那里的。在昆中当过教师的单宪年先生也说过,二十世纪八十年代初他曾在文化馆的宿舍里住过很长一段时间,难得糊涂大砚台就斜靠在墙角下,大人小孩还经常在上边撒尿,谁也没把它当成一回事。

　　有一点值得提及,就是1966年6月起,到1975年的九年间,是处在"文化大革命"中间的一段极为特殊的历史时期。在那种动荡的岁月中,那种政治形势下和社会环境中,各种想象不到的事情会随时发生的,由于当时没有及时准确地报道,使砚台发现的时间、地点及发现者至今还模糊。要以翔实的细节来还原这动乱的九年间的事实原貌,除需要有足够的证据外,最重要的是要有一颗敬畏历史、敬畏事实的良心。应该承认,在这个扑朔迷离的问题面前,如要搞得水落石出还显得力不从心。目前,只能将我知道的线索勾勒出来,留待后代来为我们揭开这一历史的谜团吧!

追溯信义古郡

周　刚

信义是正仪的古称,今巴城镇正仪街道,历史悠久,南朝梁代曾是信义郡县的所在地,成为东南的通衢大镇。经过漫长的历史长河洗涤,境内文化积淀深厚,人文景观众多,现分别介绍于后。

信义的历史演变

古称鹿埜、星溪

鹿埜,埜,野的古体字。春秋时吴王夫差在这一带养鹿,昆山称鹿城,正仪称鹿野。

星溪。《信义志稿》中的《落星石》条记载,东晋中有陨星落于宅西村汤家桥前的江中,旋化为石,没于水,水涸始露。石白而微青,直径一弓余,村人欲穷其状,深不见底。民间也有传说,说是夜陨星从北斗的勺中飞出,划过夜

正仪市河(杨瑞庆提供)

空,满天光亮,落入镇西江中,江水为之沸腾。平静后,江水出奇蓝,出奇清,古人就把那条江叫星溪,从此成为古镇的雅称。落星石至今还在,深埋在江畔竹园边。

信义之名的来历

信义是梁代一个郡县的名字,因为郡的治所在正仪,所以正仪古称信义。

梁武帝萧衍天监六年(507),分娄县东北部置信义县,不久又升为郡。信义范围,南起松江,北至常熟界,西邻苏州,东到东海,县治在正仪,所以古镇有了信义之名。

隋开皇九年(589),废信义县、郡,降为信义镇,划入昆山县。

信义郡县在历史上只存在了八十多年,在历史长河中很短暂,往往被人忽略,有人竟然怀疑到底有没有信义县和郡。但有史为证:《信义志稿》说,信义县"第一位县令叫何之源,江西南昌人,有政声";又引《南史》称,"周铁虎以功封纯阳侯,时娄邑新置信义郡,擢虎为郡守","周文育,因讨平侯景,擢信义郡守。周文育,字景德,阳羡(今宜兴)人,少孤贫,有政绩,崇祀名宦"。周文育,是除三害的周处后代。

信义郡郡址在贞里

《信义志稿》记载:"信义市集原在塘南贞里(今娄江南岸燕桥浜村,2004年划入昆山市高新区)。清乾(隆)嘉(庆),间尚有石街可寻,其塘北小市旧称航头。宋代后,贞里市集移至塘北小市,遂称信义。"(娄江又叫至和塘,所以当地人有塘南塘北之说。)

这里附带说一下,正仪在信义之前叫"航头",往北穿过镇中的江,就叫"航头江"。这条江到绰墩山前折向阳澄湖,近十年前,有人往昆曲上靠,改成"行头江",皆因行头是戏装的别称也。

从前,正仪也有这样的传说:正仪的街道是从塘南搬来的。因为古代物资都走水道，正仪小市紧靠娄江，江边多货场和码头，航船货驳都在这儿停泊转运，所以被叫作"航头"。贞里离娄江一公里许，不利水运，渐渐萎缩，折迁到了航头，直到二十世纪六十年代，塘南的老人还把正仪叫航头。

正仪是信义的郡治，在清徐崧《百城烟水·七月廿一夜泊信义》诗中说得更明白，诗曰：

更深来信义，细雨正蒙蒙。暝色流萤火，秋声动草虫。
船窗临树黑，村店射灯红。谁说荒凉处？当年一郡中。

徐崧是吴江人，与同时代的钱谦益、金圣叹、徐乾学、姜宸英等齐名，足迹遍吴中，著诗文集《百城烟水》，所记地方沿革、人文古迹，翔实可信，向为文史研究者称引。当年徐崧的游船停泊在正仪娄江过夜，看到的却是一片荒凉，所以发出了"当年一郡中"的慨叹。

宋代后正仪叫真义

《信义志稿》引归有光文：信义为避宋昭陵讳，改真义，（乡人）讹称进义，峻义。从此，真义之名一直用到清末，如1906年，沪宁铁路从上海到苏州通车，这儿设四等车站，站名写作真义。但到了民国初，街道石板改铺鹅卵石，镇名却写成正义；1935年出版的《巴溪志》："明洪武间置巴城巡检司，公署初在高墟，'后移正仪浦东'"，把信义浦写成正仪浦，才出现正仪的名字，但一直没有固定的写法。

中华人民共和国成立，正式定名正仪

1949年5月初，正仪解放，挂牌成立正仪区人民政府，才统一了名称，沿用至今。

区划变革和古村落

区划变革

唐代，信义属朱塘乡。唐代昆山西部置朱塘乡，信义（后来叫真义）属朱塘乡，朱塘也成为正仪的代名字，黄野鸿诗："朱塘我故乡，回首两茫茫。"

明代，真义属朱塘乡第三保。明［嘉靖］《昆山县志》载，朱塘乡，在县西，分第三、第四保，村二十四。第三保从娄江北的真义到巴城。第四保是娄江南和南星渎，吴淞江南的姜里（今姜杭）也属第四保，可以看出，那时的保，比后来的乡还大。

清雍正后，真义属新阳县首镇。下辖一百个自然村。

撤新阳县后，称真义乡。

中华人民共和国建立，初设正仪区，辖地南至吴淞江北，含南星渎在内；东至庙墩、大虞；北与巴城为界，西至界浦，下置十个乡。

"大跃进"后撤区并乡，为正仪乡，新时期后改置正仪镇。

2004年，娄江南划入高新区，娄江北划入巴城镇，正仪称街道办事处。

古村落

《信义志稿》所载的古村落，大多历史悠久，有的还产生过深远影响，现把包括已拆迁消失的，都择要介绍于后。

绰墩山村　在正仪北三里，有绰墩山，村以山名。龚明之《中吴纪闻》云："昆山西二十里楼里村，有绰堆，唐伶人黄幡绰（本名绰墩）葬于此，避光宗讳改堆，今村人滑稽能作三反语。"

龚明之是南宋人，宋光宗叫赵惇，惇与墩音同，避皇帝讳，改作堆。

绰墩山村是行政村名，下辖王家浜、橹灶浜等九个自然村，位于阳澄湖和傀儡湖之间，从古到今渔业资源丰富，民生富裕，2005年为苏州市新农村建设示范基地，闻名遐迩的"渔家灯火"，是其支柱产业。

驸马堂村　在阳澄湖边，有驸马都尉邬景和别业而名，龚炜《巢林笔谈》，邬景和尚明嘉靖之姐长公主，公主早卒，放归昆山。嘉靖死后穆宗接位，诏征还朝，最后终老于位。昆山做皇家女婿的极少，相传，长公主选驸马之日，赐宴内廷，参与的公卿子弟都高兴得失态，独邬景和饮啖如常，所以被太后选中。清徐传诗诗："傅粉何郎绝妙姿，凤箫声微降王姬。不知池馆归来后，可忆鸳鸯殿里时。"可见邬驸马是一个风流的美男子，可惜长公主过早地死去。邬死后，村民把别业改建成庙，把他称为"驸马大王"，每逢庙会，各方信徒都来进香，这风俗到现在还存，绰墩庙会，敬的是"驸马大王"，这同周市把尉迟恭供为"景云大王"的情况相似。《信义志稿》说，邬都尉在昆山拱辰门（北门）外也有别墅，叫棘园。驸马堂村在1994年拆迁，"大上海高尔夫"球场即其址。

奚家浜　晚清时著名夏布产地。《信义志稿》："信义民俗力穑外尤勤织作苎布。"（用苎麻辟成丝织成的布，即夏布。）《昆山文史》第四辑《夏布生产见闻》：我县织造夏布历史悠久，多为县西北乡民，其中阳澄湖边的奚家浜村，更新工艺，采用加长机，用合股丝织成薄的罗布，坚韧而滑爽，名曰"润罗"。因为专销山东，该村被叫成"山东庄"，后来洋布占领市场，才淡出。

平乐村　村址在今沪宁铁路娄江大桥南，以巨株山茶闻名遐迩。明朱天麟《过平乐村山茶正开》诗："升平乐事竟何常，是处兵戈亦可伤。底是孤村花发时，画舟来往似山塘。"徐传诗《星湄诗话》："平乐村积庆庵有山茶树大可合抱，古枝虬干，叶密花繁，为邑中名胜。花时，买舟过访者络绎而至。予童时随先君子亦尝一至，花开如红绢，下可布数席，其旁清池怪石古梅修竹，颇极幽雅，想从前亦是园林胜地。"徐传诗的诗话成书于康熙五十四年（1715），记述童年时看到山茶景色还像园林一样，可是到生活在乾隆年间的龚炜再看到时，景况就差了。龚炜在他的笔记《巢林笔谈》中说:"平乐村山茶树,顾仲瑛先生遗植也。干老枝繁,开时朵大色鲜,丹砂鹤顶,未足尽其形容,品花者不得专羡滇蜀。近以俗主厌苦游人,不加爱护,日就衰落,可胜叹惜!"

遇仙村 在燕桥浜。《中吴纪闻》载,遇仙村在信义南,宋汴(开封)人殿中侍卸史龚琦,扈从高宗南渡,遇道人谓曰,枯枝再生处,可居。至信义,见枯枝顺流而下,插地而祝"是枝得活,我当居"。后果活,乃银杏,乡人名遇仙村。龚琦后人龚炜,在《巢林笔谈》中也说了这故事,但不同的是,龚琦不是扈从高宗南渡时遇仙的,而是怕秦桧陷害,举家逃亡到这儿遇仙的。龚炜是清乾隆间人,那时银杏树还在,他说:"荫下可布十余席,始祖遇仙公手植也。"

［康熙］《昆山县志》记,遇仙村有龚琦祠,前有银杏高三四丈,明初徐达攻苏州,经此,有卒欲伐为薪,方挥斤(斧),忽僵仆而止。

《信义志稿》载,"龚遇仙殁而为江湖神",并立祠,他的后代贤者如龚察、龚理等,死后都为神。相传龚氏为神者先后有二十三人,祠宇封号虽不一,里人都奉称龚太太。但有一位叫龚文巧的例外,生前神神道道的,自号半仙,家住塘湾,死后称塘湾三官人。

龚氏居所该在今之燕桥浜,昆山解放初祠和银杏树还在,祠堂作村小学,银杏树在"大跃进"时被正仪农具厂锯走。

朱墓 在娄江南、界浦东,村以墓名。墓高约六米,因为墓中葬了明代朱均祥兄弟俩,所以叫朱墓,俗称朱墓墩。

朱均祥,［嘉靖］《昆山县志》《朱通政均祥墓》记载:"(均祥)邑之四保人也。洪武二十四年(1391),以岁贡至京,适遇拣选人才,授通政司右参议。洪武二十六年(1393),闻弟犯极刑,马上惊坠而卒。赠右通政,赐衣冠殓葬。均祥死而为神,至今祀之。"朱均祥以岁贡入京,岁贡,明初科举之一。每隔二三年,中央从府、州、县学中考选廪生升入国子监(太学)读书,称岁贡。"廪生",是家里穷,靠政府补助读书的学子,这是防止富家子弟用不正当手段竞争的一种有效举措,同时也说明朱均祥家里很穷。

通政司,是明代受理臣民的密封奏事和申诉的机构,右参议,是检校奏章、申诉的领班,级别虽不高,但必须让皇帝信得过。可见朱均祥是一个正派忠诚之人,可惜的是,只三年,朱均祥的弟弟在家乡犯了极刑,他得到这个消息时,正骑在马上,"惊坠而卒"。也许皇帝念其孝悌,没有搞株连,反而追授了个右通政(通政司副长官)的头衔,并赐了相应的衣冠殓葬。因为有了皇帝重视,他的墓筑得很高很大。

近几年,经考古发掘,证明朱墓墩那片地方还是史前良渚文化遗址。

西杨庄　又名韩庄,有特产金粟瓜。《信义志稿》载,相传西杨庄有仙人授瓜种,花实俱小,味极干脆,元杨维桢诗云:"金粟瓜取西杨庄。"但相距不远的东杨庄所种就大而无味,俗呼黄金瓜。

从前,巴城有果形较小的黄金瓜,皮薄汁多,甜而脆,叫黄蜜露,是有名的特产,不知与金粟瓜是否同种?可惜黄蜜露在1970年"以粮为纲"年代消失。

《信义志稿》又称:"塘南有桃以枇杷树嫁接,结实后,皮肉皆黄色,较太仓水蜜桃形小,而味更甜,今已无有矣。"

独特的地理环境

阳澄湖　在正仪北七里,绰墩山西,方圆两百多里,水域辽阔,为苏州工业园区、相城区、常熟、昆山四地共管。湖中有两个向南突出的半岛,一个是沺泾(今苏州市相城区阳澄湖镇),一个是从北向南的莲花岛,两个狭长的半岛把湖一分为三,叫东湖、中湖、西湖,所以有阳澄"连三湖"的说法。

阳澄湖水量充沛,《信义志稿》说:"塘北用阳澄湖泥垩田,其力肥厚,水稻粒大颗重,出产一种'红莲稻',俗呼乌香梗,极宜煮粥,唐陆龟

阳澄湖景色（杨瑞庆提供）

蒙诗：'近炊香稻识红莲'，即此。"

阳澄湖除了滋养一方土地，水产也丰富，盛产著名的清水大闸蟹，鱼虾鳗鳖等，还有绿头颈野鸭漳鸡等水禽，使正仪成为富饶的鱼米之乡。

阳澄湖原名阳城湖，"文化大革命"前出版的地图册上，阳澄湖都写作阳城湖。"文化大革命"中，京剧《沙家浜》写成了阳澄湖，因为是革命样板戏，家喻户晓，从此约定成俗，改成阳澄湖。

民间流传阳城湖是地震形成。这说法可以从明代袁华《阳城湖》诗，找到蛛丝马迹。诗曰：

度雉巴城乃其亚，以城名湖何不同？
想当黄池会盟后，夫差虎视中原雄。
东征诸侯耀威武，湖阴阅兵观成功。
陵迁谷变天地老，按图何处寻遗踪。
我来吊古重叹息，空亭落日多悲风。

度、雉、巴城，即度城湖、雉城湖、巴城湖，但比阳城小，一样是以城名湖，有什么不同呢？

第二、第三句，说明了不同之处。春秋时，吴王夫差打败越国，北上黄池与诸侯会盟，后来东征讨伐齐国，争霸称雄，都在"湖阴"阅的兵。湖阴，湖的南边。夫差为什么去湖阴阅兵呢？其实，那儿原是他父亲阖闾在位时筑的一个兵站，叫阳城，他是在城南开阔地带阅的兵，袁华看见时已成了湖泊，所以说湖阴。

"陵迁谷变天地老"，陵迁谷变，即山陵搬场、山谷变形，是古人对地震的形容，这一句意思说阳城在地震中陷落成湖，现在再也找不到它的踪影了。所以，袁华的诗，可以证实阳澄湖是地震形成的传说。

傀儡湖　在正仪镇北三里，绰墩山东，面积七平方公里，圆形，古称箬帽湖，从前北湖岸有石柱，上饰石箬帽，以作标志。唐代伶人黄幡

傀儡湖景色（杨瑞庆提供）

绰在湖边传下傀儡戏后，常在湖中搬演水傀儡，元代顾仲瑛曾在湖边搭傀儡棚，以供人观赏，从此被叫作傀儡湖，也叫傀儡荡。

傀儡湖位于绰墩山和黄泥山之间，山影晴岚，风光旖旎，历来是理想的游览胜地。"信义十景"中的"东湖浮玉"，"巴溪八景"中的"笠帆风蒲"说的都是这里。

宋元时，每年中元节（农历七月十五日），当地有在傀儡湖举行龙舟赛的习俗，顾仲瑛《以吴东山水分题得阳山》诗："傀儡湖中观竞渡"。

傀儡湖除让人游赏外，更是正仪镇东地区灌溉饮用之源，《信义志稿》称："傀儡湖在绰墩之东，西纳阳澄湖，与巴城湖相接，东北入七浦塘，南由黄渎浦入至和塘。"巴城正仪不少耕地受其益。

傀儡湖和阳澄湖有野尤泾、顾泾等江相通，所以水质清澈，现在是昆山市城区百万居民饮水之源。

绰墩山 位于阳澄湖和傀儡湖之间，方圆一里多，坐北朝南，前山坡势平缓；后山高七丈（二十多米），峭陡如壁，像一个底边很长的直角三角形。从平缓的前山信步而上，驻足山巅，山上芳草茵绿，北望虞山，赫然在目；遥望西方，阳澄湖水天一色，太湖七十二峰在天尽头若隐若现；转身东瞰，傀儡湖风送碧浪，飞入眼帘，汹涌的浪涛就在山下。

绰墩山是新石器时代遗址。据考古界论述，距今约七千年前，我们的祖先踏上了这片肥沃富饶的土地，开始在这儿生息繁衍。

据考古发掘证明，在距今七千年到六千年，居住在绰墩的先民已懂得种水稻，已经能纺线。距今五千九百年到五千年，先民处于母系社会向父系社会过渡，确立了以男子为中心的社会。距今五千年到三千五百年，是史前文化发展的顶峰良渚时期。先民们已组成部落，部落首领是族人至高无上的主宰者，他们高筑祭台，敬天地、敬风雨雷电，拜图腾，绰墩山就是良渚文化时期人工堆起的祭台，从形状看，绰墩山像个大祭台。1983年，出土了一方玉琮。玉琮呈青白色，外方内圆，造型美观，制作精良，特别是中孔内壁也打磨得同表面一样光滑细腻，当时铁器还没有衍生，先民们是怎样制成的，至今是个谜。玉琮是部落首领的信物，象征神权、王权，祭祀时用来沟通天地。

距今约三千五百年，太伯入吴，才融入吴文化。

2006年，绰墩遗址被国务院定为全国重点文物保护单位。

绰墩山本来的名字无考，自从黄幡绰葬此而得名，山上有顾仲瑛金粟庵、广灵桥、古银杏等景点，古代有"九月九登绰墩山"和新春演春台戏习俗，历来是一方游览胜地。

黄泥山 在傀儡湖东，是用黄泥堆成，高与绰墩山相等，但略小，呈圆形。1998年考古探明，黄泥山也是人工堆成，据土质分析，从下往上第二、第三层用的是马桥文化遗址的泥土，第四层到第九层用生土堆积成现在的形状。它同千灯的少卿山、唯亭的赵陵山成为遥相呼应的三角形地带，这种土台应该是商周时的烽火台和屯兵处。

黄泥山又名高墟山，《昆新两县续修合志》记载："高墟山在信义镇（今正仪）东北六里，相传高力士葬此故名。"

高力士生活在陕西长安，晚年又随唐玄宗逃到四川，怎么会死在遥远的长江下游呢？所以古人对高力士葬在黄泥山的说法早有质疑，南宋状元黄由（今苏州工业园区唯亭人）《高墟山》："不识力士名，焉知宦者墓。长门恩眷深，兴亡不相顾。玉环死马嵬，幸蜀嗟中露。试问何时归，脱亡如狡兔？空葬等山陵，四围列古树。寒风撼泥沙，渔樵几声度。"黄由不信高力士会葬在这里，于是后来又产生了民间传说，说当年李白在金銮殿醉后作诗，命杨国忠磨墨，高力士脱靴。李白的诗受到玄宗皇帝赞赏后，换上新衣新鞋，就把脱下的靴赏给了高力士。高力士受此羞辱怀恨在心，把靴藏好，发誓报复。后来安禄山起兵，高力士伺候皇帝西逃，把靴交给一个小太监保管。长安陷落，小太监携靴南窜，逃到黄泥山下一座小庙栖身，不久，安史之乱平息，听说高力士已经死了，小太监就把这双靴葬在了山上，因此大家把黄泥山叫高靴山，因为"靴"和"墟"音近，变成了高墟山。

抛开这些传说,从前的黄泥山曾经是一座景色秀丽的私家园林,南宋苏湖巡抚盛德肆在山上建"依绿园",后来为正仪大族魏希明所有,魏是归有光第一任妻子的胞兄,所以常同吴中文徵明、祝枝山等宴饮唱和其间,黄泥山成了文人游览吟咏之地。

黄泥山又叫太平山,正仪有正月三日登黄泥山祈太平的习俗。清康熙年间,十六岁女诗人何婉哥有《正月三日登太平》诗:"新正三日恰晴明,处处相携登太平。谁家姐妹俱年少,一队红裙陌上行。"何婉哥,称才女,《信义志稿》说她性至孝,里中呼为何孝女,读书过目成诵,善杨柳枝诗,词句清丽婉约,多风情题咏,惜十六岁早夭。

古桥

江南多水,有河必有桥,信义镇及镇郊有二十余桥,各种石拱桥、石板桥、木桥和竹桥,更是遍布乡野村落,仅把有名的记录于后。

真义桥 横跨于渭塘流入娄江的入口处,原为牵道板桥,明永乐十一年(1413)昆山县丞珂改成石桥,名盛安桥。万历三十九年(1611),里人魏尚贤重建成单孔环龙桥,改名真义桥。

真义桥高陡而桥洞窄,渭塘的水流入娄江时,落差大,水声"隆隆",似瀑布汹涌而下,旋涡直达娄江江心,成为难得的自然景观。可惜也为此,在1968年因妨碍泄洪而被拆除。

寿安桥 位于正仪上塘街北段,横跨市河,是一座单孔花岗岩石桥,明洪武年间邑人顾原纯建,原纯字寿安,桥以人名。

《星湄诗话》载,清康熙八年(1669),由于年久失修,行者股栗,里人徐梦登、黄孟贞发起易旧更新,与里中诸君不敢重易其名,仍题名寿安,并在桥东堍建梵阁,以憩行人。

桥堍的梵阁,俗呼观音阁,建筑高耸,同寿安桥相映成趣,成为当时悠游之地。清代诗人汪琬题寿安桥诗:"金粟园中迹已荒,更缘穹阁构长梁。江千野色年年好,依旧如虹卧柳塘。"

汪琬(1624—1691),清初著名诗人,吴县人,结庐太湖晓峰山,历游吴中,称"尧峰先生"。诗中的"江千",千同芊,草木丛生貌,就是说,江堤上年年这么丰茂的草木,使石桥如长虹般卧在柳塘里。柳塘,指顾仲瑛在古塘的柳塘春。他既赞美了石桥和梵阁的景色,又让人想起当年顾仲瑛的辉煌,所以这首诗在文人间流传甚广。

二十世纪九十年代,改建成小巧玲珑石拱桥,在桥堍休闲的人不断,悠游的风情依然。

景福桥 建于明初,位于老街中段,横跨市河上,又名中津桥,俗称中心桥,原是木桥。数百年中,桥面几经修复,但年代太久,桥桩已经腐朽,曾几番动议重建新桥,但都半途而废。清康熙四十六年(1707),徐昂发、朱光远发起改建石拱桥,徐昂发为此写了《建桥募捐疏》。徐是康熙朝进士,曾任江西学政,吴中"书法四家"之一,在这样重量级人物的号召下,正仪乡绅富户纷纷出资,新石桥很快落成,桥

景福桥(杨瑞庆提供)

额镌名"景福"。

建成的景福桥是一座单孔石拱桥，全用花岗岩砌成，宽三米，高五米，长二十五米，净跨七米四，气势雄浑，是正仪最高最大的一座石拱桥。桥北侧现在还可以看到一副对联，反映了当时康熙盛世的情况，上联：千家景福乐尧天；下联：百姓寿安歌圣世。这副桥联的妙处除歌颂盛世外，还把景福桥和寿安桥的两座桥名嵌在其中，而且天衣无缝。景，古代解释为远大，景福，用现在的话，好福气还在后头。

桥联出自徐昂发之手，可谓独具匠心。

正仪老辈人相传，寿安、景福都是顾仲瑛贴身书童，两人都在正仪浦（渭塘）造了桥，并分别以"寿安""景福"命名。

历经三百年风霜，景福桥至今保存完好，在全国第三次文物普查中登记为不可移动文物。2009年8月，列为昆山市文物保护单位。

汤家桥　在宅西村口，小港北岸，东西走向，三孔石板桥，桥身高陡，是西部居民通向镇区的通道，后改名百禄桥。

汤家桥南迎星溪，溪畔有落星石，中孔桥柱上有两副桥联，道出了正仪的文化渊薮。南面的桥联：西鹿源从天堑来，星溪㳇衍娄江秀。西鹿，一般解释为鹿城（昆山）之西，但这鹿字也可以解释为粮仓。天堑，指长江，此句的意思是这片土地，靠长江滋润才肥沃。下联中的㳇，古汉语，水波清丽貌。北面的桥联：震泽回来润宅西，玉峰文笔朝真义。震泽，指阳澄湖。玉峰文笔，指昆山散文家归有光，归有光曾受业于魏校，他的第一任妻子魏氏，还是魏校的兄长魏庠的女儿。"玉峰文笔朝真义"彰显了一段珍贵的历史资料，汤家桥也引起了文物界重视。

如今为了通车，把桥身减低，桥柱没入了水中，仅见对联顶端二三字浮出水面。

广灵桥　《信义志稿》："在绰墩广灵庵前，称二石桥。明万历四十年（1612）支守礼建，知县祝耀祖有记。"广灵桥是一座单孔无栏石拱桥，纵跨庙前江，桥上藤萝苍翠，风貌古朴。2002年进行了保持原貌翻

广灵桥(杨瑞庆提供)

建,新增花岗岩桥栏,跟桥东的古银杏成为绰山公园一景。

九里桥 旧名尤泾桥,跨尤泾口。是正仪同昆山市区的分界线,连接娄江长堤,桥旁有亭有井,供行人憩息。明永乐十一年(1413),昆山县丞王珂重建,几经损坏,光绪间知县金吴潮捐募,督董杨在川重建,民国间筑锡沪公路(312国道前身),后废。

老街风情

信义古镇,除了商店,还有很多摊贩和游艺,有的固定,有的流动。流动的大多是点心小吃,如馄饨担、豆腐花担、糖粥担、油汆臭豆腐担等,还有串巷走村的换糖担、卖瓜子糖果和妇女用品小百货的货郎担。所以古镇商贩林立,市集辐辏,而按季节来正仪的游艺乞、提篮小卖和各路卖技人,更凸现了老街又一种风情,本节主要介绍他们。

唱春 艺乞的一种，都在新春时节挨户乞讨。有的一男一女，有的单干。单干的敲小锣，有搭档的男的拉胡琴，唱一些流行的四季歌谣向店家要钱，直到给了钱，才走下一家，叫唱春。他们收钱不用手接，而托起小锣，让对方放在小锣里。有时店家把钱放在柜台上，他们也不用手拿，而是用竹板把钱刮在小锣里。据说唱春源自朱元璋，他年轻时讨饭就是这程式，后来竟然开了大明皇朝，所以唱春是接了皇帝的衣钵，自视高贵，不伸手接钱。

唱"小热昏" 游方艺人手打竹板唱曲讨钱。他们用花手帕扎在头上，打了六个结，前面是头，后面是尾，四个是脚，状如乌龟，到了店门前，敲响竹板，唱："得儿——搭，乌龟上街头，生意闹愁愁"，算开场白，接下来上下跳跃进入正本，唱的是滩簧，但不是戏文，是随口编的，如"八一三，东洋赤佬笃（丢）炸弹，上海百姓遭了难，流落到此讨口饭……"等，围观的人越多，他们唱得越起劲。

蛇乞 玩蛇的叫花子。他们把蛇盘在脖子上，叫着"龙来龙来，四季发财"，向商家讨钱。如商家不给钱，就赖着不走，把蛇头探向人前，故意让蛇吐出鲜红的信（舌头）吓人，所以也叫捉蛇叫花子。但蛇乞一般只摆弄青梢蛇之类无毒蛇，而蛇医玩蛇，才是真本领。

蛇医 有名的蛇医大多在城市开设蛇医馆，但更多的蛇医是游走乡镇练摊卖药。游方蛇医到正仪来练摊卖蛇药，大多在夏天和稻熟时节。常见的蛇医练摊，是玩毒蛇。他们的箱笼里装了各种剧毒蛇，如一节蓝一节白的银环蛇、短小而额上有一点红的竹叶青蛇、鼻子翘老高的五步蛇（即蝮蛇）等，他们还依次抓出来向围观者展示，一一向大家介绍这些蛇的产地和毒性。但上述这些蛇珍贵，蛇医用作道具的多为江南常见的蝮蛇、秃尾蛇（状如火赤练，但尾短，民间称"旱货"）。他们显示本领时，大凡把毒蛇盘在手臂上，让蛇咬，或活吞蛇头等几种，但知情者明白，蛇的毒牙已被拔掉了。

蛇医献艺过后卖蛇药、蛇酒，还卖活蛇。按中药说法，蛇是治风湿良药，蛇胆清凉明目。顾主选好蛇后，蛇医当场剥皮、剖腹、挖胆，蛇肉可以煮了吃，也可以浸药酒，剥下的蛇皮是整张的，晾干后可以卖给乐器行，所以蛇价虽贵，买的也不少。

卖膏药 操此业者大多是学伤科刚出师，常在农闲时节游走乡镇，设摊献艺，卖药治伤，为的是历练本领、增长阅历，所以叫练摊。苏州著名伤科顾云卿、徐鹤鸣，年轻时常来正仪练摊，他们先献拳脚、表演气功，后售膏药，或当场给伤者治伤，有时还给伤情严重者拔火罐吸瘀血。他们的医疗对象以农民为主，因为农民大忙中劳累过度，难免腰酸背痛，生意往往不差，有的农民还成了老主顾。

卖梨膏糖 每到冬夏两季，常有卖梨膏糖者，或挑担或驾船来正仪街头设摊，一边唱一边熬煮。梨膏糖有止咳平喘功效，之所以夏天也卖，取冬病夏治原理。其中有一条大棚船，每年必到，冬天赶早市，夏天除了早市，还有晚市。听说是浦东梨膏糖世家，夏冬两季游走各地。该船女子常说，正仪这码头扳指头算得上，所以每年必到，成为镇上一年一度特有的景观。他们在河岸空旷的场地上，放一长案桌，桌上梨膏糖品种很多，中药也全。一女子一边熬煮膏糖，一边唱投入糖中的中药功能，声音甜润，十分动听。旁边还有一个老年人，给气喘咳嗽患者施诊，开药方让女子为病家特制膏糖。这条买卖梨膏糖船很大，一家大人小孩有好几口，中舱的摆设整洁华丽，女子不唱时，一女孩在船上放留声机。

卖五香兰白糖 是走巷串村专做小儿生意的糖担，用饴糖洒上芝麻，切割成菱形小块，论个儿卖。这种糖担都是外来的，边走边喊："五香兰白糖！"正仪本土只有换糖担，他们把饴糖熬成整张糖饼，到小巷或乡间换鹅毛、鸭毛和破布头，也是边走边喊："鹅毛、鸭毛、破布头——换糖吃！"喊声冗长悦耳，往往成为一种难以忘怀的乡情。

卖黄连头腌金花菜 黄连是生长在吴中山地的一种落叶树木，初春新芽吐叶，呈串状，摘下腌制后到各地叫卖，虽酸，但回味可口。金花菜即苜蓿，春天，农家取其饱满的整颗腌制，大多自己吃，也有提篮叫卖，但价比黄连头便宜得多。

卖海蛳 海蛳形状像丁螺，粗壮尾长，生长在海滩。每到夏天，正仪街巷就会出现卖海蛳的女子，她们或单干或二三结伴，臂上挽个元宝形的竹篮叫卖。她们大多是吴县人，喊声吴侬软语，很好听。篮里的海蛳结上一层盐霜，卖时不用秤，用酒盅舀，买者往往是年轻女子。海蛳小而坚脆，要剪断尾巴才能吸出其中的肉，有的用剪刀，有的用小铜钱把海蛳塞进方孔中折断尾部。吃海蛳虽费时，但海蛳的肉很肥腴，是乡间少女既消夏又美味的小吃。

昆山人笔下的昆曲传奇

鲁德俊

中国古代戏曲于元代就盛行北方,称杂剧,即所谓元曲,结构大都分几本几折,由主要角色正末或正旦主唱。长江下游的南方宋元戏曲称戏文,亦称南戏,分若干出,明人沿袭下来,把不限出数,各类角色都可以唱,篇幅较长的南曲戏曲剧本多称为传奇。到明代中期以后,昆曲开始在昆山兴起,并在苏州一带流行起来,以至影响到全国。至清代中期,昆曲逐渐没落。

作为昆曲发源地的昆山,在戏曲发展史上具有重要地位。自明代以来,昆山涌现出许多优秀的昆曲作家,在他们的笔下产生了不少脍炙人口的昆曲剧作。以下,给大家介绍几位重要的昆曲作家及其剧作。

郑若庸的《玉玦记》

郑若庸(1490—?)是较早的昆山籍戏曲作家。字中伯(仲伯),号虚舟。他博学能词,生平著述宏富,有《北游漫稿》《蜣蜋集》《市隐园文纪》《虚舟尺牍》《虚舟词余》等。他的戏曲著作,据《北京大学图书馆藏古籍善本书目》载有传奇《玉玦记》《五福记》《大节记》《珠球记》等四种。前两种《玉玦记》《五福记》,今存;后两种今已不存。吕天成《曲品》评《玉玦记》曰:"典雅工丽,可咏可歌,开后人骈绮之派。"有汲古阁《六十种曲》本行世,收入《古本戏曲丛刊》初集。

《玉玦记》是郑若庸的代表作,全名《新刻出像音注释义王商忠节癸灵庙玉玦记》，别题《炼丹记》，凡三十六出。

剧演南宋初年，由于金人南侵，中原沦丧，朝廷不得不南迁建都临安。山东巨野宦门子弟王商，准备上京城临安赶考。离家前，妻子秦庆娘赠以玉玦（一种环形有缺口的佩玉），让他带在身边，说是见到玉玦，犹如见到她本人，可免去相思之苦，睹物思人，快去快回。

王商考场失意，榜上无名，自觉没有脸面回家，幸好囊中银钱尚多，便在京城逗留。一帮市井无赖整日围着他转，陪他消磨时日。一日，浪子解帮闲引他进入妓院，鸨母李翠翠是原来开封府名妓李师师的妹妹，流落到临安开了一家妓院。李翠翠有一个女儿叫李娟奴，年方二八，美貌无双，吹拉弹唱，舞姿翩翩，样样擅长。母女俩花言巧语，搔首弄姿，迷得王商晕头转向。后王商在院中住下，从此迷上了李娟奴，沉湎酒色，更不思回乡。李翠翠是把女儿娟奴当摇钱树的，见王商是个官家子弟，便唆使娟奴千方百计诈取王商的钱财。娟奴对母亲百依百顺，一切言听计从。王商带来的一千多两银子，哪里经得住娟奴的甜言蜜语，不多时便像流水般耗费将尽。王商的仆人王便劝说主人不可迷恋烟花，耽误功名，王商执迷不悟，反将王便赶走。

一日，娟奴约王商游赏西湖，又同到钱塘江口癸灵庙拜神，二人山盟海誓要结为夫妇。王商将发妻秦庆娘所赠的玉玦系在神像佩刀上，以表坚决抛弃原配之意。娟奴也假惺惺地在神像前盟誓。这样一来，王商便把仅有的二百两银子连同箱子一起给了娟奴。

等到王商囊空如洗，鸨母李翠翠便定下奸计要将他赶走：她先租下一座房子，让一老妓女暂住其间，冒充姨母。这天，娟奴让王商陪她去探望姨母，王商不知是计，欣然同往。他俩一走，鸨母便将妓院搬到别的地方，然后又到"姨母"处让王商回来。王商回到妓院，只见大门紧锁，进不去；无奈再回"姨母"处，只见人去楼空。至此，王商方知受骗，后悔莫及。他思前想后，如今人财两空，去留无计，只得到癸灵庙暂寻栖身之所。幸好庙祝吕公，行侠好义，将他收留下来，劝他重温诗书,再次迎考。于是王商只好安心日夜埋头攻读,不再寻花问柳。

之后,李翠翠和李娟奴母女另外物色敲诈对象,她们由解帮闲牵线,与当地财主昝喜搭上了关系。娟奴和富豪昝喜携手到钱塘江观潮,借机榨取其金钱。钱尽,鸨母将昝喜毒死,投尸于江中。后来李娟奴也因昝喜鬼魂向她索命而身亡。她的尸体被李翠翠用草席包裹,扔入千人坑中。解帮闲闻知此事,便来向李翠翠敲诈勒索,勒索不成,就去官府告发。

那时北方已被金人占领。山东有一爱国志士名叫耿京,为反对异族压迫,在泰山脚下组织义军抗击金兵,占领了东平府。南宋朝廷下诏书,封他为天平军节度使。耿京派辛弃疾前往临安受封,不料耿京的部将张安国叛变,刺杀了耿京,篡夺了兵权,并率部投降了金人,在山东一带进行掳掠。

这时,王商的妻子秦庆娘正在家中盼望丈夫归来,听说叛军到来,只得带了丫鬟春英出逃避难。她们逃到蚕尾山中,仍被叛军俘获。张安国意欲霸占秦庆娘为妾,庆娘坚贞不屈,毅然挥剑断发毁容,披头散发,满脸血污,张安国无可奈何,只得命手下将她主仆囚禁起来。在囚禁中,秦庆娘曾解带企图自尽,幸有癸灵神暗中保护,才免于一死。

这些情况,王商哪里知晓。

转眼三载过去,又到了大比之年,王商再度应试。庙祝吕公赠他布衣一套,黄金十两,送他前往,王商感激莫名,含泪话别。临行前,王商将玉玦交吕公代为保藏。此次应试,王商在廷对时提出了恢复中原的大计,深为皇帝所喜,因而夺得状元,授翰林学士之职。

皇上命他渡江北上,赴江淮节度使张浚军中慰劳将士,让他们尽速东征。监军辛弃疾同行。完成圣命后,王商告别张浚、辛弃疾二位,南下回京。行至瓜州渡口,为了避免惊动附近金兵,王商离开骑兵部队,只身微服,乘夜渡江。谁知,弄巧成拙,王商误上了金兵的小舟,被金兵俘虏,关在金山寺中。王商后悔不迭,夜深人静,囚中望月,王商又想起了离别三载，音讯全无的妻子秦庆娘：他万万没有想到，妻子早已落入敌手，当此深夜，也正在囚室之中望月怀愁，思念亲人。

王商被囚禁数日，后乘夜间监守酒醉沉睡之时，杀了监守，才得逃归临安。皇上因其忠义，以功授京兆尹。

某日升堂理事，正遇解帮闲上堂告状，告的是鸨母李翠翠母女骗取某财主昝喜钱财，并谋财害命。王商审明缘由，判处李翠翠死刑，解帮闲击杖刺配。

癸灵庙吕公得知王商做官，特来归还玉玦。王商睹物思人，想念妻子秦庆娘，更觉吕公恩重情深。他命左右取黄金十两，白银五十两，送吕公贴补家用，修缮庙宇。

这时，原先被他赶走的仆人王便也回到了他的身边。王便自山东来，向他叙说了山东遭受战乱的情况，并告以庆娘不知下落的噩耗。王商听后，大为悲痛。

不久，元帅张浚、总管辛弃疾发兵东征，收复山东，叛将张安国被生擒活捉，被押回京城斩首示众。张安国营中被囚妇女，也尽数押回临安，暂留癸灵庙，交京兆尹王商勘问清楚，各放回家。

这日，王商来到癸灵庙，刚进庙门，吕公便告诉他，女俘中有王商三位山东巨野同乡，其中一老妇所说的秦氏还有侍女春英，与王商妻子身世极为类似。王商听了大惊，即刻叫来老妇，问清秦氏姓名及几年遭遇，又让老妇将所佩玉玦带去。秦氏一见玉玦，疑是物在人亡，当即号啕大哭。王商见状，知是发妻秦庆娘无疑，急忙上前相认。三年前故乡分手，三年后异地重逢，王商夫妇终于喜庆团圆。

最后，辛弃疾带来皇帝诏书，王商、庆娘、春英、吕公都得到了封赠，王商升御史中丞，秦庆娘封邢国夫人。

《玉玦记》是明代前期的传奇。全剧由两条情节线交织而成：一条是写王商、昝喜先后被妓院所诈骗坑害，后来王商沦落而复起，终于惩处了鸨母、歹徒；一条是写张安国叛乱，庆娘被掳，张浚、辛弃疾出兵平叛。前一条是主线，后一条是副线。在主线上的情节着重于揭露和讽刺。作者描写了临安城中一群依靠吮吸人血为生的社会寄生虫，揭穿了那些鸨母、骗子、恶棍的鬼蜮行径，从而暴露出充斥于各个阴暗角落里的畸形的社会现象。在这一点上，本剧可称为警世之作。

作者用力最多的是对妓院黑幕的揭露，他具体而又详尽地描写了鸨母如何贪婪狠毒，妓女如何无情无义。如果没有对于妓院内情的深入了解，没有痛苦的亲身感受，恐怕很难做出这样入木三分的刻画。正因如此，所以才有人会怀疑这是作者在写自身的遭遇。

《玉玦记》的文辞以工丽典雅见长，是明代传奇中文词派（亦称骈丽派）的开山之作，也是代表作之一。它曾为重绮丽的批评家所激赏，如吕天成《曲品》评云："典雅工丽，可咏可歌，开后人骈绮之派。"也曾受到重本色的批评家的激烈攻击。如王骥德《曲律》评云："《玉玦》句句用事，如盛书柜子，翻使人厌恶。"从戏剧的角度来看，片面注重文辞而忽略戏剧性，作为案头文学作品则可，若搬上舞台演出，观众往往接受不了，这大概也是《玉玦记》这一名剧后来在舞台上不见踪影的一个重要原因。

《玉玦记》一类的人物故事，大都本于唐代白行简的传奇小说《李娃传》，王商在妓院中的某些情节可能有所借鉴。明代还有《绣襦记》传奇，演郑元和李亚仙的故事，情节也类似，至今还活跃在舞台上。

梁辰鱼的《浣纱记》

明嘉靖中叶，魏良辅开始改革昆山腔，并创制了水磨调，使昆腔的曲调、旋律与唱法都得到极大地丰富与提高。而真正让昆曲立于舞台上并最早产生广泛影响的，是昆山剧作家梁辰鱼《浣纱记》的成功创作。

梁辰鱼（1521—1594，一说1519—1591），主要生活在明正德、嘉靖至万历年间，字伯龙，号少白，昆山人。其祖先为当地望族，父梁介为平阳训导。梁辰鱼身高八尺有余，相貌堂堂，风流倜傥，放荡不羁。他虽然颇有文才，以例贡为太学生，却不屑于参加科举考试，曾作有《归隐赋》，以表示自己愿在家乡隐居的志向。梁辰鱼好任侠，谈兵习武，喜欢结交有理想、有抱负的人士。他经常在家招徕四方宾客，名将戚继光曾慕名前来拜访，文学家后七子李攀龙、王世贞等皆与之结交，名士张凤翼也成为他的知己。其足迹遍游吴越荆楚齐鲁等地，尽览名山大川。嘉靖四十一年（1562），浙直总督胡宗宪曾聘其为书记，不久胡宗宪因攀附严嵩下狱，梁辰鱼随即归乡，后寄居金陵，与诸名士出入青楼酒肆，痛饮狂歌。梁辰鱼能写善唱，精于音律，尤喜度曲。隆庆四年（1570），梁辰鱼返回昆山，闻魏良辅锐意改革昆山腔，向其学艺，深得其传。此前昆山腔还只停留在清唱阶段，到了梁辰鱼，昆山腔才焕发了舞台的生命力，他在编撰传奇《浣纱记》时第一次用了这种水磨调，使昆山腔从清唱发展为声腔剧种，流传至今。所以梁辰鱼是利用昆山腔来写作戏曲的创始人。他的戏曲著作，还有传奇《鸳鸯记》，已佚；杂剧三种，《红线女》《无双传补》今存，《红绡妓》已佚。散曲集有《江东白苎》；诗集有《远游稿》《鹿城诗集》。他的作品，清词丽句，传播乡里，为一时曲家所宗。梁辰鱼晚年艺术日益精进，名声益隆，享年七十三岁。

梁辰鱼的《浣纱记》，创作时间大约在明隆庆四年至万历元年（1570—1573）。《浣纱记》演绎的是古代四大美女之首西施的故事。此前曾有过几部写西施的戏曲作品，可惜均已不存，或残缺不全，梁辰鱼的传奇《浣纱记》便成为流传下来至为珍贵的昆曲剧本了。全剧共四十五出。

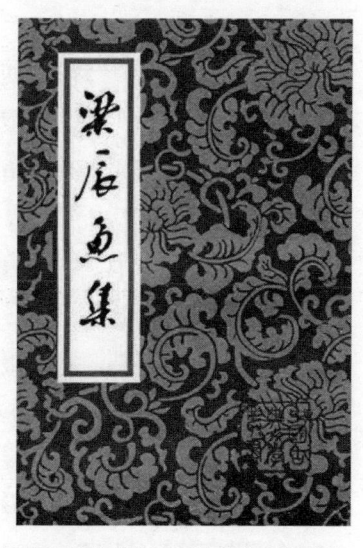

《梁辰鱼集》书影（鲁德俊提供）

故事的背景发生在春秋时期，东南沿海有吴、越两国。吴国定都于吴（今江苏苏州）。吴王夫差有两个大臣，一个是相国伍员，字子胥；一个是太宰伯嚭。越国定都于会稽（今浙江绍兴）。越王勾践也有两个大臣，一个是上大夫范蠡，一个是下大夫文种。

　　时值阳春三月，景色宜人，范蠡微服游春，行至诸暨苎萝山下山阴道上若耶溪边，见有一女子在溪头浣纱。虽然身穿粗布衣裙，却是国色天香，范蠡不觉看得呆了。这女子姓施名夷光，祖居苎萝西村，人皆唤她西施。西施年方及笄，尚未婚配，因家境清贫，靠给人缝衣浣纱为生。范蠡对她十分爱慕，就贸然上前求婚；西施也爱范蠡潇洒倜傥，含羞应允。范蠡向西施要了一束纱为凭，说十天半月之内将派媒人到西施家中求亲。两人溪边订盟，依依而别。

　　谁知天有不测风云，当时吴、越争雄，两国连年交战，吴王阖闾在战斗中因伤致死。吴国新主夫差继位欲报父仇，亲率十万大军侵越，越王勾践战败，吴军把勾践君臣围困于会稽城内。勾践欲做困兽之斗，而范蠡认为吴国气盛难敌，不如遣使求降，以保社稷。范蠡定下卑身复国之计，先让勾践偕夫人屈身事吴，进而离间吴国君臣，夫差得志定骄，吴国失贤必乱，然后越国等待时机，重整山河，徐图复仇。下大夫文种担心吴相国伍员谋略盖世，难以欺蒙。范蠡说，吴国太宰伯嚭奸佞贪婪，可以利用其施用离间计，不难除去伍员。勾践采用范蠡之计，命文种出使吴国。

　　文种趁着月黑夜深，悄悄来见伯嚭，送上黄金、白璧、锦缎等厚礼，另有美人一双，只喜得伯嚭心花怒放，一口答应在吴王夫差面前促成越国求降之事。次日凌晨，文种到吴营请降，言词谦卑，态度诚恳。夫差经不住伯嚭在一旁撺掇，终于答应暂且收兵，限越国君臣妻子十日内到吴国都城投降。此时相国伍员来到，力陈灭越在此一举，若准其请降，是功亏一篑，养虎贻祸，后患无穷。伯嚭却说允降可显示吴王之仁义，文种也一再表明越国请降的诚意。夫差拒绝了伍员的劝谏。

　　勾践听了文种回复，拜别天地宗庙，将国事托付给文种，偕同夫人和范蠡来到姑苏,膝行卑身,向夫差请罪,受尽吴国君臣的侮辱,终无半点愤懑之色。伍员还是力主杀掉勾践,夫差以为业已答应越国投降,岂可失信于天下?乃下令将勾践夫妇与范蠡囚禁在石室之中,严密监视;除去三人轩冕,没做官奴,牧养马匹。伍员恨夫差养虎遗患,愤愤而退。

勾践脱下华服,换上旧衣,三人饲养一百匹马,日夜辛劳不停,还要受尽凌辱。幸有伯嚭庇护,才得苟延残喘。一日,吴王患病,范蠡献计,让勾践前去问候,说自己能尝粪辨别病情,待夫差病愈,则越王东归指日可待了。勾践如计行事,不避脏臭,亲尝吴王的粪便,然后向吴王称贺,说不日就可痊愈。吴王大受感动,答应待自己康复后,即把勾践放回故国。

夫差果然不久病愈,然后颁旨大赦,赦免越王勾践还乡。伍员竭力反对。但夫差反以为伍员不忠不仁,加以斥责。夫差为勾践隆重饯行,亲率百官送至城门之外。越王千恩万谢,反复立誓,表示决不背义忘恩。

越王苦度三年得归会稽,为了复仇雪耻,曾积薪于室,夜卧其上,悬胆于门上,出入尝其苦味,并且令人立于宫门,在他经过时高喊:"勾践,你忘了会稽之耻么?你忘了养马之苦么?你忘了尝粪之羞么?"以此坚定复仇雪耻的决心。这就是所谓"卧薪尝胆"。越王这种发愤图强的精神鼓舞了越国臣民。此外,范蠡教越王对内生聚,即女子十七不嫁,男子二十不娶,其父母受罚;对外结盟与吴国有仇的齐、晋、楚三国。

文种又进美人计,用以迷乱夫差心智,扰乱吴国朝政。但佳人难得,于是范蠡举荐自己的未婚妻西施。勾践知是范蠡待聘之妻,不忍心夺人之美。但范蠡却说,为天下者不顾家,乃往苎萝村寻访西施。

三年前范蠡曾在若耶溪边与西施定情,许诺回去请媒人来说亲。谁知越国兵败,范蠡随越王逗留吴国,一别就是三载。西施在家因相思害了心疼病,终日捧心皱眉。近日得知范大夫已归来,正在家等候佳音，谁知范蠡此来，不是为了迎娶，而是要把她送入吴宫，她无比失望。范蠡对她说，国家存亡，社稷兴废，在此一举。西施深明大义，决心舍身为国。范蠡当即命人送西施到京城会稽，安置在别馆，由越王夫人亲自教习歌舞弹唱。当她辞越赴吴之日，西施精心打扮，更加显得婀娜多姿。她立誓粉身碎骨，报答王恩。越王认西施为姑，率夫人群臣送别。范蠡与西施诉不尽离情别绪。范蠡取出昔年定情之纱，与西施各留一半，以示心心相印，等待他年团圆之日。

　　范蠡亲送美人至吴宫，夫差见西施大喜。伍子胥以为不可接纳，以免丧身亡国。夫差哪里肯听，径自与美人携手入洞房。以后又为西施建造馆娃宫，朝欢暮乐，恣意荒淫。越王又派人大量进贡，夫差越发欢喜，即命给越王增加封地。

　　越国此时已兵精粮足，君臣们加紧谋划灭吴之策。他们议定两件大事，交文种大夫办理。一是以年荒为由，用一百万两银高价向吴王籴一百万石吴谷，料吴王贪高价，必能成交。次年将谷种尽数蒸熟返回，使吴国谷种不生，年荒粮尽。二是把长五十丈、大二十围的神木两根进上吴王，吴王必大建楼台，造成吴国库穷财尽。吴王、伯嚭果中其计。伍员谏阻不成，反遭嫌斥。

　　吴王一错再错，又思对外用兵，完成霸业。恰鲁国受齐国威胁，鲁国派使臣子贡前来求援，吴王在伯嚭怂恿下决定伐齐。太子友入宫进谏，痛陈吴师伐齐，勾践必乘虚而入。吴王一意孤行，定要率师北伐，只拨出一万老弱残兵交太子留守本国。伍员死谏不从，吴王还派他去齐国下战书。伍员乘此机会，把儿子带到齐国，托付给好友齐大夫鲍牧，以保存伍氏的血脉，以防吴亡。伯嚭又就此事在吴王面前进谗，说伍员怀有二心，并说太子进谏，必受伍员主使。吴王出师，伍员死谏劝阻，终于被吴王以镯镂剑赐死。伍员临死前，回顾自己忠心为吴国西破强楚、南服劲越之功，痛斥夫差之不义，哀叹吴国之将亡。伍员要求把他的头挂于西门，以观勾践入吴，吴王却把他的尸体抛入钱塘江中。

吴师北去伐齐，越王勾践即亲率甲兵十万、贵族子弟六千，直渡太湖，生擒太子友，焚烧姑苏台，又从海道进入长江，截断吴师归路。军情飞报吴王，其时吴王已打败齐国，即匆匆与晋、鲁会盟于黄池后督师南返；吴军扎营江北，遭越军夜袭，大败溃散。吴王收拾残兵回到姑苏，西施劝他且图欢乐。吴王派伯嚭赴越营请降。伯嚭请降不成。西施又支使吴王避入阳山。越军把阳山团团围住。范蠡历数夫差六大罪状，吴王穷途末路，叹道："我死后无面目见伍员于地下！"用镯镂剑自刎而死。那伯嚭见大势已去，携带夫人和金银财宝潜逃，半路上夫人和金银被乱兵劫去，自己又撞上伍员鬼魂，被鬼卒捉往地狱受苦去了。

勾践报仇雪耻，完成复国大业，接回西施，率众拜谢，并把西施归还范蠡。范蠡辅佐越王破吴，自思功成若不身退，必蹈伍员覆辙。私下对文种说："飞鸟尽，良弓藏，狡兔死，走狗烹。越王可与共患难，不可与共欢乐，不如早去。"文种自以为有功，不肯离开，后被勾践杀死。范蠡则早早辞官，携西施飘然而去，泛舟五湖，乘风远遁。

《浣纱记》故事源于《史记》卷四十一《越王勾践世家第十一》和卷一百二十九《货殖列传第六十九》，以及赵晔《吴越春秋》、袁康《越绝书》等，《东周列国志》第八十、第八十一回亦叙写吴越故事。

此剧之所以取名为《浣纱记》，因范蠡与西施初会时，西施正浣纱于若耶溪畔，乃以纱定情；后来范蠡送西施去吴宫离别时各分纱一半；最后两人团聚时又得合纱，故名《浣纱记》。作者自述作意云："看满目兴亡真惨凄，笑吴是何人越是谁？……人生聚散皆如此，莫论兴和废。富贵似浮云，世事如儿戏。"（第四十五出《泛湖》）在思想内容上，此剧开了"借离合之情，写兴亡之感"的先河。

《浣纱记》以众多的人物和广阔的场面，展现了丰富多彩的历史画卷，意在揭示吴越兴亡的历史经验教训，即夫差因骄奢淫逸、不辨忠奸，导致惨败；而勾践则以刻苦砥砺、虚心纳谏、上下同心、发愤图强的精神和正确的决策，最后反败而胜，从而借古喻今，寄托作者对明王朝黑暗政治的不满和忧虑，赋予作品强烈的现实意义。作品中，伍员一次次向吴王劝谏，也一步步走向"死忠"的悲剧形象，与伯嚭的贪贿误国的奸臣形象，形成鲜明的对比；范蠡清醒地认识到"敌国破，谋臣亡"这条历史经验，最后决意归隐的睿智形象，与文种不能见机行事最终被害的"愚忠"形象，也形成对比。作品借鉴历史，告诫后人。

剧中有两条线索，吴越相争的历史线索与范蠡、西施的爱情线索相交织，构成全剧的基本结构。梁辰鱼写西施没有着意渲染她作为一个负有特殊使命的"女间谍"，而是突出了她的精神境界——儿女私情服从于国家利益，细致地描写了她在吴宫怀国思乡和眷恋范蠡的深情。西施是一位为复国做出了巨大牺牲的越国民女；范蠡也是一位为复兴越国，忍辱负重，敢于牺牲个人幸福的铮铮男子汉。最后一出《泛湖》在越国庆祝胜利之后，范蠡与西施的团圆结局又是一个不落俗套的泛舟远遁。

在语言风格上，同时代昆山人王伯稠曾赠梁辰鱼诗评此剧："彩毫吐艳曲，烨若春葩开。"明代凌濛初《谭曲杂札》评曰："自梁伯龙出，而始为工丽之滥觞，一时词名赫然。"此剧的宾白，能根据不同性格和素养的人物而有所区别，如文种与伯嚭属高官，文辞偏雅；西施与东施属民女，语言则较俗，做到了雅俗共赏，深获好评。

此剧最先将昆山腔水磨调用于舞台演出，大受欢迎，人们争相传唱。明代戏曲理论家潘之恒甚至称赞梁辰鱼"填词赢得万人传"（《渔矶漫钞》三，引潘之恒《白下逢梁伯龙感旧》诗），清代还有这样的赞语："吴阊白面冶游儿，争唱梁郎雪艳词。"（《静志居诗话》卷十四《梁辰鱼》)据载，《浣纱记》当时就已流传海外，影响甚广。明清两代一直盛演不衰，流传至今。其中《养马》《打围》《寄子》《采莲》《泛湖》等出，常作为折子戏单独演出。

朱鼎的《玉镜台记》

朱鼎，字永怀，昆山人，明万历十年（1582）前后在世，生平事迹不详。《曲品》称其"谈词侣盛，方鼓吹于骚坛"。所撰传奇只有一种《玉镜台记》传世，凡四十出。

《玉镜台记》剧情为：西晋时，已故河东郡守之子温峤，聪慧过人，文武兼备。但年已弱冠，尚未婚配。一日，温峤奉母命去探望远房姑母刘夫人。刘夫人孀居太原，儿子刘琨是当朝太尉，女儿刘润玉年方及笄，待字闺中。刘夫人见温峤言谈文雅，举止潇洒，颇有好感，便热情接待。

温峤在刘府小住数日，与刘夫人畅叙亲情，只是心念高堂老母，告辞还家。刘夫人挽留再三，最后道出欲为爱女润玉觅乘龙快婿之意。此话正中温峤下怀。原来他早就爱慕润玉才貌出众，苦于无人传情。现在刘夫人提及此事，他便趁机询问："不知表妹要找什么条件的佳婿？像我这样的人品是否合适？"刘夫人说："若得像你这样的人为婿，润玉就三生有幸了。"温峤心下大喜。

刘夫人心中虽然对温峤很有意，但因未经媒人为聘，难以主动启齿，假意委托温峤搭起彩楼，选择才貌像温峤的年轻书生。那些来应征的尽是些不学无术、游手好闲的纨绔子弟，润玉一个也不满意。

这天，温峤终于带了一面玉镜台来见刘夫人，说是已为表妹找到了人家，门第才貌都不低于自己。刘夫人追问究竟是谁？温峤于是毛遂自荐，就是他自己，以镜为聘。刘夫人满心欢喜，收下了聘礼，并叫女儿与他相见。润玉见是温峤，低头含羞笑道："我早就料到是他。"刘夫人当即择定黄道吉日，为两人完婚。润玉爱温峤风姿潇洒、彬彬有礼，为自己终身有靠而无限欣慰。

当时晋朝宗室互相残杀，天下大乱。西番石勒觊觎中原，起兵四十万攻晋。坐镇京都洛阳的都督王敦孤军难敌，于是京城失守，晋帝和六宫嫔妃尽被掳去。王敦下令夺回圣驾，无奈众将士皆胆战心惊，无人敢去。王敦率兵南逃，众大臣拥立司马睿即位建康（今南京），建立东晋王朝。司马睿任命祖逖为元帅，太尉刘琨为副帅，领兵北伐，祖逖渴慕贤才，经刘琨推荐，祖逖向晋帝保举温峤为总兵司马。温峤接到圣旨，便上堂拜别母亲、岳母和妻子。她们叮嘱温峤尽忠报国，不要挂念家事。温峤临行前，指着玉镜为证，对妻子发誓绝不负情。

温峤来到祖逖军中，祖逖对他十分器重。温峤对祖逖讲了用兵之道、破敌之策，祖逖非常赞赏。两人志同道合，感慨时事，闻鸡起舞。某日，祖逖下令晋军渡江，船行到中流，祖逖面对滔滔江水慷慨击楫为誓："若不清中原而复济者，有如此江！"祖逖决心恢复疆土。船抵北岸后，祖逖命温峤进兵淮西，与刘琨合兵南北夹击，进逼中原。刘琨、温峤分别打败了石勒手下的几员大将，肃清了江淮一带的敌军。不料二人刚奏捷会师，却传来祖逖病故的噩耗，恢复中原的大业亦因此而受阻。

这时，王敦又谋反。他举兵武昌，据石头城（建康）以挟制晋帝，晋帝无奈，只得封王敦为吴王。王敦因恐人心不服，姑且先假借王号，再图篡位。他又矫诏命温峤回朝，令其镇守咽喉之地丹阳。温峤到了丹阳，号召四方将士，声讨王敦忤逆之罪。王敦闻讯，命人将温峤母亲、妻子押解作为人质，让她们写信给温峤劝降。温峤的母亲、妻子不从，被囚禁于狱中。王敦无奈，派王彬去当说客。那王彬虽在王敦门下，却也有忠君报国之心，他暗地告诉温母将奉命去见温峤，如有书信，可以带去。润玉以为此生恐难与温峤再相逢，就拿出珍藏在身边的玉镜，与书信一起交给王彬。王彬深为她们的忠烈所感动，就带着玉镜和书信到丹阳送给温峤。温峤打开书信，见上面写着"宁伏剑而死，岂肯负耻而生，汝其奋励激昂，尽心王室，勿以母妻为怀"。温峤读后十分悲恸。王彬表示，自己一定设法保全温峤的母亲和妻子。

这时，王敦派总兵王含攻打丹阳，温峤带兵迎战，把王含杀得大败而逃。然后乘胜长驱直入，杀奔石头城。王彬做内应，开了城门，王敦手下兵卒尽皆溃散。温峤擒住王敦，用囚车押送赴京，听候朝廷发落。刘琨也削平燕、赵诸国，班师回朝，与温峤在途中相会。温峤被封为始安公，刘琨被封为魏国公。王彬将温峤的母亲和妻子从狱中救出，送至公馆安下。温峤归来，与家人团聚，最终玉镜分而复合。

《玉镜台记》的人物故事出自《世说新语》中的《假谲》及《晋书》卷六十七《温峤传》。主要事件基于历史事实，而稍加增饰，如温峤母、妻被拘禁等情节，系演绎而来，否则后来只写战乱，而两位女性人物则中断了。元关汉卿有《温太真玉镜台》杂剧，人物情节略有不同，写温峤的姑母托温峤为表妹刘倩英为媒，温峤却以玉镜台为聘物，骗娶了表妹。温峤的年龄远较刘倩英为长，婚后夫妻不和，后由温峤的朋友王府尹设计，使两人和解。明范文若有《花筵赚》传奇，虽系同一题材，但着重写温峤几次潜到表妹家调情，以及为此与友人谢琨争风吃醋，增多喜剧成分。1923年程砚秋曾改编演出京剧《玉镜台》，同州梆子有《温太真》。

朱鼎的《玉镜台记》写温峤故事与众不同，此剧在写爱情婚姻纠葛的同时，把人物安排在国难当头，危急存亡之秋的背景上，从而表现出温峤的志向、才能、品格。时代的动乱，打破了温峤宁静幸福的生活，他先是外平强寇，继而内除叛贼。他的母亲、姑母、妻子也因他而被囚于狱，然坚强不屈。最后在剿灭王敦之后，全家才得以团圆。温峤始终坚持"国破家何在，扶危命亦轻"的信条，既有勇，又有谋，充分显示了人物性格的深厚与坚强。这就使本剧的审美价值比同题材的其他戏曲作品高出一筹。

在布局方面，该剧讲究不同时空的转换与交织，文场和武场的动静搭配，互相映衬。如写了探亲成婚之后，接着写石勒起兵、王敦失守。一些重点场子，如"闻鸡起舞""渡江击楫""拆书见镜"，都写得浓墨重彩,感情激烈。再如温峤赴任别家时的"绝裾辞母",写来到江边,温峤正欲登舟,其母又拉住他,他绝裾而去,其母泣曰:"呀,衣裙断了,你这等去得忙。"其妻也泣曰:"夫,你径不回头就去了呵!"这一"绝裾"的细节,显示了温峤的决心,而母亲、妻子的泣语,更从侧面烘托了他为国忘家的精神。

此外,明清时昆山人笔下的昆曲传奇还有郑若庸的《五福记》、狄玄集的《四贤记》、周杲的《玉鸳鸯》、周公鲁的《锦西厢》、叶奕苞的《长门赋》、叶楚伧的《中萃宫》等,限于篇幅,此处从略。

捉拿土匪胡肇汉

周　刚

"文化大革命"时期,有一部京剧《沙家浜》,讲述了抗日战争时期,江南新四军伤病员在阳澄湖边芦苇荡养伤,得到群众帮助,最后消灭敌伪部队的故事。因为是革命样板戏,影响极大,剧中人阿庆嫂、郭建光、胡传魁、刁德一,家喻户晓,又因为故事发生在著名的阳澄湖,草包司令胡传魁就被说成是当年阳澄湖中的汉奸土匪头子胡肇汉,不少媒体也这样炒作。其实,胡传魁的形象和性格,同现实中的胡肇汉根本不同。

胡肇汉经常活动在昆山地区的阳澄湖一带,他凶狠残忍、杀人如麻,是个罪大恶极的汉奸、土匪头子。昆山解放初,在镇压反革命的"肃特清匪"行动中,他被列为重案要案的主犯。可是胡匪十分狡诈,累累潜逃,我公安战士们殚精竭虑,费了很多周折,最后,胡匪在上海浦东落网,在苏州被执行枪决,得到了应有的下场。

胡匪之出身

关于胡匪的出身有两个版本。

据《开国大镇反》这本纪实文学中载,胡肇汉是湖南人,国民党某部班长,1937年八一三事变后,所在的队伍在常熟白茆溃散,就带了十多个散兵向南逃窜,为了躲过日军,不敢走大路,只能走阳澄湖边小路,行至吴县太平桥北的羊簖头村,被太平桥乡的一个保长留住,当地乡长、富商就雇佣他们保卫地方安全。胡肇汉借此收集溃兵,购置枪支,拉起了队伍,打着"抗日"旗号,称胡肇汉队伍,自封司令,明说保卫乡帮,暗中却干起打家劫舍勾当。

近年,太平桥镇开辟了一个历史陈列馆,其中就有胡肇汉的内容。说胡肇汉为湖南岳阳人,在岳阳军官训练班毕业,后去上海青浦当水巡队队长。1937年八一三事变后,到阳澄湖游击队陈味之部当教官,驻地在相城北的陆巷。后来他拉拢一帮人谋杀陈味之,取而代之,打出"抗日"旗号,队伍扩充到二三百人,四十多条船。1938年10月,胡又兼并了太平桥镇自卫队,从此太平桥成了他的老窝。

以上两种关于胡肇汉出身的说法虽不同,但他在太平桥立足,直到中华人民共和国成立后被捕的情况基本相同。

胡匪之罪恶

胡肇汉部队军纪极坏,名为游击队,实是"游吃队",靠抢劫百姓过活,其部队同日军交战后一触即溃。有一天傍晚,十多个日军冲进太平桥,胡肇汉躲进一户朱姓人家,藏在水缸里逃过一劫。后来,胡部被江南抗日义勇军(简称"江抗")收编,可是胡肇汉过不了艰苦生活,只四个月就反水,投靠了汪伪和平救国军,从此成了鱼肉百姓的汉奸土匪。

胡肇汉除帮助日寇搜捕我新四军江抗部队伤病员外,还抢劫百姓,其手段残忍,令人发指。胡匪对不肯交钱的群众常用两种恶刑,一种叫"踏杠",就是把人强行灌水,灌到肚子凸起来为止,然后让受刑人仰天躺下,用竹杠搁在肚皮上,匪徒踏住竹杠两头滚动,迫使受刑人把水吐出来,若不交,则再灌,直到受害人交钱为止。还有一种叫"火烧屁眼",就是把受害百姓吊起来,用火烧屁眼。若两种酷刑都无效,胡匪就把受害人捆绑,脚缚石头,丢在阳澄湖里,这叫"种荷花"。

就是这么一个血债累累的汉奸、土匪头子,抗战胜利后,国民党政府又任命他为吴县（今苏州）阳澄区区长，他做了阳澄湖的土皇帝。胡肇汉盘踞阳澄湖后，除敲诈百姓外，还抓捕地下党和迫害进步青年，手段特别残忍。他曾在岘山、官泾、何家堰等村集体屠杀青年渔民，惨不忍睹。当时阳澄湖一带百姓，只要提到胡肇汉三个字，就会谈虎色变，不寒而栗。

胡匪之劣迹

1949年4月，我中国人民解放军渡江南下，国民党政府土崩瓦解。胡肇汉自知末日已到，即从太平桥雇舟潜逃。好几天后一个傍晚，胡匪出现在唯亭镇后戴村的一条船上，他头戴礼帽，身穿黑呢大衣，旁边簇拥十二个手持冲锋枪的护卫，上岸进了旧部庶务长朱惠文家。

胡肇汉告诉朱惠文，他从太平桥逃到太湖，加入了国民党残部"江苏省忠义救国军"，被委任为第二纵队司令，准备收集旧部拉队伍，以策应蒋介石反攻大陆。胡要朱联络失散旧部，召集亡命之徒，伺机起事。又告诉朱，现有机枪八挺、冲锋枪四十支和一批子弹，都埋在清水塘一个大坟内，嘱他收集了人马可以去取。

胡匪离开朱家，又去甪直汇合另一匪首王群，之后再去青浦。这个朱惠文，在1950年秋天，果然纠集一些人阴谋暴动，被我公安战士破获，逮捕。

1949年5月，苏州、昆山、上海相继解放。胡肇汉即转入地下。这年秋夏之交，江南发洪水，群众情绪有所波动，胡匪趁机放出谣言，说蒋介石要回来过八月半吃月饼，闹得人心惶惶。后胡又立即行动，在陆巷枪杀我阳澄区一位助理，制造了一连串凶杀案。他们还恐吓群众，勒索商行。当时粮食紧张，不少米商囤积居奇，苏州娄门大街鼎丰粮行带头开仓卖平价米，胡肇汉就派人送去一个人头，进行恫吓。这就是当时影响极恶劣的"人头案"，胡的反革命气焰十分嚣张。

匪情从阳澄湖开始,向苏州城乡蔓延。这些人作案的特点,都打着"胡肇汉"的旗号,一进商家民宅,自称"是胡老板派我们来的",利用群众对这个杀人魔王的恐惧心理,以助长反革命声势,给巩固社会安宁和恢复苏南经济带来了很大干扰,甚至在土改中,个别分得地主家财的穷人,竟然暗中送还地主。

由于存在着匪特猖獗的破坏活动,我公安部门开展了镇压反革命的"肃特清匪"行动,随之胡肇汉身边的匪徒一个个落网归案,胡匪却又不见了踪影。于是,追捕胡肇汉被提到了苏南行署公安处的重要议程上,抓捕胡匪的任务落实在吴县公安局相城分局局长包家振身上。

包家振是一位老侦察员,经验丰富。但当时分局的人很少,连局长在内只七个人。尽管人不多,但他们战斗力很强,1949年冬天,包家振等人连续破获了武装匪特数十起,侦查了胡匪可以匿身的十多个联络点,但胡匪像蒸发了一样,还是找不到头绪。

胡匪之踪影

1950年元旦刚过,一个从前做过相城镇镇长的人来分局驻地太平桥,报告包家振,说史云泉愿意同政府谈判。

史云泉是胡肇汉手下第一大队的大队长,又是胡的干儿子,原匪部的重要人物。昆山解放后,他未立即潜逃,也没有参与破坏活动,躲藏在相城镇南一座坟堂屋内。他有枪,而且枪法极准,再加坟堂树多,很难近身,所以包家振暂没有碰他。包家振叫这个旧镇长传话给史云泉,说他只要出来见面,缴出武器,可以既往不咎。这天是那个旧镇长来复命的。

包家振考虑到史云泉已不再作恶,又是胡匪近人,心想,能否在他身上找到胡匪线索,于是,决定单身前往约定地点同史见面。包家振向上级请示后,吴县公安局即派侦察科张科长带了十多人,去相城暗中接应。

包家振和旧镇长终于在旧镇长的家中见到了史云泉，这人身材高大，皮色白净，还有两颗大金牙，一副游手好闲派头。但对包家振恭敬有加，坐在那儿不敢乱动。包家振向他重申，只要交出武器，改恶从善，可以既往不咎。史也很识相，马上解下腰间的手枪和几十发子弹，并表示愿意帮助政府收集失散的枪支弹药。

　　包家振切入正题，要史云泉说出胡肇汉下落，史却连连摇头说不知道，再三追问下，史云泉说："真的不知，反正这一带的人都晓得，我新中国成立前就不跟他干了，说出来让您包局长见笑，是为了一个女人。"

　　这时，那个旧镇长忽然想起说："那个女人后来成了胡肇汉的秘密小情妇，听说，他临逃前把她寄在阳澄村莲花岛的保长家里，表面上是那个保长新讨的小老婆，倘使找到这女人，或许能说出胡的下落。"

　　史云泉踌躇一会也说："去找这个女人时，到了（保长）家不能敲门，要用暗号，用枪口在门上点三下，然后向下一长划。"

　　原来胡肇汉同部下联络时，都有暗号，但各不相同，包局长他们掌握的暗号，去莲花岛就不管用了。

　　（史云泉不久又送来了两长一短三支枪，还为政府缉捕匪特出了力，直到1950年秋天，又帮助公安部门破获了唯亭宿桥的"无锡独立团"敌特组织，即涉及朱惠文的案件，因此受到政府的宽大处理。）

　　包家振离开史云泉家后，同前来助阵的张科长研究，决定连夜动手，请示县局后，将熟悉胡匪情况的县局侦察员老孙留下一起参加行动。

　　黄昏，刮起了西北风，包家振、老孙等六七人，秘密借了一条棚船，顶着风浪，渡过了阳澄湖中湖湖面，驶进了像美人腿的莲花岛港湾里。虽然只有三里水路，却行了近两个小时。众人等到晚上十点光景，悄悄摸到那个保长家门前，包家振用枪口在门上敲了三下，又用劲向下一划。这暗号果然灵验，不一会屋内有了声音，亮起了灯光，一个女人问："半夜三更的，啥人？"

老孙模仿胡肇汉的声音,打着湖南腔回答:"是我,快开门!"

那情妇真以为是胡肇汉,披了一件棉袄,趿着鞋,上前开了门。

包家振见她探出头,迅速用手枪顶住她的头,轻喝:"不许出声!"把她悄悄押到船上。

为了防止走漏消息,包家振又叫起村长、农会干部,派民兵对保长一家严密监视,并禁止外出。

那情妇被抓到船上后风止了,湖面一派平静,天上皓月当空,包家振索性叫船停在湖心,对她进行审讯,问她胡匪什么时候会来找她?原来,那女人虽有姿色,却是个不见世面的乡间人,此时已吓得说不成话,支支吾吾了好一会才说:"那天把我甩在这里如今已五个多月了,没来过一回!"

包家振原以为,胡匪跟她有约定的日子相会,就可以守株待兔,现在听女人这么说,就不可能了。之后,包家振要她交代同胡匪去过哪些地方,以便找出胡匪可以落脚的窝点。

女人排出了不少地方,可是那些地方包家振他们早已去过了,但都没有结果,以为这情妇再也提供不出什么线索了,包家振等人很失望。老孙不死心,又问:"胡肇汉难道不带你去苏州、上海玩吗?"

这女人才突然想起来了,去过上海的浦东。女人交代,胡肇汉有个曾经共事的同乡王某,现在在上海浦东开布店,她随胡肇汉去他店里住过三天,他同胡肇汉关系非同一般,两人说话总是神神秘秘的,还称兄道弟。包家振等人听到这个新的线索,都很兴奋,决定去浦东看个究竟。

第二天,包家振带了老孙等三人,化装成江湖气十足的无业游人,把女人也改装打扮,以防被熟人认出,并警告她,没经包家振同意,对任何人不准说话,以免节外生枝。

一行人到了浦东后,逐条马路寻找布店,终于在一家三间门面大的布店前,女人停下了,点了点头。包家振仔细观察那家布店,只见几排壁橱中各色布匹密砌,玻璃大柜台内有好几个店员在接待顾客,看上去这家布店生意不错。

  包家振决定暂不接触,先到当地派出所了解该布店的情况。据派出所介绍,老板姓王,湖南人,在这里开布店已好几年了,平时言行检点、奉公守法,却很怕老婆。王老板老婆很贤惠,为人也爽直。因为那幢楼房派了铺面用场,其住房在一条弄堂内,离布店很近。

  包家振等人听了,不禁有些狐疑,这么个正经生意人,怎么会同匪特勾搭呢?可胡肇汉小老婆一口咬定,不会认错。包家振等人分析后,觉得那个姓王的老板非同一般,不能轻率放弃。

  于是,包家振他们在女人引领下,又找到了那幢住宅。住宅位于弄堂口,楼窗朝马路,窗边有一支电线杆紧挨着。弄堂尽头是黄浦江的东岸,大家把这些地形特点都默记心里。

  包家振考虑,若登门拜访,弄不好会打草惊蛇,此时已是工人下班、商店打烊辰光,他决定在王老板从布店回家的路上拦截王老板,不惊动王老板的家人。等了一会,女人拉了拉包家振的衣角,指了指从布店朝这儿走来的一个身穿棉袍的中年男子。包家振点点头,把她推了一下。女人快步迎上前,和那中年男子照了个面,叫了一声:"王先生!"

  那人猝不及防,怔住了。包家振确定,此人即是王老板无疑,不待王老板说话,就迅速合围上去,把他扣住,押往了派出所审讯室。包家振对王老板神秘兮兮地说:"你不要慌,我们原本是一路的,找胡肇汉是要向他借枪,我们知道他手里有一批手枪,我们有急用,你只要告诉他在哪儿就完事。"

  王老板毕竟在江湖上混过,吃不准这帮化装成不三不四的人是哪路神仙,所以不敢轻信他们。王老板承认他和胡肇汉是同乡,两年前胡来上海玩,曾带了相好来住过三个晚上,但如此而已,其余一概不知。

  王老板说的和胡肇汉女人说得一模一样,一个多小时来回总是这么几句。

  包家振知道对方不相信自己,如果用硬的,对这种埋得很深的敌特,反而会弄僵。于是包家振压低嗓门说:"王兄,你不相信?老实告诉你吧,我是'茅山训练班第二期'的,风声紧才投靠了共产党,如今他们逼我出来收枪,我们去哪儿收?才想到了胡老板,向他借点,只为交差而已。"

这一招好像有点用,一直低着头的王老板听后抬起了头,对包家振斜视了一眼,问:"先生,你认识哪几个头头?"

包家振心中一喜,知道王老板在试探自己,就把从史云泉那儿听到的和在匪特档案中看到的,抖落了一番。

王老板却忍住了笑,又要包家振说说和胡肇汉的人事关系。

包家振又装模作样吹了起来,却被王老板打断了——"好了好了,你都是从史云泉那儿听来的!"包家振吃了一惊,想今天真碰上对手了!

王老板此时却不再紧张了。他吃准对方是吴县公安,这次是专门为捉拿胡肇汉而来的,愿意提供线索。但他又有顾虑,问:"要是你们抓到了胡肇汉杀不杀?"

包家振以为王老板怕也被抓走,为了放宽他的心,就说不杀。

这一来,却适得其反,王老板怕胡肇汉抓了又被放,胡肇汉心狠手辣,到时一定会下毒手报复,所以又沉默不语。

包家振却还是没有摸准王老板心理,以为王老板真害怕了,才不肯说出真情,就和老孙等人轮番解释坦白从宽的政策,想不到他们越说,王老板越紧张,后来王老板干脆不说话了。

天色渐暗,此时,派出所一位副所长把包家振请了出去,询问调查情况。包家振如实告诉了他:"现在有点夹生了,是否请你们协助做做工作。"副所长也觉得奇怪,就派人请王老板妻子来一起做工作。

不一会,王老板妻子来了,不经包家振说明情况,她却先说,"同志,他(王老板)是想做本分人,就是有时会犯糊涂。前几年胡肇汉带了个相好来住过三天,他们走后,我关照他,今后不许同这种不三不四的人来往。以后倒一直蛮太平,想不到三天前这个瘟神又来过一次,还住在了我家里,他们说话老瞒着我。这瘟神走后,他变得心事重重的,我问他,他又三拳打不出个闷屁,弄得我也提心吊胆的,好好的一个家,不知什么结局呢。"说完,她流下了眼泪,用手指戳了戳王老板的头,又说:"如今当地公安找来了,你还不把事情交代清爽,倒是想进监牢啊?!"

王老板却委屈地说:"我是想一五一十都说出来,可是人家同志说,抓住了胡肇汉也不杀,还要放出来。放了他,我还活得成啊?"

包家振听王老板这么说,才恍然大悟,自己弄巧成拙,几乎坏了大事。

胡肇汉之下场

王老板交代,他和胡肇汉是湖南同乡,一起当过兵,在太平桥又一起混过一段时间。后来,他觉得做土匪没有好结果,就到上海浦东投奔亲戚,做码头工。成家后,他丈人家看他老实勤恳,就帮他开了个布店。胡肇汉来看过他,就是几年前带了相好来住了三天那回,后来没往来过。前几天胡肇汉又来找他,并跟他说:"老蒋要回来了,我现在是忠义救国军的纵队司令,奉命去台湾接受任务。"胡肇汉要王老板跟他一起干,把王老板家作为联络点。王老板对胡肇汉说:"我不干,我只想做个安份守已的生意人。"但在胡肇汉的胁迫下,王老板只得答应。

包家振问:"胡肇汉什么时候再来联络你?"王老板说,胡肇汉说要绕道香港去台湾,少则一个月,多则二个月。包家振让王老板做了笔录后,要求他一有胡肇汉潜回上海的消息,立刻打电话通知。王老板连连点头,表示愿意立功赎罪。包家振又叮嘱王老板夫妇,回去后一定要严守秘密。

次日,包家振一行人回了相城,专候上海方面消息。二十多天后,王老板打来了电话,说"客人"有消息了,请马上来一趟。"客人",是约定的暗语,指胡肇汉。包家振立刻带了老孙和助手,雇了一条快船到苏州,再坐火车去上海,到浦东王老板家已是次日早上。

王老板交给包家振一封胡肇汉在香港写给他的信,信上说:"王兄,我已平安到港,勿念。……现在正在接生意,接到之后,一定立即返沪找你,届时还有朋友同来,弟字。"

包家振明白,接生意是胡匪与上线接头,发信日期是半个月前,他想,也许"生意"还没有接上,但是在这半个月中有没有接上呢?还有朋友同来,朋友即同伙,有多少人呢?

王老板也提供不出更多信息,只说胡肇汉说过,他还要去台湾,往返转折,估计最近几天他们到不了上海。

包家振决定立刻回苏州,向县局领导汇报。让老孙和助手留在浦东继续监视。

包家振回到苏州,向吴县公安局局长汇报了在浦东了解到的胡肇汉的情况。局长听了大喜,说胡匪是行署公安处点名的要犯,现在又去香港、台湾接线,看来他的案件升级了,得立刻向苏南行署公安处黄赤波处长汇报。

苏南行署公安处也在苏州,局长带了包家振向黄处长汇报后,黄处长说:"最近有情报说,潜伏在大陆的敌特,经过严厉打击,狗急跳墙,逃去海外向上线搬兵,这个胡匪,还真是条大鱼!"黄处长当即决定,这案由行署直接负责,命吴县公安局抽调人马,同包家振等人组成先遣队,马上前往浦东。

这一次,包家振持了苏南行署介绍信,同上海市公安局联系,上海市局安排他们住在浦东分局。包家振同王老板联系后,就等候王老板夫妻传递消息。

1950年2月中旬,王老板递来消息,说"客人"来电话了,就在这几天到,一共二十八人。包家振吃了一惊,想不到有这么多匪特同来,自己一行只有十来人,恐怕难以对付,就迅速打电话给行署公安处要求增兵,另外向上海市局求助。

上海市公安局很快派了由侦察科副科长周越带领的一批干部。一天，突然来了一个也是头带呢帽、身穿呢大衣、鼻架墨镜的高个子，手中还提了个皮箱，他招呼也不打，坐下了听众人说话。包家振听了声音，一阵惊喜，紧握对方的手说："江华同志，想不到是你！你的化装术太高明了，坐在眼前我都认不出来！"

江华是苏南行署公安处行动股长，著名的侦察英雄。三股人马聚在一起，万般齐备，只等胡匪触网。

这几天却逢"拗春冷"，天阴沉沉的，还下起了雪。这天中午，王老板赶到浦东分局，报告包家振，来人了。包家振等人听说来人了，都兴奋起来，问："来了多少人？"可是王老板说："只一个人，那人自称'老板手下'，带来了'老板'一张纸条，说已改道去了苏州，叫他别等了。"

这个意外消息让众人像泄了气的皮球，包家振问："这人还在不在？"王老板回道："我让老婆留他在家吃中饭，他正在喝酒，我推说去布店，才得空跑来。"

包家振招呼老孙，说："走，我们去把他抓来！"江华却阻止："不能抓！"江华对王老板说："你赶快回去，别让他发觉你不在布店，要是再有消息及时报告！"

江华不愧是侦察英雄，王老板走后，他说："胡匪若真去了苏州，写封信告知就可以了，何必派人送？这伙人一定到了上海，派一个人先来投石问路，你若把他抓了，胡匪真的会改道，我们的计划也全盘落空了。我们要耐心等候，这几天天气阴冷，还下雪，估计他们也熬不了，说不准马上会见分晓。"包家振等人暗暗佩服江华的智慧，就耐下性子等待。

只过了一天，第二天黄昏，老板娘神色慌张，上气不接下气地跑来说："来了来了，突然来了，一共二十八个，一坐下来就嚷着要喝酒、吃饭，说吃了晚饭要去布店楼上开会。我们夫妻俩去马路对面买了好多酒菜，烧好饭，等他们坐下吃了，我对胡肇汉说，布店楼上堆满了东西，得去腾空。他挥挥手，却把老头子扣住了。"

江华分析了包家振画的住宅和布店的图样，因为布店楼上只有楼梯可通，便于一网打尽，决定趁匪特们集中开会时动手。接着，江华把人马分成两组，一组是他和包家振带领苏州方面来的公安，负责上楼捉人，另一组是周越副科长带领上海公安，在布店马路上拦截跳窗逃窜的匪特。时交十点，江华带领大家整装出发。此时，匪特在楼上开会，王老板夫妻在布店楼下望风。

队伍来到布店，江华用同老板娘约定的暗号轻轻敲门，老板娘迅速开了门。江华一组进入布店，老板娘在前，众人蹑手蹑脚跟在后面上了楼，到了房门口，江华贴耳细听，里面人声嘈杂，群匪在争吵什么"官衔"。他示意老板娘敲门，里面有人问："谁？"老板娘回："送开水。"房门是两扇开合的蝴蝶门，听里面传出拔去门闩的声音，包家振提腿一脚，房门洞开。

房内，一盏大支光电灯雪亮通明，只见匪徒们围坐在三张八仙桌接并的会议桌周围。包家振踢开门，江华率先冲了进去，众战士相继跃入，举枪齐喊："不准动，举起手来！"

室内的匪特一时都懵了，因为武器都插在腰间或坐在屁股下，一时不易拔取，只得纷纷举起了手，一个剽悍的像是为首的匪徒反应快，举起了枪，江华眼快手快，一枪击中了他的手臂。匪徒一阵骚乱，一匪徒抓起茶杯，砸灭了电灯，房内顿时一片漆黑，几个匪徒趁机推开窗户，跳了下去。但只一眨眼，战士们手电齐亮，几个已拿起枪想顽抗的、还有想跳窗的匪徒，都被击伤或击毙。余下的就一个个被战士们反拷了带下楼。

周越他们守在街头，把跳楼的匪徒悉数擒获，清点后，连死带伤只有二十七个。老孙认识胡肇汉，惊叫一声："不好，胡匪又跑了！"周越说："我们看得很清楚，跳楼是四个，都在这里，他一定还在楼上。"只听楼梯上传来江华的声音："在这儿呢。"原来砸灭电灯的正是胡匪，他趁黑爬上了一口大橱顶上，但还是被细心的江华发现了。

胡肇汉被捕后，江华连夜审讯，胡肇汉已吓得面如死灰，认罪招供。他说他此次从香港到台湾，因人事不熟，没有找到"上家"（即敌特机关），返回时转道舟山，找到了伪江苏省主席丁治磐，被委任为"江苏省忠义救国军派遣队司令"，在嵊泗列岛招募了二十多个从大陆流窜于此的惯匪、亡命之徒，驾两条木帆船，携带大批武器，潜回上海。为防不测，先派手下找王老板探虚实，想不到还是失风了。

江华、包家振等人连夜到王家住宅的弄堂后河浜里找到两条小木船，搜得冲锋枪两百支，机枪好几挺，弹药数十箱，手枪若干。匪徒们在王家开会，密谋扩展人马，搞暗杀、绑架甚至暴动，如果不及时破获，那危害不堪设想。1951年春天，胡肇汉在苏州被枪决，和胡肇汉一起伏法的还有他的副司令王群，百姓无不拍手称快。

附：《鹿城故事》总目录

《鹿城故事1》目录

1. 丰厚的昆山传统文化 ………………………… 陈　益
2. 昆山曲坛"连续剧" …………………………… 杨瑞庆
3. 昆山节庆风俗 ………………………………… 郑涌泉
4. 沧桑昆山城 …………………………………… 程振旅
5. 昆山"三徐"的故事 …………………………… 郭志昌
6. 昆山望族的园林 ……………………………… 王广成
7. 昆山水乡古镇的风韵 ………………………… 庄春地
8. 昆山历代名中医掠影 ………………………… 马一平
9. 《浣纱记》的前事今缘 ………………………… 王晓阳
10. 活用昆山方言 ………………………………… 周　刚
11. 昆山城市雕塑审视 …………………………… 叶　凤
12. 评说顾鼎臣 …………………………………… 郑涌泉
13. 昆曲往事回眸 ………………………………… 黄雪鉴
14. 五千年前的昆山 ……………………………… 陈　益
15. 漫话昆山民歌 ………………………………… 杨瑞庆
16. 亭林园赏琼花 ………………………………… 徐俊良
17. 欣赏昆山三宝 ………………………………… 刘建华
18. 昆山古桥的风采 ……………………………… 李惠元
19. 百年奥灶馆 …………………………………… 高柏勤
20. 昆山城北李园村的变迁 ……………………… 马镇衍

《鹿城故事2》目录

1. 走进"小台北" ……………………………… 陈　益
2. 渐行渐远的民间组会 ……………………… 高柏勤
3. 周庄地名掌故 ……………………………… 庄春地
4. 失而复得的《南词引证》 ………………… 杨瑞庆
5. 康熙南巡到昆山 …………………………… 郭志昌
6. 四大宗教在昆山 …………………………… 郑涌泉
7. 走马老昆山 ………………………………… 许正伟
8. 古韵今风大闸蟹 …………………………… 周　刚
9. 昆山历史名人巡礼 ………………………… 徐俊良
10. 趣谈昆山名人的名、字、号 ……………… 王晓阳
11. 昆山方言中的文化遗存 …………………… 周　刚
12. 品读昆山建筑中的诗情画意 ……………… 叶　凤
13. 尊为百戏之祖的昆剧 ……………………… 黄雪鉴
14. 昆南出行习俗 ……………………………… 李惠元
15. 昆山的古树与名木 ………………………… 刘建华
16. 昆山南社社员扫描 ………………………… 马一平
17. 昆山文保单位遗韵勾勒（上）…… 程振旅 讲述　郑涌泉 编写
18. 昆山文保单位遗韵勾勒（下）…… 程振旅 讲述　郑涌泉 编写
19. 顾亭林手稿收藏记 ………………………… 郑涌泉
20. 那个年代的故事（二）…………………… 马镇衍

《鹿城故事3》目录

1. 从项脊轩到"弼马温" …………………………… 陈　益
2. 昆山的科举佳话 …………………………………… 杨瑞庆
3. 昆山古代的清官故事 ……………………………… 郑涌泉
4. 玉峰景点看过来 …………………………………… 郭志昌
5. 旧时昆山人的三大游事 …………………………… 许正伟
6. 昆山的行风习俗 …………………………………… 周　刚
7. 百代文宗陆机 ……………………………………… 徐俊良
8. 明清昆曲繁盛时 …………………………………… 王晓阳
9. 盘点锦溪古砖瓦 …………………… 程振旅　郑涌泉
10. 投身辛亥革命的昆山志士 ………………………… 马一平
11. 辛亥革命漫昆山 …………………………………… 郭志昌
12. 昆南释道人物故事 ………………………………… 李惠元
13. 昆山老街风情 ……………………………………… 叶　凤
14. 张大复和梅花草堂 ………………………………… 陈　益
15. 周庄水乡的民俗风情 ……………………………… 庄春地
16. 曾经登上北京大雅之堂 …………………………… 杨瑞庆
17. "科技县长"祖冲之 ……………………………… 王晓阳
18. 漫话昆山地名传说 ………………………………… 高柏勤
19. 昆山人吃茶 ………………………………………… 郑涌泉
20. 那个年代的故事（三）——我身边的"知青"故事 … 马镇衍

《鹿城故事4》目录

1. 顾炎武的文化苦旅 …………………………………… 陈　益
2. 顾炎武"北漂"始末 ………………………………… 杨瑞庆
3. 在逆境中奋起的顾炎武 ……………………………… 陈琦南
4. 古今祭祀顾炎武 ………………………… 程振旅　郑涌泉
5. 历代文人赞昆山 ……………………………………… 徐俊良
6. 昆山群文"大手笔" ………………………………… 杨瑞庆
7. 盘点昆山"老字号" ………………………………… 许正伟
8. 元明时期昆山的文化交流 …………………………… 陈　益
9. 昆城历史上的三次蒙难 ……………………………… 杨瑞庆
10. 聆听百姓的民间语言 ………………………………… 周新民
11. 敢为人先的昆山开发区 ……………………………… 黄承圮
12. 玉峰鹰眼锁飞贼 ……………………………………… 郭志昌
13. 名医大画家王履 ……………………………………… 马一平
14. 昆山水文化六千年 …………………………………… 陈　益
15. 亭林园里廿六亭 ……………………………………… 郭志昌
16. 千灯文武两状元 ………………………… 程振旅　郑涌泉
17. 玉山雅集　千古绝唱 ………………………………… 周　刚
18. 周市狮子陆家龙 ……………………………………… 郑涌泉
19. 昆山的"文化强市"梦 ……………………………… 叶　凤
20. 那个年代的故事（四）——我身边的"知青"故事 … 马镇衍

《鹿城故事5》目录

1. 昆山县名沿革解读 …………………………… 杨瑞庆
2. 话说清末民初的南北昆曲 …………………… 王晓阳
3. 漫话昆山"三江" ……………………………… 景　军
4. 昆山明代"三郑"传奇 ………………………… 郑涌泉
5. 花桥女杰姚雪琴 ……………………………… 陈文虞
6. 从"周墅"到"周市" …………………………… 张银龙
7. 昆山弘治三状元 ……………………………… 徐俊良
8. 当代昆山民间工艺"三强" …………………… 郑涌泉
9. 民国乡贤蔡璜 ………………………………… 陈文虞
10. 《治家格言》三百年 …………………………… 郭志昌
11. 周市城隍潭的故事 …………………………… 张银龙
12. 地灵人杰　比翼双飞 ………………………… 杨瑞庆
13. 清华英烈陈三才 ……………………………… 陆宜泰
14. 《睢阳五老图》与昆山渊源 …………………… 王晓阳
15. 昆山"六城门"今昔 …………………………… 叶　凤
16. 亭林园中几多桥 ……………………………… 郭志昌
17. 沈坤状元的传奇人生 ………………………… 郑涌泉
18. 旧时青阳港的桨声灯影 ……………………… 刘　军
19. 信义古村落风情 ……………………………… 周　刚
20. 昆山现代文明数第一 ………………………… 马一平

《鹿城故事6》目录

1. 抗日英雄陶一球 ……………………………… 郭志昌
2. 国军抗日名将徐祖诒 …………………………… 杨瑞庆
3. 陈华薰和俞时骧：飞虎队两英烈 ……………… 陆宜泰
4. 昆山城池变迁记 ………………………………… 景　军
5. 昆山老厂巡礼 …………………………………… 陈琦南
6. 从柴巷到柴王弄 ………………………………… 郭志昌
7. 南宋四大家之一的范成大 ……………………… 徐俊良
8. 龚贤其人其艺 …………………………………… 葛　欣
9. 夏昶墨竹图 ……………………………………… 叶　凤
10. 昆山杜家军威震边关 …………………………… 卢宇苗
11. 多才多艺的胡石予 ……………………………… 郭志昌
12. 锦溪陈氏三兄弟 ……………………… 陆宜泰　郑涌泉
13. 施蛰存笔下的昆山人物 ………………………… 刘　军
14. 兵家留迹昆山 …………………………………… 杨瑞庆
15. 走出昆山和走进昆山的民国精英 ……………… 杨瑞庆
16. 昆山名人撷芳 …………………………………… 马一平
17. 历史上昆山的廉吏 ……………………………… 鲁德俊
18. 至和塘上的古桥典故 …………………………… 郑涌泉
19. 牛郎织女结缘昆山 ……………………………… 郑涌泉
20. 巴城湖泊传说 …………………………………… 周　刚

《鹿城故事7》目录

1. 邮票上的昆山人文景观 …………………… 陈柏华
2. 江南奏销案连累昆山俊杰 ………………… 杨瑞庆
3. 曲家殷震贤名满沪上 ……………………… 王晓阳
4. 昆山传统点心集锦 ………………………… 郑涌泉
5. 报界奇才冯英子 …………………………… 郭志昌
6. "民国状元"朱雷章 ……………………… 陆宜泰
7. 昆山鱼稻文化浅说 ………………………… 马一平
8. 茧园往事 …………………………………… 刘　军
9. 解开梁辰鱼的身世之谜 …………………… 王晓阳
10. 归有光与昆山王氏望族 …………………… 陈柏华
11. 方还其人其事 ……………………………… 郭志昌
12. 亭林园揽胜 ………………………………… 吴鼎桐
13. 盘点昆山名门望族中的精英 ……………… 杨瑞庆
14. 锦溪才女陈定秀 …………………………… 陆宜泰
15. 昆山史前遗址巡礼 ………………………… 叶　凤
16. 历代画家笔下的昆山 ……………………… 葛　欣
17. 漫话周市爊鸭 ……………………………… 张银龙
18. 昆山老城的趣味路名 ……………………… 郑涌泉
19. 深厚的巴城古文化 ………………………… 周　刚
20. 昆山知青风云录 …………………………… 陈琦南

《鹿城故事8》目录

昆山历代方志述要	马一平
昆山百年老校掠影	陈柏华
回眸掖布场廿四家屋	徐俊良
青阳港铁路桥的百年沧桑	杨瑞庆
评说鉴藏大家张丑	葛　欣
历史上的江西籍"新昆山人"	景　军
陆家乡贤钱氏父子	郑涌泉
麻将起源于昆山叶子戏	张银龙
昆山碑文背后的故事	吴鼎桐
书香昆山	杨瑞庆
锦溪学人陈子彝	陆宜泰
回眸徐公桥乡村改革	陈文虞
发生在遂园的文化盛事	刘　军
话说玉山古村落	郑涌泉
昆山亭林园楹联欣赏	鲁德俊
漫话昆山城隍庙	景　军
开一代风气之先的龚自珍	徐俊良
近代诗人、教育家张庸	马一平
顾瑛传奇	葛　欣
昆山馆藏名画选粹	叶　凤

编后记

"鹿城故事"讲坛自2009年7月25日创办以来,已进入第十个年头了。每半月开讲一次,已积累十一轮二百二十个故事。每年挑选二十个故事结集出版,至今年已是第九辑。回望过去,感谢全体讲师在浩繁的昆山史料中,梳理线索,寻找亮点,求证疑惑,再现历史光辉,不但写出万字左右的文稿,并努力追求声情并茂的讲述,盼望听众焕发出热爱家乡的正能量。

选入本辑的二十个故事同样精彩纷呈,引人入胜。有鲜为人知的名人贡献,有温故知新的旧事勾勒。只要读到这些文稿,就会对昆山历史上出现的名人和昆山历史上发生的盛事肃然起敬。

这些文章大多来之不易,都是作者长期拜读典籍后独立思考的智慧结晶,为读者提供了一份厚重的研究成果。如,读了马一平先生的《漫谈昆山的多县合辖分治镇》,对一些昆山乡镇的变迁过程就清晰明白了;读了陈柏华先生的《沧浪亭五百名贤祠中的昆山人》一文,就对昆山名人辈出的事实充满了自豪感;昆山三贤之一的朱柏庐,其墓地一直下落不明,读了刘军先生的《李根源寻访外葬苏地的昆山名人》一文后,就能找到答案;关于昆山难得糊涂砚的发现,曾有三种不同的说法,为了探明真相,郭志昌先生通过艰难寻访,写出了《昆山难得糊涂砚》一文,由于还未找到确切答案,只做客观描述,以供研究者参考。

文中如有错误,敬请批评指正。

编 者
2018年7月